Ganz unten.

GÜNTER WALLRAFF

BÜCHERGILDE GUTENBERG

GANZ UNTEN.

Ein großer Teil des Honorars aus dem Verkauf dieses Buches wird dem neugeschaffenen Fonds »Ausländersolidarität« zur Verfügung gestellt. Aus den vorhandenen Mitteln sollen kostenlose Beratung für Ausländer, Rechtshilfe, Aufklärungskampagnen und ein Wohnprojekt von Deutschen gemeinsam mit Ausländern finanziert werden.
Im vorliegenden Buch konnten bei weitem nicht alle Erfahrungen und verfügbaren Unterlagen ausgewertet werden. Einige Freunde und Mitarbeiter arbeiten gegenwärtig noch in anderen Bereichen weiter am gleichen Thema. Wer eigene Erfahrungen oder Informationen weitergeben möchte, wende sich bitte an folgende Adressen:

Hilfsfonds »Ausländersolidarität«
Postfach 30 14 43
5000 Köln 30
oder:
Günter Wallraff
© Verlag Kiepenheuer & Witsch
Rondorfer Straße 5
5000 Köln 51

Wegen der zu erwartenden Prozesse wurden aus der Fülle des noch unveröffentlichten Materials bereits neue Kapitel vorbereitet, um das kontinuierliche Erscheinen dieses Buches zu gewährleisten.

Köln, 7. Oktober 1985

Lizenzausgabe für die Büchergilde Gutenberg,
Frankfurt am Main, Olten, Wien
mit freundlicher Genehmigung des Verlages
Kiepenheuer & Witsch, Köln
Fotos: PAN-Foto, Günter Zint
Privatarchiv Günter Wallraff

Umschlag Wolfgang Rudelius, Friedberg
Printed in Germany
ISBN 3 7632 3189 7

für

Cemal Kemal Altun
Semra Ertam
Selcuk Sevinc
und all die anderen

Allen Freunden und Mitarbeitern, die beim Zustandekommen dieses Buches geholfen haben, möchte ich danken.

Levent (Ali) Sigirlioglu, der mir seinen Namen lieh

Taner Alday, Mathias Altenburg, Frank Berger, Anna Bödeker, Levent Direkoglu, Emine Erdem, Hüseyin Erdem, Sükrü Eren, Paul Esser, Jörg Gfrörer, Uwe Herzog, Bekir Karadeniz, Röza Krug, Gesine Lassen, Klaus Liebe-Harkort, Claudia Marquardt, Hans-Peter Martin, Werner Merz, Heinrich Pachl, Franz Pelster, Frank Reglin, Ilse Rilke, Harry Rosina, Ayetel Sayin, Klaus Schmidt, Günter Zint

Besonderer Dank auch Herrn Prof. Dr. Armin Klümper, Freiburg, der mir mit seiner ärztlichen Kunst »den Rücken stärkte«, so daß ich die Schwerstarbeit trotz eines Bandscheibenschadens durchhielt.

Inhalt

Die Verwandlung

Zehn Jahre habe ich diese Rolle vor mir hergeschoben. Wohl, weil ich geahnt habe, was mir bevorstehen würde. Ich hatte ganz einfach Angst.

Aus Erzählungen von Freunden, aus vielen Veröffentlichungen konnte ich mir ein Bild machen vom Leben der Ausländer in der Bundesrepublik. Ich wußte, daß fast die Hälfte der ausländischen Jugendlichen psychisch erkrankt ist. Sie können die zahllosen Zumutungen nicht mehr *verdauen*. Sie haben kaum eine Chance auf dem Arbeitsmarkt. Es gibt für sie, hier aufgewachsen, kein wirkliches Zurück in ihr Herkunftsland. Sie sind heimatlos.

Die Verschärfung des Asylrechts, der Fremdenhaß, die zunehmende Gettoisierung – ich wußte davon und hatte es doch nie erfahren.

Im März 1983 gab ich folgende Anzeige in verschiedenen Zeitungen auf:

> **Ausländer,** kräftig, sucht Arbeit, egal was, auch Schwerst- u. Drecksarb., auch für wenig Geld. Angebote unter 358458

Viel war nicht nötig, um mich ins Abseits zu begeben, um zu einer ausgestoßenen Minderheit zu gehören, um *ganz unten* zu sein. Von einem Spezialisten ließ ich mir zwei dünne, sehr dunkel gefärbte Kontaktlinsen anfertigen, die ich Tag und Nacht tragen konnte. »Jetzt haben Sie einen stechenden Blick wie ein Südländer«, wunderte sich der Optiker. Normalerweise verlangen seine Kunden nur blaue Augen.

Ein schwarzes Haarteil verknotete ich mit meinen eigenen,

inzwischen spärlich gewordenen Haaren. Ich wirkte dadurch um etliche Jahre jünger. So ging ich als Sechsundzwanzig- bis Dreißigjähriger durch. Ich bekam Arbeiten und Jobs, an die ich nicht herangekommen wäre, wenn ich mein wirkliches Alter – ich bin inzwischen dreiundvierzig – genannt hätte. So wirkte ich in meiner Rolle zwar jugendlicher, unverbrauchter und leistungsfähiger, aber sie machte mich gleichzeitig zu einem Außenseiter, zum *letzten Dreck*. Das »Ausländerdeutsch«, das ich für die Zeit meiner Verwandlung benutzte, war so ungehobelt und unbeholfen, daß jeder, der sich die Mühe gemacht hat, einem hier lebenden Türken oder Griechen einmal wirklich zuzuhören, eigentlich hätte merken müssen, daß mit mir etwas nicht stimmte. Ich ließ lediglich ein paar Endsilben weg, stellte den Satzbau um oder sprach oft ganz einfach ein leicht gebrochenes »Kölsch«. Um so verblüffender die Wirkung: niemand wurde mißtrauisch. Diese paar Kleinigkeiten genügten. Meine Verstellung bewirkte, daß man mir direkt und ehrlich zu verstehen gab, was man von mir hielt. Meine gespielte Torheit machte mich schlauer, eröffnete mir Einblicke in die Borniertheit und Eiseskälte einer Gesellschaft, die sich für so gescheit, souverän, endgültig und gerecht hält. Ich war der Narr, dem man die Wahrheit unverstellt sagt.

Sicher, ich war nicht wirklich ein Türke. Aber man muß sich verkleiden, um die Gesellschaft zu demaskieren, muß täuschen und sich verstellen, um die Wahrheit herauszufinden.

Ich weiß inzwischen immer noch nicht, *wie* ein Ausländer die täglichen Demütigungen, die Feindseligkeiten und den Haß verarbeitet. Aber ich weiß jetzt, *was* er zu ertragen hat und wie weit die Menschenverachtung in diesem Land gehen kann. Ein Stück Apartheid findet mitten unter uns statt – in unserer *Demokratie*.

Die Erlebnisse haben alle meine Erwartungen übertroffen. In negativer Hinsicht. Ich habe mitten in der Bundesrepublik Zustände erlebt, wie sie eigentlich sonst nur in den Geschichtsbüchern über das 19. Jahrhundert beschrieben werden.

So dreckig, zermürbend und an die letzten Reserven gehend die

Arbeit auch war, so sehr ich Menschenverachtung und Demütigungen zu spüren bekam: es hat mich nicht nur beschädigt, es hat mich auf eine andere Weise auch psychisch aufgebaut. In den Fabriken und auf der Baustelle habe ich – anders als während der Arbeit in der Redaktion der *Bild*-Zeitung – Freunde gewonnen und Solidarität erfahren, Freunde, denen ich aus Sicherheitsgründen meine Identität nicht preisgeben durfte. Jetzt, kurz vor Erscheinen des Buches, habe ich einige ins Vertrauen gezogen. Und es gab keinen, der mir wegen meiner Tarnung Vorwürfe gemacht hat. Im Gegenteil. Sie haben mich verstanden und empfanden auch die Provokationen innerhalb meiner Rolle als befreiend. Trotzdem mußte ich zum Schutz meiner Kollegen ihre Namen in diesem Buch zum großen Teil verändern.

Günter Wallraff
Köln, 7. Oktober 1985

Die Generalprobe

Um zu testen, ob meine Maskerade auch kritischen Blicken standhält und mein äußeres Erscheinungsbild stimmt, besuchte ich einige Kneipen, in denen ich auch sonst verkehre. Niemand erkannte mich.
Trotzdem, um mit der Arbeit beginnen zu können, fehlte mir die endgültige Sicherheit. Immer noch hatte ich Angst, im entscheidenden Augenblick enttarnt zu werden.
Als am Abend des 6. März 1983 die Wende gewählt wurde und die CDU-Prominenz mit denen, die von dieser Wahl profitierten, ihren Sieg im Konrad-Adenauer-Haus in Bonn feierte, nutzte ich die Gelegenheit zur Generalprobe. Um nicht schon am Eingang Verdacht zu erregen, versah ich mich mit einer gußeisernen Handlampe, schloß mich einem Fernsehteam an und gelangte so in das Gebäude. Der Saal war überfüllt und bis in den letzten Winkel in gleißendes Scheinwerferlicht getaucht. Mittendrin stand ich, bekleidet mit meinem einzigen dunklen Anzug, inzwischen schon fünfzehn Jahre alt, und leuchtete abwechselnd diesen oder jenen Prominenten mit meinem kümmerlichen Lämpchen an. Einigen Beamten kam das merkwürdig vor; sie fragten nach meiner Nationalität, wohl, um sicherzugehen, daß ich nichts mit einem Anschlag zu tun hatte, der von Iranern angekündigt war. Eine Frau in eleganter Abendgarderobe fragte mit abfälligem Seitenblick: »Was hat der denn hier zu suchen?« Und ein älterer Beamtentyp: »Das ist ja hier ganz international. Sogar der Kaukasus feiert mit.«
Mit der Prominenz verstand ich mich prächtig. Bei Kurt Biedenkopf stellte ich mich als Abgesandter von Türkes, einem führenden Politiker der türkischen Faschisten, vor. Wir plauderten angeregt über den Wahlsieg der Union. Der Arbeitsminister Norbert Blüm machte auf Völkerverständigung, hakte

sich spontan bei mir unter und sang schunkelnd und lauthals mit den anderen: »So ein Tag, so wunderschön wie heute.«
Als Kohl seine Siegesrede hielt, kam ich ganz nah an sein Podest heran. Nachdem er sich und die Seinen genügend gefeiert hatte und heruntersteigen wollte, war ich drauf und dran, ihm meine Schulter anzubieten und ihn als jubelnden Sieger durch den Saal zu tragen. Um unter der schweren Last dieses Kanzlers nicht zusammenzubrechen, verzichtete ich jedoch lieber auf mein Vorhaben.
Die zahlreichen Sicherheitsbeamten, alle auf Enttarnung trainiert, hatten meine Maskerade nicht durchschaut. Jetzt, nachdem ich diesen Test bestanden hatte, war meine Angst vor den kommenden Schwierigkeiten gemildert. Ich fühlte mich sicherer und souveräner und brauchte fortan nicht mehr zu befürchten, daß mich von den zahlreichen Menschen, denen ich begegnen würde, jemand identifizieren könnte.

Gehversuche

Tatsächlich bekam ich auf meine Anzeige hin einige »Stellen«-Angebote: fast alles Drecksarbeiten mit Stundenlöhnen zwischen fünf und neun Mark. Keiner dieser Jobs wäre von Dauer gewesen. Einige davon habe ich ausprobiert, geprobt habe ich dabei auch meine Rolle.

Da ging es zum Beispiel um die Renovierung eines Reitstalls in einem Kölner Villenvorort. Für sieben Mark pro Stunde wurde ich (Ali) für die Überkopf-Arbeit eingeteilt, das heißt, ich mußte auf Gerüsten herumbalancieren und die Decken streichen. Die anderen Kollegen dort waren Polen, alles illegale Arbeiter. Entweder war eine Verständigung mit ihnen nicht möglich oder sie wollten einfach nicht mit mir reden. Ich wurde ignoriert und isoliert. Auch die Chefin, die nebenbei noch einen Antiquitätenladen betreibt, vermied jeden Kontakt mit mir (Ali). Nur kurze Arbeitsbefehle gab es: »Mach dies, mach das, dalli-dalli, hopp-hopp«. Natürlich mußte ich auch meine Mahlzeiten alleine, getrennt von den anderen, einnehmen. Mit einer Ziege, die dort im Reitstall herumlief, hatte ich engeren Kontakt als mit den Arbeitern; sie nagte an meiner Plastiktüte, fraß von meinen Butterbroten.

Natürlich war der Türke schuld, als eines Tages die Alarmanlage des Betriebs ausfiel. Auch die Kripo, die nach langen Untersuchungen schließlich eingeschaltet wurde, verdächtigte mich (Ali). Die Nichtbeachtung schlug in offene Feindseligkeit um. Nach einigen Wochen kündigte ich.

Meine nächste Station war ein Bauernhof in Niedersachsen, in der Nähe des Atomkraftwerks Grohnde. Die Bäuerin und ihre Tochter, Ostflüchtlinge, bewirtschafteten den Hof alleine und suchten nun wieder eine männliche Kraft. Sie hatten früher schon einmal einen türkischen Knecht beschäftigt, wußten

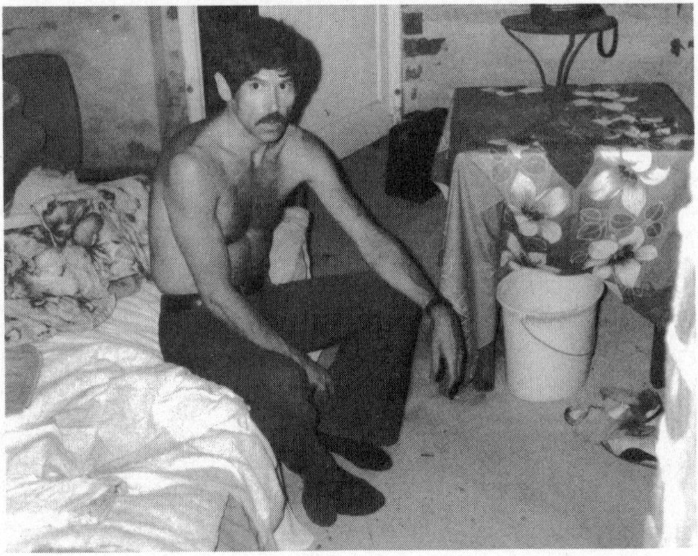

Ali in seiner Unterkunft auf dem Bauernhof. Der Eimer dient als Toilette

also, wie man mit so einem redet: »Ist uns egal, was du angestellt hast. Auch wenn du einen umgebracht haben solltest, wollen wir das nicht wissen. Hauptsache, du machst deine Arbeit. Dafür kannst du bei uns essen und wohnen, und ein Taschengeld kriegst du auch noch.«
Auf das Taschengeld wartete ich vergeblich. Dafür mußte ich täglich zehn Stunden lang Brennesseln roden und Bewässerungsgräben voll Schlamm reinigen. Und was die Wohnung anbetrifft: die durfte ich mir sogar aussuchen. Die Bäuerin bot mir einen alten rostigen Wagen an, der vor ihrem Haus stand, oder einen verfallenen, stinkigen Stall, den ich mir mit einer Katze zu teilen gehabt hätte. Ich akzeptierte die dritte Wahl: ein Raum auf einer abgebrochenen Baustelle, dessen Boden noch mit Schutt bedeckt war und der nicht einmal eine abschließbare Tür hatte. Im Bauernhaus standen einige warme und saubere Zimmer leer.

Vor den Nachbarn wurde ich (Ali) versteckt. Niemand sollte das Anwesen einen »Türkenhof« schimpfen können. Das Dorf war für mich (Ali) tabu, weder beim Kaufmann noch in der Kneipe durfte ich mich blicken lassen. Ich wurde wie ein Nutztier gehalten – aber für die Bäuerin war das offensichtlich ein Akt christlicher Nächstenliebe. In ihrem Verständnis gegenüber meiner »mohammedanischen Minderheit« ging sie sogar so weit, mir ein paar Küken zu versprechen. Die sollte ich mir aufziehen, weil ich ja kein Schweinefleisch essen durfte. Vor so viel Barmherzigkeit ergriff ich bald die Flucht.
Fast ein Jahr lang hatte ich so versucht, mich mit den verschiedensten Jobs über Wasser zu halten. Wäre ich wirklich nur Ali gewesen, hätte ich kaum überleben können. Dabei war ich doch bereit, buchstäblich jede Arbeit anzunehmen: für einen Wuppertaler Großgastronomen und Kinokettenbesitzer wechselte ich die Bestuhlungen aus und half beim Renovieren seiner

Bars, in einer Husumer Fischverarbeitungsfabrik schaufelte ich Fischmehl, und im bayrischen Straubing versuchte ich mich als Drehorgelmann. Stundenlang hab ich umsonst georgelt.
Überrascht hat mich das nicht. Der alltägliche Ausländerhaß hat keinen Neuigkeitswert mehr. Da war es schon wieder bemerkenswert, wenn einem mal keine Feindschaft entgegenschlug. Kinder vor allem waren gegenüber dem seltsamen Leierkastenonkel mit seinem Schild »Türke ohn Arbeit, 11 Jahr Deutschland, will hierbleiben. Dank« sehr nett – bis sie von ihren Eltern weggezerrt wurden. Und dann gab es noch ein Gauklerpärchen, das sich auf dem Straubinger Marktplatz mir genau gegenüber postiert hatte. Auch sie hatten eine Drehorgel dabei. Sie luden mich, Ali, ihren Konkurrenten, in ihren Zirkuswagen ein. Es wurde ein sehr schöner Abend.
Oft genug ging es weniger gemütlich zu. Zum Beispiel an jenem Faschingstag in Regensburg. Keine deutsche Kneipe braucht ein Schild an der Tür »Ausländer unerwünscht«. Wenn ich, Ali, ein Wirtshaus betrat, wurde ich meist ignoriert. Ich konnte einfach nichts bestellen. So war es schon eine Überraschung für mich, daß ich in dieser Regensburger Kneipe voll christlicher Narren mit lautem Hallo angesprochen wurde. »Du schmeißt jetzt für uns eine Runde!« rief einer der Gäste. »Nee«, antwortete ich (Ali), »ihr mir ein geb' aus. Ich arbeitslos. Ich für euch hab auch mitarbeit, hab auch für euch Beitrag für Rent' zahlt.« Mein Gegenüber lief rot an und pumpte sich auf wie ein Maikäfer (so, wie es auch Strauß oft macht) und stürzte dann in wahnwitziger Wut auf mich los. Der Wirt wollte sein Mobiliar retten und rettete mich (Ali) damit. Jedenfalls wurde der unberechenbare Bayer von mehreren Gästen aus dem Lokal geschleppt. Einer, der sich später als kommunalpolitische Größe zu erkennen gab, saß derweil ruhig und scheinbar besonnen am Tisch. Kaum war die Situation geklärt, zog er ein Messer und rammte es in die Theke. Ich »dreckiges Türkenschwein« solle endlich verschwinden, brach es aus ihm heraus.
Trotzdem – solche Wut habe ich selten erlebt. Aber schlimmer

war fast die kalte Verachtung, die täglich mir (Ali) entgegenschlug. Es schmerzt, wenn im überfüllten Bus der Platz neben einem leer bleibt.
Wenn die vielbeschworene Ausländerintegration schon nicht in öffentlichen Verkehrsmitteln zu verwirklichen ist, wollte ich zusammen mit einem türkischen Freund es wenigstens mal mit einem türkischen Stammtisch in einem deutschen Lokal probieren, mit einem »Türk Masasi«. Unter unserem selbstgebastelten Wimpel mit der zweisprachigen Aufforderung »Serefe! Prost!« wollten wir uns regelmäßig in irgendeiner Kneipe zu irgendeiner beliebigen Zeit treffen. Und wir wollten viel verzehren, so versprachen wir den Wirten. Keiner von ihnen, und wir fragten Dutzende, hatte einen Tisch frei.
Mein siebenundzwanzigjähriger Kollege Ortgan Öztürk macht solche Erfahrungen seit fünfzehn Jahren. Als Zwölfjähriger kam er in die Bundesrepublik. Inzwischen spricht er ein fast akzentfreies Deutsch. Er sieht gut aus, um seine Herkunft zu verleugnen, hat er sich sogar die Haare blond gefärbt. Aber in all den Jahren ist es ihm nicht gelungen, die Bekanntschaft eines deutschen Mädchens zu machen. Wenn er seinen Namen nennt, ist es aus.
Ausländer werden in der Regel nicht beschimpft. Jedenfalls nicht so, daß sie es hören. Hinter ihrem Rücken wird gern über den angeblichen Knoblauchgestank gestöhnt. Dabei essen deutsche Feinschmecker heutzutage bei weitem mehr Knoblauch als die meisten Türken, die sich höchstens noch am Wochenende mal eine der gesunden Zehen genehmigen. Sie verleugnen sich, um akzeptiert zu werden. Aber die Kontaktsperre bleibt.
Dennoch kommt es auch in deutschen Kneipen vor, daß Ausländer zuvorkommend bedient werden. Wenn sie von Ausländern bedient werden. Ich hatte solch ein Erlebnis im Kölner Gürzenich, bei einer Prunksitzung im Karneval. Daß ich als Türke dort eingelassen wurde, hatte mich schon sehr gewundert. Und als ich dann von jugoslawischen Kellnern besonders

Ali im Berliner Olympia-Stadion

freundlich behandelt wurde, fühlte ich (Ali) mich fast schon wohl. Bis die Schunkellieder anfingen. Ich saß inmitten der Tollheiten wie ein Fels in der wogenden Schunkelei. Keiner wollte sich bei mir einhaken.

Von Zeit zu Zeit aber bricht der Ausländerhaß offen aus. Fast regelmäßig bei Fußball-Länderspielen. Schlimmste Befürchtungen gab es schon Wochen vor dem Spiel Deutschland–Türkei im Sommer 1983 im Westberliner Olympia-Stadion. Geradezu flehend wandte sich Richard von Weizsäcker übers Fernsehen an die Bevölkerung: »Wir wollen dieses deutsch-türkische Fußballspiel zu einem Zeichen des guten und friedlichen Zusammenlebens der Deutschen und Türken in unserer Stadt machen. Wir wollen es zu einem Beweis der Völkerverständigung machen.« Hierfür wurde eine nie dagewesene Polizeistreitmacht aufgeboten.

Auch ich (noch: Ali) will mir das Spiel ansehen und besorge mir eine Karte für die deutsche Kurve. Eigentlich wollte ich mich da als Türke nicht verstecken, hab sogar einen Türkenhut mit Halbmond und Fähnchen mitgebracht. Beides hab ich schnell verschwinden lassen. Ich geriet in einen Block junger deutscher Neonazis. Was heißt Neonazi? Jeder einzelne von ihnen kann ein netter Kerl sein, die meisten haben offene, sympathische Gesichter. Aber in dieser Menge waren sie verhetzte Masken. Zitternd habe ich mich an diesem Tag zum ersten- und letztenmal als Türke verleugnet, habe sogar mein holpriges Idiom aufgegeben und mit den fanatisierten Fans Hochdeutsch gesprochen. Trotzdem hielten sie mich nach wie vor für einen Ausländer, warfen mir Zigaretten ins Haar, gossen mir Bier über den Kopf. Nie zuvor im Leben wirkten herannahende Polizisten auf mich beruhigend. Daß ich sie tatsächlich einmal als Ordnungsmacht erleben würde, hätte ich mir nicht träumen lassen. So wurde »Sieg heil« gebrüllt, »Rotfront verrecke!« und ununterbrochen gröhlten Sprechchöre »Türken raus aus unserm Land« und »Deutschland den Deutschen!«. Zum Glück floß kein Blut – es gab kaum mehr Verletzte als bei »normalen« Länderspielen. Nicht auszudenken, was passiert wäre, wenn die deutsche Mannschaft verloren hätte. Ich bin alles andere als ein Fußballfan. Aber dort im Olympia-Stadion hab ich das deutsche Team angefeuert. Aus Angst.

Rohstoff Geist

Ali beim Passauer Aschermittwochs-Spektakel mit dem CSU-Chef Strauß vor 7000 Gästen – ich weiß nicht, ob ein Zigeuner, der eine Naziveranstaltung im Münchner Bürgerbräukeller besuchte, nicht ähnlich zumute gewesen sein muß. Zumindest hab' ich ein wenig davon gespürt. Ali blieb der Aussätzige, von dem man abrückte.
9 Uhr früh in Passau. Die Nibelungenhalle brauche ich nicht zu suchen. Aus allen Straßen strömen Strauß-Fans – darunter ausgesprochen viele Nicht-Bayern – dem Saalbau zu. Um 11 will Strauß seinen »Politischen Aschermittwoch« eröffnen, schon zwei Stunden vorher sind die Bänke vor den langen Tischen fast voll besetzt. Bereits jetzt ist die Luft in der riesigen Halle verraucht, zwei, drei Maß Bier hat hier wohl schon jeder getrunken. Fisch und Käse werden in Mengen geordert. Heute beginnt die Fastenzeit.
Ich (Ali) steuere auf einen der wenigen freien Plätze zu. Bevor ich mich knapp auf das Bankende hinquetschen kann, macht sich mein Tischnachbar extra breit. Und so werde ich von ihm begrüßt: »Ja mei, wo sammer denn? Hat mer net amal hier a Ruah vor diesen Mulitreibern. Wißt ihr net, wo ihr hieghört?«
Von allen Seiten werde ich angestiert. Dem politisch engagierten Staatsbürger links neben mir läuft das Bier aus den Mundwinkeln – so voll ist er schon. Ich (Ali) versuche, gute Stimmung zu machen: »Ich bin groß Freund von euer Strauß. Is ein stark Mann.« Donnerndes Lachen als Antwort. »Ja geh', habt's ihr des ghört? A Freind vom Strauß willer sein. Des is fei guad.«
Erst als eine dralle Kellnerin vorbeikommt, läßt man von mir ab. Ihr tief ausgeschnittenes Dirndl und vor allem der flüssige Nachschub sind interessanter.

Einen Schluck Bier hätte ich jetzt auch ganz gut vertragen können. Ich bekomme nichts, die Bedienung ignoriert mich. Also gehe ich selber zum Ausschank. Aber auch dort wird meine Bestellung nicht angenommen. Nach dem dritten Anlauf zischt mich der Zapfer an: »Geh, schleich dich, aber hurtig.«
Unter Getöse ist Strauß inzwischen – zum Tschinderassassa des bayrischen Defiliermarschs – in die Halle eingezogen. Durch ein tobendes Spalier kämpfen ihm Ordner eine Gasse zum Podium, wo schon seine Frau Marianne wartet. Vor allem die Nicht-Bayern recken ihre Transparente (»Wir Peiner zum 7. Mal hier«) und gröhlen.
Die ersten Worte des CSU-Führers gehen noch im Lärm unter. Drei Stunden dauert die Rede. Ihr zu folgen, ist inmitten dieser schwitzenden Menge nur schwer möglich. Auch die Logik erschließt sich wohl erst nach drei Maß Bier so richtig: »Wir sind eine Partei intelligenter Leute, wir haben intelligente Wählerschichten, und darum haben wir auch die Mehrheit im Land.

Wenn unsere Wähler nicht so intelligent wären, hätten wir keine Mehrheit.« Tosender, trampelnder Beifall. Der Saal kocht.
Die Toiletten schaffen den Andrang nicht mehr, der Drang vieler Besucher ist stärker. Auf den Gängen bilden sich Rinnsale von Urin, und auch im Saal erleichtert sich schon mal einer durchs Hosenbein.
Der da vorne redet viel vom Geist: »Wir müssen von unserem Rohstoff Geist, den wir ja Gott sei Dank haben, trotz des Geschwafels mancher Umverteilungsfunktionäre, einen besseren Gebrauch machen.«
Vorerst jedoch müssen Bierleichen umverteilt werden. Sanitäter und Rotkreuz-Helferinnen haben schwer zu schleppen. Auf den Tischen liegt Informationsmaterial: »Wir und unsere Partei.« Da werden CSU-Anhänger in Selbstdarstellungen präsentiert. Zum Beispiel ein ziemlich dicker Lebensmittelhändler: »Also Komplexe habe ich noch nie gehabt, weil ich ein Rechter bin. Ich weiß keine Partei, die mir mehr taugt als die CSU. Die paßt einfach zu mir, wie mir der Strauß auch paßt. Den mag ich auch von der Figur her. Da sind wir ähnlich. Wenn mich überhaupt was aus der Ruhe bringt, außer vielleicht Fußball, dann sind es die Steuern.«
Oder vielleicht ein Türke, der in der weißblauen Nibelungenhalle Durst bekommt. Fast erschleichen muß ich (Ali) mir mein Bier. Als der Zapfer am Schanktisch wegschaut, nehme ich mir eine Maß und hinterlege fünf Mark. Strauß dröhnt: »Bei uns muß wieder an den normalen Bürger, an die normale Frau, an den normalen Mann gedacht werden und nicht an einige Außenseiter.« Und wie er später vom »Mischmasch anonymer Menschenmassen« spricht und von der »nationalen Identität«, die er »bewahren« will, da weiß ich, Ali, daß ich nicht gemeint bin, wenn er von »Freiheit und Würde für alle Menschen in Deutschland« schwadroniert.
Ich will mich wieder setzen, finde noch zwei freie Plätze. Der Platz neben mir bleibt frei, auch als das Gedränge unerträglich wird. »Der stinkt nach Knoblauch.« – »Du Türk?«

Der »glückliche Bayer« (Strauß über Strauß) kommt mit seiner Fastenrede endlich zum Schluß. Fünf, sechs Stunden haben seine Bewunderer durchgehalten. Vor seinen Fans wird Strauß bei seinem Abgang abgeriegelt. Auch Autogrammwünsche können nicht erfüllt werden. Jedenfalls nicht an Ort und Stelle. Wer ein Autogramm haben möchte, kann einen entsprechenden Zettel in einen der Körbe werfen, die im Saal herumgereicht werden. Ich (Ali) finde trotzdem meinen Weg zum Bayern-Führer. Ganz einfach.

Ich (Ali) gebe mich als Abgesandter und Kongreßbeobachter des türkischen Faschisten-Chefs Türkes von den Grauen Wölfen aus. Dieser Türkes, ein glühender Hitler-Verehrer, hatte sich schon vor einigen Jahren einmal heimlich in München mit Strauß getroffen. Damals, so Türkes, sicherte ihm der CSU-Vorsitzende zu, »daß in Zukunft für die MHP (eine neofaschistische türkische Organisation, G. W.) und die Grauen Wölfe ein günstiges politisches Klima in der Bundesrepublik mit entsprechender Propaganda geschaffen« werde. Türkes' Kriegsruf: »Tod allen dreckigen Juden, kommunistischen Hurensöhnen und griechischen Hunden!«

Als dessen Beauftragter werde ich (Ali) gleich bei Strauß vorgelassen. Er begrüßt mich herzlich und klopft mir auf die Schulter, so behandelt ein mächtiger Pate einen seiner ärmlichen Verwandten aus der Provinz. Die Festschrift »Franz-Josef Strauß – Ein großer Bildband« versieht er für mich mit einer persönlichen Widmung:

»Für Ali mit herzlichem Gruß – F. J. Strauß«.

Die versammelten Fotografen lassen sich diesen Schnappschuß nicht entgehen.

Strauß sei, so heißt es im Vorwort zu diesem Prachtband, »Politiker geworden in Erfüllung seiner instinktiv verstandenen Pflicht« (der Vorsehung?). – Für mich jedenfalls war es das hautnahe Zusammentreffen mit einem der machtbesessensten, demokratiefeindlichsten Politiker der Nachkriegszeit, der mich schon einige Male vor Gericht gebracht hatte. Vor über zehn

Jahren bin ich ihm zum erstenmal persönlich begegnet; bei einer Podiumsdiskussion der Katholischen Akademie München (Thema: »Journalist oder Agitator«) saß ich zwischen ihm und dem SPD-Politiker Wischnewski. Strauß war in Sonntagslaune und wollte vor dem eher liberalen Akademie-Publikum glänzen und offensichtlich sogar bei mir gut Wetter machen: »Da hab' ich ja endlich die Gelegenheit, Sie mal zu fragen: Sind's mit dem Pater Josef Wallraff von den Jesuiten verwandt?« Ich wollte nicht, daß es ihm mit solchen Vertraulichkeiten gelingt, vor den Zuhörern seine Feindschaft gegenüber Leuten wie mir zu kaschieren. »Ja«, hab' ich ihm geantwortet, »ich bin ein unehelicher Sohn von ihm. Aber bitte nicht weitersagen.« Für den Rest der Diskussion blieb Strauß sich dann treu.

»Essen mit Spaß«

oder der letzte Fraß

Viele unserer Kritiker sind wahre Meister im Blindekuh-Spielen. Sie machen sich nicht die Mühe, richtig zu recherchieren, geschweige denn hinter die McDonald's-Kulissen zu schauen.
Wer nicht hinsieht, wird eben blind der Wahrheit gegenüber.
Text in einem ganzseitigen Inserat von McDonald's in der Zeit, *10.5.1985*

Seit kurzem startet McDonald eine Großoffensive gegen die Kritiker aus Verbraucherverbänden und Gewerkschaften: »Die Angriffe werden uns nicht daran hindern, auch in Zukunft zu expandieren und damit einer Vielzahl jetzt noch Arbeitsloser eine feste Anstellung mit allen Aufstiegsmöglichkeiten anzubieten.«
Eine Chance für Ausländer und Asylanten? Nichts wie hin, denke ich (Ali) mir. 207 Mc Donald's gibt es schon bei uns. In Kürze sollen es doppelt so viele sein. Ich (Ali) versuche mein Glück in Hamburg: Am Gänsemarkt, in einer der größten Filialen Deutschlands, und werde genommen. Jetzt darf mir (Ali) der Spaß nicht mehr vergehen, denn unser Leitsatz heißt: »Essen mit Spaß«. So steht es jedenfalls im Begrüßungsprospekt. Was das bedeutet?
»McDonald's ist ein Familienrestaurant, in dem man gut und preiswert speisen kann. In blitzsauberer Umgebung, wo man sich wohlfühlt und Spaß hat – das Erlebnis Mc Donald's ... Wir freuen uns sehr, daß Sie bei uns sind und wünschen Ihnen in unserem Team viel Spaß und Erfolg!«

In einem so fröhlichen Team ziehe ich es vor, mich als Sechsundzwanzigjähriger auszugeben. Mit meinem tatsächlichen Alter (43) hätte ich sonst wohl nichts zu lachen gehabt.
Wie der Hamburger bekomme auch ich (Ali) eine McDo-

nald's-Verpackung verpaßt: Papierhut, dünnes Hemdchen und eine Hose. Überall steht »McDonald's« drauf. Es fehlt nur noch, daß sie uns vorher auch auf den Grill legen. Meine (Alis) Hose hat keine Taschen. Bekomme ich (Ali) mal Trinkgeld, gleitet die suchende Hand mit den Münzen erfolglos an der Hosennaht entlang, bis ich (Ali) die Groschen endlich dahin gebe, wo die Firma sie haben will: in die Kasse. Das schneiderische Meisterstück verhindert allerdings auch, daß du ein Taschentuch einstecken kannst. Und wenn die ›Nase läuft‹, dann läuft sie auf den Hamburger oder es zischt auf dem Grill.

Der Manager gibt sich gleich zufrieden mit mir und lobt mich (Ali), wie ich die Hamburgerscheiben am Grill wenden kann. »Das machen Sie aber gut. Das geht ja richtig schnell. Die meisten machen am Anfang riesige Fehler.« – »Das kommt vielleicht daher, daß ich Sport treibe«, antworte ich (Ali) ihm. – »Welchen denn?« – »Tischtennis.« –

Der Hamburger, diese verschwitzte bräunliche Scheibe mit mindestens 98 Millimeter Durchmesser und 145 bzw. 125 Gramm Gewicht, springt wie ein Plastikjeton, wenn man ihn auf den Grill wirft. Im gefrorenen Zustand klingt er wie eine Münze, die auf Glas trifft.

Gebraten bzw. gegrillt wird ihm eine sogenannte »Haltezeit« von 10 Minuten zugebilligt, aber er ist meist lange vorher schon weg. Liegt er eine Zeitlang aufgetaut herum, fängt er an zu stinken. Also wird er vom gefrorenen gleich in den gegrillten Zustand gebracht und mit den bekannten Beigaben und Zutaten in die beiden Hälften der schaumstoffweichen Weizenflade eingedeckelt und in der Styroporkiste zugesargt.

»Es ist so viel Grazie in der sanft geschwungenen Silhouette eines Hamburger-Brötchens. Es erfordert schon einen ganz besonderen Geisteszustand, um das zu erkennen«, meint der Firmengründer Ray Kroc ernsthaft.

Der Arbeitsplatz hinter der Theke ist eng, der Boden schmierig und glatt, die Grillplatte glühend heiß bei 180 Grad Celsius. Es gibt keinerlei Sicherheitsvorkehrungen. Eigentlich müßte man

Der Big Mäc

»Die Liebe ist wie die Herstellung eines Big Mäc: Die Körper sind beide aus Fleisch in harmonischer Bewegung. Das köstliche Brötchen umschließt den Körper in liebevoller Umarmung. Die Küsse sind wie ein feuchter Schuß Tatarsauce. Die sich anbetenden Herzen sind heiß wie die Zwiebeln. Die Hoffnungen, noch Kinder, sind grün wie der Salat. Der Käse und die Gurke geben den Geschmack nach mehr.« – Auszug aus der hauseigenen McDonald's-Zeitung *Quarterao* der Filiale in Rio de Janeiro (April 1983).

Handschuhe bei der Arbeit tragen, das schreiben jedenfalls die Sicherheitsbestimmungen vor. Aber es gibt keine, und sie würden die Arbeit nur verlangsamen. So haben viele, die dort länger arbeiten oder gearbeitet haben, Brandwunden oder Narben von Brandwunden. Ein Kollege mußte kurz vor meiner Zeit ins Krankenhaus, weil er in der Hektik direkt auf den Grill gefaßt hatte. Ich (Ali) hole mir gleich in der ersten Arbeitsnacht Blasen wegen der aufspritzenden Fettropfen.
Naiverweise glaube ich (Ali), meine erste Schicht sei wie vereinbart um halb drei Uhr morgens zu Ende. Ich (Ali) bemerke, wie man über mich, den Neuling, zu reden beginnt. Der Manager fährt mich (Ali) an, was mir denn einfalle, vor der Zeit zu gehen. »Ich habe mich nur an die Anweisung gehalten.« – Ich hätte mich persönlich bei ihm abzumelden, warnt er mich (Ali) und fragt mit drohendem Unterton, ob ich denn draußen wirklich schon saubergemacht hätte. Da ich bereits kurz vorher im dünnen Hemd in die Kälte der Dezembernacht hinausgeschickt worden war, antworte ich (Ali), daß alles total sauber sei. Eine besonders aufmerksame Angestellte bemerkt aber, daß noch Papier herumliegt.
Es ist mittlerweile kurz vor drei Uhr morgens. Der Manager meint, ich (Ali) würde die richtige Einstellung vermissen las-

sen, ich (Ali) engagiere mich nicht. Auch mein Gesicht sähe nicht sehr froh aus. Ich solle nicht denken, ich würde nicht kontrolliert. Beispielsweise hätte ich heute fünf Minuten an derselben Stelle gestanden. »Wieso«, erwidere ich (Ali), »kann nich sein, ich flitzen hin und her, weil ich dies Arbeit auch als Sport seh'.«

Nacht- und Überstunden, lerne ich (Ali), werden einer vertraulichen Arbeitsanweisung zufolge nur in vollen Stunden abgerechnet. Das heißt, bis zur halben Stunde wird ab-, danach aufgerundet. Aber meist wird abgerundet. Gestempelt wird nicht, wenn man kommt, sondern wenn man umgezogen am Arbeitsplatz erscheint. Und wenn man geht, ist es ebenso: erst stempeln, dann umziehen. So klaut man dir die Zeit doppelt.

Es ist Vorweihnachtszeit. Der Andrang ist enorm, in Stoßzeiten werden Rekordumsätze erzielt. Ich (Ali) bekomme 7,55 DM brutto Stundenlohn für eine Tätigkeit, die sich mit jeder Fließbandarbeit vergleichen läßt. Außerdem wird mir (Ali) pro Arbeitsstunde noch eine Mark Essensgeld angerechnet. Nach acht Stunden läßt mich der Manager wissen, daß ich mir (Ali) jetzt aus dem McDonald-Sortiment ruhig etwas aussuchen dürfe. Als ich (Ali) nach dem Besteck frage, wird es richtig lustig. Besteck bei McDonald's, ein Wahnsinnswitz. Alle lachen und lachen.

Mein (Alis) Arbeitsplatz ist nach vorne hin offen. So wie ich (Ali) die Kunden sehe, sehen sie auch mich. Ich (Ali) habe keine Möglichkeit, mich kurz zurückzuziehen und vielleicht in der Hitze einen Schluck zu trinken. Dabei machen das Braten und Garnieren und vor allem der viele Senf sehr durstig.

Eine Gurke beim Hamburger, zwei Gurken beim Big Mäc, dann eine Käsescheibe und die verschiedenen Spritzen mit den Soßen, Fischspritzen, Chickenspritzen, Bic Mäc-Soße.

Man ist ständig überfordert, weil es dauernd irgendwo klingelt, man muß noch eine Apfeltasche auflegen oder einen Fisch Mäc. Und mit dem Finger voll Fisch geht's gleich wieder zum nächsten Hamburger.

In den Pausen organisiere ich (Ali) mir ein Testessen. Als ich (Ali) Hühnchen esse, diese Nuggets, werde ich auf Anhieb mißtrauisch: das könnte auch Fisch sein. Das hat so einen leichten Nachgeschmack. Bei der Apfeltasche habe ich (Ali) auch den Eindruck: Mensch, ist da nicht wieder Fisch im Spiel?

Erst nach einiger Zeit merke ich, woran das liegt. In unseren Riesenbottichen ist siedendheißes Fett. Abends wird das Fett aus jeder Wanne durch den gleichen Filter geleert und weiterverwendet. Das heißt, Apfeltaschenfett, Fischfett, Hühnerfett, alles durch denselben Filter. Das gleiche Filterpapier wird für zehn Wannen gebraucht.

Vollends hektisch wird es, wenn sich in der Stoßzeit Schlangen vor der Theke bilden. Zurufe von vorne, warum es nicht schneller geht. Ich (Ali) denke also, daß es gut wäre, die Hamburger etwas früher herauszunehmen. Aber der Manager, er hat als einziger keinen Papphut auf, weist mich (Ali) zurecht: »Sie haben hier überhaupt nichts zu denken, das besorgen die Maschinen. Also erst 'rausnehmen, wenn es piepst, und nicht der Maschine zuvorkommen wollen.« Ich (Ali) mache es so. Es dauert keine fünf Minuten, und der Manager kommt wieder. »Wieso geht das nicht schneller?« – »Man hat grade sagt, daß Maschine denkt, und jetzt ich warten.« – »Aber die Kunden, verdammt, sollen die warten?« – »Wer hat jetz hier Sage, Sie oder die Piep-Maschin? Wo soll's langgehn? Sie sage und ich mache.« – »Sie müssen warten, bis die Maschine ›piep‹ macht, verstehen Sie?« – »Alles klar.«

Das Zauberwort heißt Service-Schnelligkeit. Als sogenanntes »Service-Ziel« wird vorgegeben, daß ›keiner zu keiner Zeit anstehen soll‹. Den Filialmanagern werden Tricks empfohlen. Die Devise lautet: »Eine Minute Wartezeit an der Theke ist zu lange. Dies ist das äußerste Maximum für jemanden in der Warteschlange. Setze ein Ziel von 30 Sekunden. Schnellerer Service in deinem Restaurant ist Einstellungssache. Während der nächsten 30 Tage konzentriere dich auf Service-Schnelligkeit. Streiche ›langsam‹ aus dem Vokabular. Zwei Prozent deines Umsatzes hängen davon ab, wie du reagierst. Hoch lebe die Schnelligkeit.«

»Fast-food« ist hier wirklich Minutensache, obwohl einige Kollegen, die nicht so gut Englisch verstehen, glauben, »Fastfood« hieße nicht »schnell«, sondern »Beinahe«-Essen.

Unsere Filiale ist bekannt für Rekordumsätze. Ich (Ali) darf miterleben, wie unser Manager vom McDonald's Bezirksleiter einen Pokal mit der Inschrift überreicht bekommt: »Für hervorragende Leistungen in Sachen Profit.«

Ganz besonders hat's McDonald's auf Kinder abgesehen. Die Marketing-Abteilung in der Münchener Zentrale stellt in einem internen Papier fest: »Fast-food ist nicht nur ein junger Markt. In Deutschland ist es primär auch ein Markt der Jugend ... Und behaupte einer, sie haben kein Geld!«

Die ganze Einrichtung ist darauf abgestimmt, alles ist fast auf Kinderhöhe: Türklinken, Tische, Stühle. Spezielle Anweisung an McDonald's-Lizenznehmer: »Kinder vervielfachen ihren Umsatz!« Sie erhalten fertige Programme, um die Kleinen, und damit natürlich ganze Familien, zu ködern. Allem voran der »McDonald's Kindergeburtstag«. Da wird der Spaß voll durchprogrammiert:

»Die 7 Etappen einer Geburtstagsparty:

1. Etappe: Die Vorbereitungen	Zeit ca. 15 Min.
2. Etappe: Die Begrüßung	Zeit ca. 10 Min.
3. Etappe: Bestellung aufschreiben	Zeit ca. 5 Min.
4. Etappe: Bestellung abholen	Zeit ca. 10 Min.
5. Etappe: Essen mit Spaß	Zeit ca. 15 Min.
6. Etappe: Spielen bzw. Storetour	Zeit ca. 10 Min.
7. Etappe: Sich verabschieden ...	

Anschließend Evaluationsdaten eintragen ...« (McDonald's intern).

Nach Brat-, Grill- und Thekenarbeit werde ich (Ali) am dritten Arbeitstag zur gut funktionierenden »Lounchkraft« ausgebil-

det: ich (Ali) muß Verpackungs- und Eßreste von den Tischen räumen und abwischen. Hier arbeitet man mit zwei Lappen, der eine für die Tischplatte, der andere für die Aschenbecher. In der gebotenen Eile kommt es aber häufig vor, daß man die Tischlappen nicht mehr auseinanderhalten kann. Doch das stört hier niemanden; denn häufig muß man mit demselben Lappen auch noch die Klos putzen. Der Nahrungskreislauf schließt sich damit wieder. Mir graust. Als ich einen weiteren Lappen haben möchte, sagt man mir (Ali) in barschem Ton, daß meine reichen müssen. Einmal schickt der Manager einen Kollegen direkt vom Royal-Grill zu einem verstopften Klo. Der nimmt dazu den Grillschaber, den er gerade in der Hand hat, um den Auftrag schnellstens und gewissenhaft auszuführen, erhält dann allerdings einen gewaltigen Rüffel vom Submanager. Auf die Sauberkeit draußen vor der Tür wird streng geachtet. 50 Meter rechts und links der Eingangstür muß ständig zusammengeräumt werden, weil dort jede Menge Verpackungsmaterial weggeworfen wird. Also werde ich (Ali) mit meinem dünnen Hemdchen von der Wärme in die Kälte geschickt.
Im Pausenraum witzeln wir über die Kakerlaken, die anscheinend nicht mehr zu vertreiben sind. Zuerst waren sie nur im Keller, jetzt findet man sie auch schon mal in der Küche. Eine ist neulich direkt auf den Grill gefallen. Einmal fand ein Kunde ein gut entwickeltes Exemplar auf seinem Big Mäc.
Manche jüngeren Gäste, vor allem die leicht angetrunkenen Popper, lassen mir (Ali) ihre Tüte mit den restlichen Pommes frites vor die Füße fallen. Die fettigen Kartoffelstäbchen verteilen sich auf dem Boden und werden festgetreten. Ich muß gleich naß aufwischen gehen.
Eine türkische Kollegin hat es besonders schwer. Sie wird als Frau angemacht, als Ausländerin verspottet und bekommt manchmal randvolle Aschenbecher vor die Füße geknallt. Einmal wirft auch mir jemand einen Aschenbecher vor die Füße. Als ich die Scherben aufkehre, höre ich hinter mir schon den nächsten auf dem Boden klirren und dann noch einen und noch

Wohl bekomm's!

Daß alles ähnlich schmeckt, hat einige Gründe. Die Verbraucherzentrale Hamburg urteilt über die McDonald's-Produkte: »Der Geschmack entsteht vielfach durch künstliche Aromastoffe. Damit die Getränke möglichst lange haltbar sind, werden sie mit Konservierungsstoffen versehen.« Ein Milchshake enthält 22 Prozent Zucker, das entspricht etwa 16 Würfeln oder 40 bis 45 Gramm. Alles wird »aufgepeppt«, um genießbar zu wirken. Edmund Brandt, ein Kenner der US-Fleischindustrie, berichtet, daß bei der Herstellung der Fleisch-»Patties« nicht einfach mageres Schulter- oder Nackenfleisch verwendet werden könne. Dann würde der Hamburger auseinanderfallen. Das Fleisch wird deshalb einer speziellen Behandlung durch »Salz und Flüssigproteine« unterzogen. »Ist das Fleisch zu frisch«, so Brandt, »dann ist es für die Patty-Produktion zu wäßrig.« Ist es zu alt, dann verliert es an Farbe: »Die nehmen dann Eiswürfel, werfen die in den Fleischwolf, und dadurch wird das Fleisch wieder rötlicher.« Und obwohl es äußerlich recht mager wirkt, ist im fertigen Hamburger-Fleisch noch 25 Prozent Fett drin. Von der breiten Palette der »Fastfood«-Tricks erfahren McDonalds-Kunden in der aufwendigen Werbung kein Wort. Die industrielle »Als-Ob-«Mahlzeit ist ungeheuer geschickt verpackt – eine Art *Bild*-Zeitung zum Essen. So wie *Bild*-Leser oft auch ohne Hintergrundinformationen instinktiv wissen, daß sie betrogen werden sollen, gibt es auch bei McDonald's Gäste, die nach einer Probemahlzeit angewidert das Lokal verlassen. Beim putzen finde ich (Ali) eine beschriebene Serviette: »McDonald's – kotz dich frei!« steht drauf, und: »Zum erstenmal ist das schlechter, was reinkam, als das, was rauskommt!« »Fastfood« ist Mangelernährung, die schwere gesundheitliche Schädigungen nach sich ziehen kann: Ernährungswissenschaftler in den USA haben nachgewiesen, daß bei Kindern, die häufig in Schnellrestaurants essen, erhöhte Aggressivität, Schlaflosigkeit und Angstträume festzustellen sind. Der Grund: Das süße »Fastfood« baut »Thiamin«-Vorräte im Körper ab, die Folge ist Vitamin-B1-Mangel, der das Nervensystem angreift.

einen. Ich (Ali) kann nicht erkennen, wer es tut. Im Lokal wird gelacht. Spaß muß eben sein.
Auch in der Pause gehöre ich (Ali) dem Betrieb. Auswärts ein Bier oder einen Kaffee zu trinken, ist nicht gestattet. Man habe schlechte Erfahrungen gemacht: einer sei einmal ins Bordell gegangen.
Eine junge Kollegin erzählt mir, daß ihr in der achtstündigen Arbeitszeit sehr oft keine Pause zugestanden wurde. Als sie fragte, bekam sie nur die Antwort: »Weiter! Weiter!«
Wer zum Arzt will, bekommt vom Manager zu hören: »Das bestimme ich, wann hier jemand zum Arzt geht.«
Einmal frage ich (Ali), ob ich jetzt meine Erholungszeit einlegen kann. Die Antwort kenne ich schon: »Wann Sie Pause haben, bestimme ich.«
Einen Betriebsrat gibt es nicht.
Vor sechs Jahren riet schon McDonalds Personalchef für die Bundesrepublik in einem Rundschreiben: »Wenn Sie aus dem Gespräch entnehmen können, daß der Bewerber organisiert ist, das Gespräch nach weiteren Fragen abbrechen und dem Bewerber eine Entscheidung in einigen Tagen zusagen. Natürlich auf keinen Fall einstellen.«
Firmengründer Ray Kroc weiß, was er will: »Ich erwarte Geld, wie man Licht erwartet, wenn man den Schalter anknipst.«
Und der US-General Abrams findet bei McDonald's die eigentliche Schule der Nation: »Für einen jungen Menschen ist es sehr gesund, bei McDonald's zu arbeiten. McDonald's macht aus ihm einen effizienten Menschen. Wenn der Hamburger nicht ordentlich aussieht, fliegt der Typ raus. Dieses System ist eine still dahinarbeitende Maschinerie, dem unsere Armee nacheifern sollte.«

Die Baustelle

Als ich um 6 Uhr morgens in der Franklinstraße im Düsseldorfer Stadtteil Pempelfort eintreffe, stehen schon sechs Arbeitssuchende vor der Tür der Subfirma GBI. Auch sie wurden für diese Zeit hierherbestellt, nachdem sie auf eine Zeitungsanzeige hin angerufen hatten. Ein Angestellter öffnet. Gleich im Erdgeschoß das Büro: zwei aneinandergeschobene Schreibtische, ein Telefon. Keine Akten, keine Regale, selbst die Tische wirken wie abgeräumt. Am Schwarzen Brett ein Schild: »Diese Firma meldet ihre Arbeitnehmer ordnungsgemäß an!« Doch niemand fragt mich (Ali) nach meinen Arbeitspapieren, nicht mal den Namen brauche ich zu nennen.

Bevor wir nach und nach zu unseren Einsatzorten gefahren werden sollen, müssen wir in einer angrenzenden Zwei-Zimmer-Wohnung warten, die als Aufenthaltsraum dient und mit herabhängenden Tapeten, schmierigen Fenstern und ohne Toilette auf ihre Art signalisiert, welchen ›Status‹ wir hier einnehmen. »Siggi«, ein bulliger Typ mit gelocktem Haar und sehr viel Gold an Händen und um den Hals, sucht vier Helfer »für einen schönen Hochbau in Köln«. Ich (Ali) melde mich und werde der Kolonne zugeteilt.

Unterwegs im Auto werden wir über unseren Stundenlohn und über die Arbeitsbedingungen informiert. »Der Polier will, daß ihr zehn Stunden am Tag arbeitet«, erklärt uns »Siggi«, »dafür zahle ich euch auch 9 Mark – also 90 Mark am Tag.«

»Hier entstehen schicke Stadtwohnungen und reizvolle Maisonettewohnungen mit Blick auf den ruhigen Park«, lese ich auf dem Schild, als wir eine halbe Stunde später unsere Baustelle am Kölner Hohenstaufenring erreichen. Ein Kolonnenschieber, der schon längere Zeit für die GBI auf dieser Baustelle tätig ist, weist uns in die Umkleidekabinen ein. Wir sind gerade

umgezogen, als »Siggi« noch einmal hereinkommt. »Ich brauche doch noch eure Namen für den Polier«, sagt er. »Ali«, sage ich. Das genügt.
Unsere Kolonne wird einem Polier der Firma »Walter Thosti BOSWAU« (WTB) unterstellt, das sechstgrößte Bauunternehmen der Bundesrepublik, wie ich später erfahre. Auch an den folgenden Tagen erhalten wir unsere Arbeitsanweisungen ausschließlich von diesem Polier, und das Werkzeug – angefangen vom Besen bis zum Schaleisen – wird ebenfalls von WTB gestellt. Die GBI vermittelt eben Arbeiter »pur«, hat kaum eigenes Werkzeug und auch keine eigenen Baustellen.
Keiner von uns hat seine Papiere bei der GBI abgegeben, wir arbeiten ohne Ausnahme »schwarz«. Nicht einmal krankenversichert sind wir. Ich frage einen Kollegen: »Was passiere, wenn is Unfall?« – »Dann tun die so, als wärste erst drei Tage hier, wirst einfach rückwirkend bei der Krankenkasse angemeldet«, sagt er, »insgesamt haben die ja ein paar hundert Leute, davon ist höchstens die Hälfte angemeldet.«
In den Pausen sitzen wir mit fünfzehn Leuten dichtgedrängt im Bauwagen, der vielleicht 12 Quadratmeter faßt. Ein Zimmermann, der vom Kölner Büro der GBI hierher vermittelt wurde, sagt: »Ich bin schon dreißig Jahre auf dem Bau, aber daß mir der Polier sagt, ich soll mich gefälligst vorm Scheißen abmelden, das hab ich noch nie erlebt!« Einige erzählen, daß sie mit An- und Abfahrten täglich fünfzehn Stunden auf den Beinen sind. »Bezahlt bekommst du aber nur die zehn Stunden, die du hier arbeitest, für die Fahrzeit gibt's keinen Pfennig extra.«
Ein etwa fünfzig Jahre alter türkischer Kollege wird von unserem WTB-Polier besonders schikaniert. Obwohl er seine Arbeit mindestens doppelt so schnell wie die deutschen Kollegen erledigt, beschimpft ihn unser Arbeitsanweiser als »Kümmeltürken«: »Wenn du nicht schneller arbeiten kannst, lasse ich dich beim nächsten Mal zusammen mit dem Bauschutt abtransportieren!«

Freitags warten wir nach Feierabend meist ein paar Stunden auf unseren Lohn. Das Geld muß erst von außerhalb herbeigeschafft werden. Woher diese Lohngelder kommen, scheinen einige Leiharbeiter zu wissen: »Der Klose fährt doch jetzt erst mal nach Langenfeld«, belehrt uns ein illegaler deutscher Stammarbeiter von GBI, als wir alle gemeinsam im Bauwagen sitzen, »da haben die nämlich ihr Konto, und da holt er die Kohlen für uns ab.« Wieso die Gelder nicht bei einer Kölner oder Düsseldorfer Bank abgehoben werden, weiß der Kollege auch: »Das Konto in Langenfeld läuft wohl über irgendeinen Privatmann, der da die Schecks von der WTB und anderen Baufirmen gutschreiben läßt. In Düsseldorf könnten die doch gar kein Konto mehr aufmachen, da würde sofort das Finanzamt kommen und alles wegpfänden.«
Zwei Stunden müssen wir noch nach der Schicht auf unser Geld warten, natürlich unbezahlt.
Nicht nur die Firmenkonten bleiben im Dunkeln, alles läuft konspirativ genug, um unsere Arbeit auf der Baustelle zu verheimlichen: als wir ausgezahlt werden, müssen wir zwar eine Quittung unterschreiben, aber einen Durchschlag oder eine schriftliche Lohnabrechnung bekommen wir nicht. Selbst die Zettel, auf denen der Polier unsere Arbeitszeiten einträgt, nimmt er sofort nach der Auszahlung wieder an sich. Das hat seinen Grund, denn im Baugewerbe ist Leiharbeit, die nach Stunden abgerechnet wird, gesetzlich untersagt. Um das Verbot zu umgehen, arbeiten Subs wie die GBI mit Scheinwerkverträgen, rechnen offiziell etwa »40 Quadratmeter Beton« bei den Baufirmen ab – kassieren aber für 40 Stunden Leiharbeit (in vielen Fällen verfügen die Poliere über kaschierte Tabellen, mit denen die Arbeitsstunden der Leiharbeiter in Quadratmeter Beton oder Kubikmeter Erde umgerechnet werden). Um später beweisen zu können, daß auch auf unserer Baustelle Stundenzettel geheim geführt werden, lenke ich (Ali) den Polier bei einer passenden Gelegenheit ab und nehme seinen Zettel an mich: »WTB Bau AG«, hat der Polier darauf notiert,

Bei uns in Palermo

Allein im Baugewerbe sind schätzungsweise 200000 Türken, Pakistani, Jugoslawen und Griechen beschäftigt, die illegal vermittelt werden. Jährlich bedeutet das einen Ausfall von Steuern und Sozialversicherungsbeiträgen in der Höhe von 10 Milliarden Mark.

Die Menschenhändler genießen oft genug politischen Schutz, um Strafen zu entgehen. Die Gesetze sind sehr lasch. Doch die Bundesregierung zögert, diesen Machenschaften einen Riegel vorzuschieben. Nur am Bau ist der Personalverleih seit 1982 verboten. Die von der Union regierten Bundesländer weigern sich, den illegalen Handel als Straftatsbestand anzuerkennen. Darum bleibt das Vermitteln von Deutschen und Ausländern aus der EG (Europäische Gemeinschaft) rechtlich nicht mehr als eine Ordnungswidrigkeit.

Polizei, Fahnder des Arbeitsamtes und Staatsanwälte bekommen selbst die kleinen Mitläufer der Baumafia nur selten zu fassen: »Wir kriegen das Problem kaum mehr in den Griff«, klagt beispielsweise der Kölner Oberstaatsanwalt Dr. Franzheim. Allein in Nordrhein-Westfalen laufen zur Zeit 4000 Ermittlungsverfahren. Verleiher prellten illegal Beschäftigte um ihren Lohn oder machten sich »arbeitsunwillige« Ausländer durch Prügel und Drohungen gefügig. Die Ermittlungen – etwa beim Landeskriminalamt in Düsseldorf – erstrecken sich sogar auf Schutzgelderpressungen und Mordverdacht.

Es sind nicht nur private Bauunternehmer, die oft über weitere Zwischenhändler auf die Verleihfirmen zurückgreifen. Auch bei öffentlichen Aufträgen sind die »Subs« mit im Geschäft.

Beim Bau des Düsseldorfer Landtags kam es 1984 zu mehreren Razzien – verschiedene Menschenhändler hatten dort arbeiten lassen.

Beim Neubau des Münchner Arbeitsamtes wurden 50 illegal Beschäftigte bei einer Kontrolle festgenommen. Nicht einmal der Polizei ist bislang bekannt, daß auch zum Erweiterungsbau der Bundeswehrkaserne in Hilden Leiharbeiter herangezogen wurden, ebenso für den Neubau des Bundespostministeriums in Bonn (Bad Godesberg).

Weil es Postminister Christian Schwarz-Schilling unterließ, beim Bauauftrag entsprechende Kontrollen vorzuschreiben, gelang es zumindest einer illegalen Leiharbeiterfirma, ganz ordentlich mitzuverdienen. Ein Erkenntnisinteresse der Behörden vorausgesetzt, hätte das Geschäft leicht auffliegen können. Über die Düsseldorfer Menschenhändlerfirma DIMA GmbH wurden die Leute an den sechstgrößten deutschen Baukonzern, die WTB, vermittelt, die am Bau des Postministeriums maßgeblich beteiligt war. Die DIMA wiederum ging aus der GBI hervor, für die ich schon als Illegaler in Köln gearbeitet hatte.

30 Arbeitsstunden mit Tagesdaten und seiner Unterschrift. Mit Alis erstem Arbeitseinsatz soll von Anfang an klargestellt werden, wo er hingehört. Bei den Arbeiterklos sind einige seit über einer Woche verstopft. Die Pisse steht fast knöchelhoch. »Nimm Eimer, Schrubber und Aufnehmer und bring das in Ordnung. Aber dalli.« Ich (Ali) lasse mir an der Werkzeugausgabe gegen Quittung die Sachen geben. – »Genügt, wenn du mit drei Kreuzen unterschreibst«, sagt der verantwortliche deutsche Kalfaktor, der in seinem Werkzeug-Container eine verhältnismäßig ruhige Kugel schiebt.
Es stinkt bestialisch im Container-Toilettenraum. Die Urinrinne ist ebenfalls total verstopft. Diese Arbeit empfinde ich als Schikane. Denn solange die Ursache – verstopfte Rohre – nicht fachmännisch beseitigt wird, kommt es sofort wieder zu Überschwemmungen. Auf der Baustelle gibt es genug Installateure, aber deren Arbeitszeit ist zu kostbar. Sie sind dazu da, die Luxussanitärräume der künftigen Besitzer zu installieren.
Die Bauführer wie Poliere haben ihre eigenen Toiletten in einem gesonderten Container. Sie sind abschließbar, den Arbeitern ist der Zutritt verboten, und Putzfrauen halten sie täglich sauber. Ich (Ali) spreche den Bauleiter darauf an, daß meine Arbeit keinen Sinn hat und erst mal Installateure ran sollten. »Du hast

hier keine Fragen zu stellen, sondern zu tun, was man dir sagt. Das Denken überläßt du besser den Eseln, denn die haben größere Köpfe«, stellt er klar. Nun gut, tu ich (Ali) also, was unzählige andere Ausländer auch ohne Widerspruch zu tun gezwungen werden, wobei sie froh sein dürfen, überhaupt Arbeit zu haben. Der Gedanke daran hilft mir ein wenig – und auch in späteren Situationen –, meinen Ekel zu überwinden und aus einer ohnmächtigen Demütigung und Scham eine solidarische Wut werden zu lassen.

Die Deutschen, die die Toiletten benutzen, während ich (Ali) die Schiffe mit Aufnehmern, Schwämmen und Eimern wegwische, machen schon mal ihre Bemerkungen. Ein Jüngerer freundlich: »Da haben wir endlich eine Klofrau bekommen.« Zwei ca. Fünfundvierzigjährige unterhalten sich von Toilette zu Toilette: »Was stinkt schlimmer als Pisse und Scheiße?« – »Die Arbeit«, antwortet der eine. – »Nee, die Türken«, dröhnt es laut durch die andere Klotür.

Allerdings gibt's auch einen deutschen Kollegen, der, während er schifft, sich nach Alis Nationalität erkundigt, und als ich »Türk« antworte, sein Mitgefühl dokumentiert: »Typisch wieder, man läßt euch für uns die Scheiße wegmachen. Da würde sich jeder deutsche Bauarbeiter weigern.«

Ab und zu kommt der Polier Hugo Leine vorbei, um mich (Ali) zu kontrollieren. Es ist günstig, daß er mit einem Sprechgerät ausgestattet ist, denn da piepst's, knattert's und schnattert's raus, so daß man sein Herannahen meist früh genug wahrnimmt und einen Zahn zulegen kann. »Tempo, tempissimo, amigo«, spornt er Ali an, und als ich (Ali) ihn freundlich darauf hinweise, daß ich nicht »Italiano«, sondern »Türk« bin, wird er schon etwas schroffer: »Dann mußt du mit der Arbeit längst fertig sein, weil du dich dann ja auskennst. Ihr habt doch dauernd verstopfte Klos.«

Hugo Leine hat schon Ausländer fristlos gefeuert, weil sie während der Arbeit ein wichtiges Telefongespräch von der Telefonzelle direkt vor der Baustelle führten.

In den nächsten Tagen schleppen wir bei 30 Grad Hitze Gasbetonplatten bis zum 6. Stockwerk hoch. Wir sind billiger als der Kran, der zu einer anderen Baustelle transportiert wird. Leine achtet darauf, daß wir keine zusätzliche Pause machen.
In der kommenden Woche wird Ali zum Betonfahren abkommandiert. Mit »Japanern«, so heißen die halbrunden überdimensionalen Schubkarren, muß ich (Ali) den Fertigbeton über den Bauhof zum Gießen eines Fundaments schleppen. Es reißt einen an den Armen, und man muß sich mit aller Gewalt gegen die Karre stemmen, damit sie einem nicht nach vorne wegkippt. Der Vorarbeiter Heinz – auch ein GBI-Mann – genießt es, Ali die Karre immer besonders voll zu machen, um zu sehen, wie er sich damit abmüht, das Umkippen durch Ausbalancieren eben noch zu verhindern. Die Karre wird immer schwerer. Ich (Ali) schreibe es bei der Hitze meiner Erschöpfung zu. Als ein Brett im Weg liegt und die Karre leicht springt, kann ich sie nicht mehr halten. Sie kippt um, und der Beton ergießt sich auf den Bauhof. Andere müssen hinzueilen, um ihn wieder in den »Japaner« zu schippen, solange er noch nicht zu hart ist. Der Polier erscheint und brüllt mich (Ali) an:
»Du verdammtes Stinktier. Es reicht, daß ihr nicht mal bis drei zählen könnt. Da solltet ihr wenigstens geradeaus gucken können! Noch einmal und du kannst wieder nach Anatolien und mit dem Finger im Sand rühren!«
Bei der nächsten Ladung grinst mich der Vorarbeiter genüßlich an und füllt meine Karre trotz Protest bis zum Rand voll, daß sie beim Anrucken leicht überschwappt. Verdammte Scheiße, trotz aller Anstrengung, ich krieg die Karre nicht ausbalanciert. In der ersten Kurve reißt sie mich fast um, und die ganze Ladung kippt wieder in den Dreck. Großes Hallo einiger deutscher Kollegen. Sie stehen untätig herum, während ich (Ali) mich abrackere, den Betonmatsch in die Karre zu schaufeln. Wie wild schaufele ich drauflos, mich umblikkend, ob Hugo Leine nicht naht. Zum Glück ist der Polier

irgendwo im Bau verschwunden. Ein deutscher Kollege weist mich darauf hin, daß der Reifen meines »Japaners« einen Platten hat. Ein Nagel steckt drin. Das ist auch der Grund dafür, daß die Karre umkippte. Von weitem feixt der Vorarbeiter. Als ich (Ali) wieder an ihm vorbeikomme, stellt er triumphierend fest: »Ihr solltet langsam merken, daß ihr hier nichts zu suchen habt.« Auf der Toilette ertappe ich ihn später einmal, als er mit Filzstift auf die Wand kritzelt: »Tod allen Tü...« Als ich (Ali) versuche, ihn zur Rede zu stellen, spuckt er vor mir aus und verläßt die Pißbude, ohne sein Werk vollendet zu haben.

Wenige Tage später – ich (Ali) fege und schaufle im 5. Stockwerk Bauschutt weg – stürze ich fast in einen Elektroschacht, der mit einer Styroporschicht unauffällig abgedeckt war. Ich habe Glück und rutsche nur mit einem Bein 'rein. Nur eine leichte Verstauchung und ein aufgeschrammter Knöchel. Ich hätte mir das Genick brechen können, denn es geht acht Meter tief runter! Ganz zufällig kommt aus einem Nebenraum Heinz, der Vorarbeiter, raus und sagt: »Da hast du ja ein verdammtes Schwein gehabt. Stell dir vor, du wärst da 'runtergestürzt, da wär wieder eine Stelle frei geworden.«

Als einem deutschen Kollegen aus seinem Spind die Brieftasche mit 100 DM gestohlen wird, gerate ich (Ali) in Verdacht: »Hör mal, du warst doch während der Arbeit eine Viertelstunde weg, wo warst du da?« Ein Deutscher: »Der soll mal sein Portemonnaie aufmachen.« – Ein anderer Deutscher, Alfons, auch Alfi genannt, kommt mir zu Hilfe. »Und wenn er 100 Mark drin hat, sagt das doch nichts. Das kann jeder von uns fünfzehn gestohlen haben oder auch ein Fremder von draußen. Wieso gerade Ali?«

Alfi ist es auch, der mich ermutigt, besser Deutsch zu lernen (während er mir aufmunternd auf die Schulter klopft): »Du sprichst viel besser Deutsch, als du selber glaubst. Versuch's nur mal! Du mußt nur die Worte umdrehen, und dein Deutsch

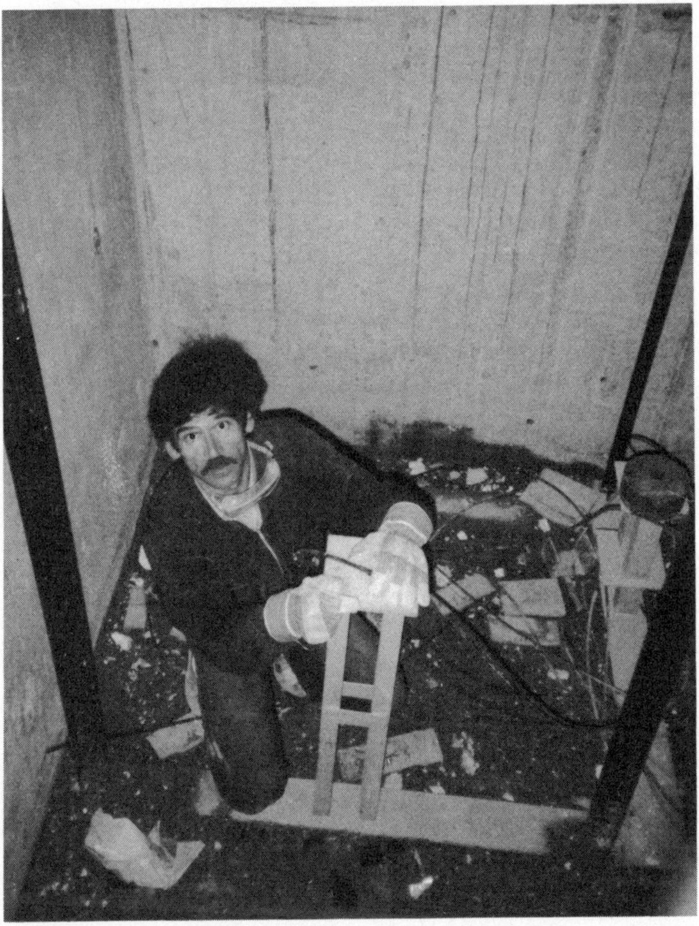

ist gar nicht so schlecht. Sag einfach: ›Ich bin ein Türke‹ und nicht: ›Türk ich bin.‹ Ist doch ganz einfach!« –
Alfi war mehrere Jahre arbeitslos und wurde dann vom Arbeitsamt Düsseldorf an den Unternehmer »Bastuba« vermittelt. Für den stand er den ganzen Tag im kalten Wasser, machte

Gewässer- und Uferreinigung, im Auftrag des Landes Nordrhein-Westfalen. Erst später merkte er, daß »Bastuba« ihn nicht angemeldet hatte und genauso illegal beschäftigte wie seine Kollegen – jugoslawische Arbeiter. Als er seinen Chef damit konfrontierte, schmiß der ihn raus. Einige Zeit später gab ihm ein Freund die Adresse von der GBI.

Als ich (Ali) den Zweigstellenleiter von GBI, Köln, Klose, einmal im Beisein von Kollegen nach der Bedeutung des Kürzels GBI fragte, gibt er uns die Erklärung: »Das ist die Abkürzung von ›Giraffe‹, ›Bär‹ und ›Igel‹.« – So bindet er uns seinen Bären auf, und die meisten nehmen's ihm sogar ab. Es ist schon einiges seltsam mit unserer Firma, und die Namen wechseln so oft, daß auch diese Bedeutung geglaubt wird.

Wir haben einen neuen deutschen Kollegen. Fritz, zwanzig Jahre, blond, hat sich freiwillig zu den Feldjägern gemeldet und brennt darauf, eingezogen zu werden. Die Zeit der illegalen Bauarbeit sieht er nur als Überbrückung. Er führt ein Groschenwurfspiel ein, das wir während der Pausen in den Kellern des Baus spielen. Wer mit seinem Groschen am nächsten an die Wand trifft, kassiert die Groschen der anderen. Ich (Ali) habe Glück und gewinne ständig. Fritz, verärgert: »Ihr Türken seid immer auf unser Geld aus. Ihr seht nur immer euren Vorteil und betrügt uns, sobald wir euch den Rücken kehren.«

Ein andermal: »Wir Deutschen sind klug. Ihr vermehrt euch doch wie die Karnickel auf unsere Kosten.«

Und zu den anderen: »Ab und zu bricht bei dem der Urwald durch!«

Ein Dachstuhl brennt, die Dachdecker waren nicht vorsichtig genug. Mehrere Feuerwehrwagen rücken an, auch Polizei. Ali wird mit anderen Kollegen aufs noch schwelende Dach geschickt, um aufzuräumen. Die Sohlen der Turnschuhe fangen dabei an zu schmoren, ein paarmal krachen angebrannte Balken unter mir (Ali).

Eine Gruppe von Polizeibeamten und Feuerwehrleuten steht

neben uns und sieht zu, wie wir die schwelenden Sachen in den Bauhof runterwerfen. Wir turnen vor ihnen rum, ohne Schutzkleidung. Alles Illegale. Ich kann mir vorstellen, sie wissen oder ahnen es zumindest. Aber sie sagen nichts. Auch sie profitieren von uns, wir machen für sie die gefährliche Dreckarbeit.
Ein deutscher Kollege, Hinrich, zwanzig Jahre, verheiratet, ein Kind, mit Mietschulden, läuft schon seit Tagen mit geschwollenem Gesicht herum. Er hat hohes Fieber. Mehrere Zähne sind vereitert. Tagelang erpreßt man ihn, nicht zum Zahnarzt zu gehen. Er verlangt von Klose, dem Kölner GBI-Mann, einen Krankenschein. Hinrich ist sich bisher gar nicht bewußt, daß er nicht angemeldet und damit ein Illegaler ist. Er ist ganz außer sich! »Das ist verboten, das zeig ich an.« – Klose: »Du kannst verduften. Wir wollen dich hier nie wieder sehen. Wer behauptet, hier werde schwarz gearbeitet, der kriegt einen Schadensersatzprozeß wegen übler Nachrede angehängt. Hast uns deine Papiere zu spät abgeliefert, so daß wir dich nicht anmelden konnten. Du hast dich selbst strafbar gemacht.« – Hinrich traut sich daraufhin nicht, zur Polizei zu gehen. Am nächsten Tag wird er mit dem Notarztwagen zur Klinik gebracht. Blutvergiftung. Lebensgefahr!
Eines Freitags, nach Schichtschluß – wir ziehen uns gerade um – erscheint der Polier von WTB, Hugo Leine: »Wir sind jetzt hier aus dem Gröbsten raus, wir brauchen euch nicht mehr.«
Nach sechs Wochen ist Alis Zeit auf dem Bau vorbei. Ein paar Illegale der GBI-Stammannschaft werden von der gleichen Firma unter dem neuen Namen DIMA auf eine andere Großbaustelle nach Bonn/Bad Godesberg geschickt. Der Bundespostminister läßt ein neues Ministerium bauen. Leider ist Ali nicht mit dabei.

Ein moderner Unternehmer

Der Düsseldorfer Alfred Keitel, fünfzig, gehört zu den Unternehmern, die es in den letzten Jahren zu einem kaum abschätzbaren Vermögen gebracht haben. 1971 gründete er mit einem Kompagnon die »Keitel und Frick GmbH« und vermietete als Subunternehmer (kurz: »Sub«) Menschen an Baufirmen. Seit 1982 ist das verboten. Kurz zuvor legte sich Keitel die »Gesellschaft für Bauausführungen und Industriemontage« (kurz: GBI) zu und machte weiter.

Als ich im Sommer 1984 für die GBI in Köln arbeitete, waren längst die Steuerfahnder hinter Keitel her. Das illegale Geschäft lief jedoch noch ausgezeichnet. Die Ermittlungen ergaben, daß Keitel mehr als 11 Millionen DM an Umsatz- und Lohnsteuern sowie mehrere Millionen Mark Sozialversicherungsbeiträge hinterzogen haben muß. Keitel kam in Untersuchungshaft, Ende 1984 wurde er zu einer Freiheitsstrafe von 4½ Jahren verurteilt. Daß er so glimpflich davonkam, verdankte er einem Gutachten, das ihm eine »krankhafte Spielleidenschaft« attestierte. Gemeint waren damit seine häufigen Casinobesuche, nicht das Spiel, das er mit den 500 Menschen trieb, die nach Angaben der Steuerfahndung gleichzeitig für ihn anschafften.

Freimütig bekennt sich Keitel immer noch zu seinem Gewerbe: »Ich kenn ja nun alles in diesem Bereich, das ist klar. Alle Baufirmen natürlich, die ganzen Praktiken ... nur, wenn man mal mit denen zusammengearbeitet hat, tut man die ja nicht mit reinziehen.«

Doch dann tut er es doch:

»Große Bauprojekte, da gibt es keines mehr ohne Subunternehmen. Das sind ja dann die ARGEN (Arbeitsgemeinschaften bei Großbauten – G. W.), und die arbeiten alle mit Subs, alle. Es gibt kein Gebäude mehr, das ohne Subs gebaut wird in größerem Stil.«

Keitel über sich selbst: »Wenn ich nicht verraten worden wäre, dann wär ich jetzt noch groß im Geschäft.

Die ganzen Geschäftspraktiken – das sieht kein Finanzamt, keine AOK, das sieht kein Mensch: außer, wer damit zu tun hat. Das ist ja das Schöne bei Prozessen, daß keiner feststellen kann, wie die einzelnen Firmen zusammenhängen. Die Verträge mit den Großen kann man doch so machen, wie man sie braucht: Ich kann doch praktisch einen Stundenlohn abmachen statt einer Pauschale, mache aber einfach einen anderen Vertrag, weil Stundenlöhne doch verboten sind. Wer will das kontrollieren? Wie will da das Arbeitsamt dahinterkommen? Vor Gericht kannste sagen: Beweisen Sie mal das Gegenteil!

Von außen kommen Sie da überhaupt nicht ran. Bei mir wäre von außen auch nichts passiert, wenn mein Partner, der da ja mitgemacht hat, nicht durchgedreht wär. Da war ja vorher schon Steuerfahndung dran und Polizei. Die haben es aber nicht geschafft.«

Auch über die Gewinnspannen war Keitel bereit, Auskunft zu geben:

»Die Arbeitnehmer, die kriegen ja auf die Hand, schönes Geld, ne, schön auch nicht immer, aber Hauptsache, die kriegen's auf die Hand.

Die Baufirmen zahlen pro Arbeitsstunde zwischen 22 und 33 Mark. Was dem Subunternehmer da bleibt, das kommt darauf an, was er seinen Leuten zahlt. Wieviel er anmeldet. Ob er alle anmeldet oder nur ein paar.

Der Bruttolohn für Facharbeiter liegt heute eigentlich bei 16 Mark. Ausländer werden immer ausgequetscht, die arbeiten für billiges Geld, aber kein Deutscher. Deutsche wissen ihre Rechte, ungefähr.

Aber Ausländer ... zehn Mark, acht Mark ... egal.«

Eine kleine Hochrechnung ergibt folgendes Bild:

Pro Arbeitsstunde blieben Keitel zwischen 14 und 25 Mark. Auf dem Bau werden in der Regel 10 Stunden täglich gearbeitet. Macht zwischen 140 und 250 Mark pro Mann und Tag. Bei 500 Leuten sind das zwischen 70000 und 125000 DM *täglich*. Von diesen Einnahmen sind die minimalen Transport- und Buchhaltungskosten abzuziehen. Und die Steuern bzw. Sozialversicherungsbeiträge. Oder auch nicht.

Die Umtaufe

oder »Kopfabmachen ohne Segen«

> *»Ich war fremd und obdachlos, und ihr habt mich aufgenommen. Wahrlich ich sage euch: Was ihr einem unter den Geringsten meiner Brüder getan habt, das habt ihr mir getan.«*
>
> *(Christus nach Matthäus 25, Vers 31 ff)*

Ali versucht sein Glück bei der katholischen Kirche. Er hat davon gehört, daß Jesus auch aus seinem Heimatort ausgewiesen wurde, daß er mit den Fremden und Verfolgten seiner Zeit zusammenlebte und sich deswegen selber schwerer Anschuldigungen und Verfolgungen aussetzte. Dennoch kommt Ali – was naheläge – nicht als Bittsteller. Er verlangt kein Obdach und keine materielle Hilfe. Es ist nicht seine Absicht, Gottes Beamte zu überfordern oder gar in Versuchung zu führen. Was er will, ist nur die Taufe!

a) Weil er dazu gehören will, nicht aus Opportunismus, sondern weil er Leben und Werk Christi schon seit längerer Zeit kennengelernt hat und überzeugend findet.

b) Sollte es schnell gehen, da er seine deutsche katholische Freundin nur heiraten kann, wenn er zur Glaubensgemeinschaft der Katholiken gehört, so verlangen es deren Eltern.

c) Hofft er, so auch eine drohende, kurz bevorstehende Ausweisung verhindern zu können.

(Die aufgesuchten Pfarrer und Würdenträger sollen anonym bleiben. Die Gespräche mit den Kirchenfunktionären sind authentisch.)

Ali ist als Arbeiter zu erkennen. Seine Kleidung ist ärmlich. Aus seiner Umhängetasche guckt eine Thermosflasche hervor.

1. Vorsprache. Pfarrei in besserem Wohnviertel, parkähnlicher Garten.

Ein ranghöherer Pfarrer, ca. sechzig, öffnet die mit schmiedeeisernem Gitter verzierte schwere Eichentür des Pfarr-

hauses einen Spalt breit und blickt recht reserviert auf Ali. Pfarrer: »Hier ist nichts zu holen, geh zum Sozialamt.« Damit habe ich nicht gerechnet. Der Pfarrer hat meine Bestürzung bemerkt – und bevor ich mein Anliegen vorbringen kann, wiederholt er unmißverständlich: »Weil mich so viele ausnehmen wollen, gibt's hier grundsätzlich nichts. Wir sind hier ein Pfarramt und kein ...«
Ich unterbreche ihn: »Ich kein Geld wollen, nur die Tauf.«
Die Tür öffnet sich ein wenig mehr, er mustert mich neugierig-kritisch, sagt: »Ach so, es kommen hier so viele Arbeitsscheue, die auf Kosten anderer leben wollen ... Wo wohnen Sie denn? Wie alt ist das Kind, und wann soll die Taufe sein?«
Ich nenne ihm »meine« Adresse, und da es so eine noble Straße ist, in der Ali, so wie er daherkommt, kaum auch nur für eine Woche die Miete würde aufbringen können, füge ich hinzu: »Ich wohnen da in Keller.« Und: »Kein Kindtauf. Ich Türk, bis jetzt bei Mohammed. Ich für mich Tauf will. Weil Christus besser. Aber muß schnell gehe, weil ...«
Er starrt mich fassungslos und ungläubig an, als hätte ich bei ihm nicht um das Sakrament der heiligen Taufe, sondern um meine eigene Beschneidung nachgesucht.
Er schließt die Tür wieder bis auf einen kleinen Spalt: »So schnell schießen die Preußen nicht ... Das ist nicht so einfach. Da sind zuerst einmal zahlreiche Voraussetzungen zu erfüllen ...« Und mit einem geringschätzigen Blick auf mein abgerissenes Äußeres: »Wir nehmen auch nicht jeden in unsere Gemeinde auf.« Als ich der Dringlichkeit meines Anliegens wegen drohender Ausweisung Nachdruck verleihen will, beeindruckt ihn das keineswegs: »Nicht so eine jüdische Hast. Ich werde das zunächst mit dem Gemeindevorstand besprechen müssen. Zuerst einmal bringen Sie mir eine ordnungsgemäße polizeiliche Anmeldung.«
Als ich es wage zu antworten: »Aber der Christus hat auch nicht fest Wohnung und Bleib!«, muß er das als eine Art Gotteslästerung empfunden haben, denn mit einem Ruck knallt er

ohne weitere Erklärung die Tür zu. Als ich daraufhin Sturm klingele, um zu dokumentieren, wie ernst es mir mit meinem Entschluß ist, vollwertiges Mitglied in der Gemeinschaft der Gläubigen zu werden, reißt er die Tür wieder auf, um mich abzukanzeln: »Wir sind hier kein Asyl. Wenn Sie nicht augenblicklich Ruhe geben, ruf' ich die Polizei!« Ich versuche ein letztes Mal, ihn an sein christliches Gewissen und seine berufliche Aufgabe zu erinnern, indem ich niederknie und ihn mit gefalteten Händen anflehe: »In Name Christi, Tauf!« Statt einer Antwort donnert die Tür krachend ins Schloß.
Damit hat Ali nicht gerechnet. Er ist ganz offensichtlich an die falsche Adresse geraten. Schwarze Schafe, die gibt's überall. Und in diesem Villenvorort, wo die Reichsten der Reichen unter sich bleiben wollen, ist Ali ganz offensichtlich fehl am Platz.
Ali gibt nicht auf. Er geht zum nächsten Pfarrer in die Nachbargemeinde. Dort verstecken sich die Villen nicht hinter hohen Mauern, und die Gärten erstrecken sich nicht hinter den Häusern, es sind kleine Rechtecke vor den Haustüren, jedermann zugänglich, oft kaum größer als ein Wohnzimmer. Hier wohnt der Mittelstand, und in etlichen Wohnblocks leben auch Arbeiter.
Ali, durch die erste feindselige Abwimmlung verunsichert und vorsichtig geworden, bittet seinen türkischen Arbeitskollegen Abdullah, ihn als Zeugen, aber auch zum Schutz zu begleiten.
Nachmittags, 17 Uhr.
Die Kirche ist menschenleer. Die Glocken läuten vollautomatisch zur Andacht. Aber kein Gläubiger hat sich zum Gottesdienst eingefunden. Vielleicht, daß es ihnen auch zu kalt ist. Die Kirche ist ungeheizt, die klirrende Kälte hat das Weihwasser bis auf den Grund des Beckens gefrieren lassen. Als wir gemessenen Schrittes und etwas befangen in Richtung Altar gehen, bemerkt uns der alleingelassene Pfarrer.
Er hat sich wohl schon auf Feierabend eingestellt, denn er versucht, sich vor uns in die Sakristei zu verdrücken. Aber ich bin schneller.

»Tschuldigung«, verstelle ich ihm den Weg, »ein Frag nur, will Tauf habe und Christ werde, bin Türk.«
Er starrt uns entgeistert an: »Nein, ausgeschlossen. Das kann ich nicht. Das geht nicht!«
Er spricht im Flüsterton, blickt uns nicht an dabei, vielmehr über uns hinweg gen Himmel, als ob ihm da sein oberster Chef sein unchristliches Verhalten absegnen könnte.
»Warum nich?« will ich wissen.
»Das geht nicht, das erfordert einen Unterricht von einigen Jahren«, raunt er.
»Ich kenn aber Christbuch genau, hab immer wieder lese ...«
»Nein, das kann ich nicht, ohne die Genehmigung des Kardinals darf ich das gar nicht.«
»Aber kann nicht jede Pastor Tauf gebe?«
»Nein, auf gar keinen Fall.«
»Nich darf?«
»Nein, nein, nein, nein. Offiziell eine Taufe würde ja eine Aufnahme in die katholische Kirche mit sich ziehen, nicht ...«
»Ah, Sie sin gar kein Pfarrer?« provozier ich ihn.
Es wird ihm sichtlich unangenehm. Er ist in seiner Eitelkeit getroffen.
»Doooch«, antwortet er fest und selbstbewußt.
»Hier Chef von der Kirch?« insistier ich.
»Ja«, sagt er bestimmt.
»Ja, aber dann darf doch auch Tauf' mache«, laß ich nicht locker.
»Na ja, Kindertaufe«, gibt er zu. »Aber zur Erwachsenentaufe brauche ich die Genehmigung des Erzbischofs von Köln, und das setzt voraus einen Unterricht von mindestens ...« – er zögert, scheint begriffen zu haben, daß ich ganz so ahnungslos nicht bin – »allermindestens von einem Jahr.«
»So lang, ein Jahr mindes ...?«
Meine ängstlich bekümmerte Frage gibt seinem Abwimmlungsversuch wieder Auftrieb (nicht ohne Genugtuung): »Kann aber auch noch länger dauern. Es erfordert ein ganz allmähliches, stufenweises Hineingleiten ...«

Auf das Taufbecken weisend demonstriere ich ihm meine Sachkenntnis.
»Da dann Tauf. Muß ganz rein oder nur Gesicht?«
In seinen Augen bin ich wohl der letzte Wilde. Mit einem kargen »Nö« überhört er meine frevlerische Bemerkung.
»Aber vielleicht kann Chef, der Erz, gut Wort einlege?«
Er läßt erst gar keine Illusionen aufkommen: »Das glaub ich kaum! Das glaub ich kaum!«
Ich begreif es immer noch nicht. Nach einer Erklärung für seine Abweisung suchend: »Sin' denn so viel, die jetz neu komm wolle in Kirch'?«
Das scheint nicht der Fall zu sein: »Das nicht, das nicht, aber ...« Das »aber« bleibt so in der frostigen Kälte der Kirche stehen, es folgt keine weitere Erklärung.
Da ihm im transzendentalen Bereich so völlig die Argumente ausbleiben, komm ich ihm von der praktischen Seite. Auf die geschlossene Eisdecke im Weihwasserbecken weisend: »E bißche Frostschutz rein, und man kann wieder Kreuz mit mache.«
Aber auch dieser konstruktive Vorschlag rührt ihn nicht. Er verläßt die Kirche. Wir weichen ihm nicht von der Seite. Ich erreiche vor ihm das neben der Kirche gelegene Pfarrhaus und klingele. Wie in einer Nachtapotheke öffnet sich eine schmale Klappe, und eine ältere Pfarrhelferin schaut heraus. Als der Pfarrer hinter uns merkt, daß wir uns nicht so einfach abwimmeln lassen, sondern im Gegenteil ich meine wilde Entschlossenheit zur Schau stelle, mit dem heiligen Sakrament der Taufe versehen zu werden, läßt er uns in sein Pfarrbüro.
»Damit Sie Ruhe geben, such ich Ihnen rasch eine Adresse heraus, wo Sie sich hinwenden können. Aber wie gesagt, geben Sie sich keinen Illusionen hin, das braucht seine Zeit.«
Schwerfällig verschanzt er sich hinter einem mächtigen Schreibtisch und blättert umständlich in einem kirchlichen Adreßbuch. Er ist etwa Mitte fünfzig, wirkt gesund und ausgeruht, kein Menschenverächter und Scharfmacher wie sein Kollege aus der Nachbargemeinde, eher gutmütig, aber bequem,

strahlt er die Saturiertheit des Beamten auf Lebenszeit aus, der noch hinter dem Schalter mit Publikumsverkehr seine Zeit absitzt, obwohl seit Jahren die Briefmarken ausverkauft sind, kein Sonderstempel mehr gefragt ist und sein Schild *»vorübergehend geschlossen«* sicherheitshalber noch den letzten verirrten Kunden in die Schranken weist.

Ich will nicht, daß er sich so leicht aus der Verantwortung stiehlt, zumal er auf mein Ansinnen wie auf einen – in seinen Augen – wohl unsittlichen Antrag reagiert.

»Wenn ich jetzt noch Kind, geht schneller?« setz ich ihm wieder zu.

»Ja, wenn Sie also ein Baby wären auf dem Arm der Mutter, dann, ja dann. Aber auch nicht so schnell! Da muß dann erst einmal die katholische Erziehung gesichert sein.«

Ich (Ali): »Obwohl doch heut viel Tauf, wo Eltern gar nicht richtig sein katholisch!«

Pfarrer (stirnrunzelnd, streng): »Ja, wir nicht. Bei uns nicht.«

Ich (Ali): »Ich hab Kolleg bei der Arbeit, die getauft, aber gar nicht richtig sin katholisch, die lache, weil ich glaub an Christus und red über die Buch von Christus. Wir habe doch auch alle ein Gott.«

Pfarrer (läßt sich nicht aus dem Konzept bringen, ganz formell: »Um Erwachsene zu taufen, brauche ich also die Genehmigung des Erzbischofs von Köln, Kardinal Höffner.«

Ich (Ali): »Und der is gut?«

Pfarrer: »Nein. Der erteilt also die Genehmigung, wenn, wenn ein Unterricht von ... stufenweise ... wird mindestens ein Jahr dauern ...«

Ich (Ali) (erfreut): »Macht der auch dann die Tauf?«

Pfarrer (kategorisch): »Nein.«

Ich (Ali): »Ich hab hört, daß jeder kann tauf' ...«

Pfarrer (während er erfolglos weiter nach der Adresse blättert): »Ja, ja, schon, aber ...«

Ich (Ali): »Bei mir is auch Problem: ich will heiraten, aber Eltern lasse Mädchen nicht mit Mohammed ... Und wenn ich hab' Mädchen heirat, dann kann auch hier bleibe, sonst muß raus, Ausweisung in Türkei.«

Mein Kollege Abdullah springt mir bei und verdeutlicht dem Pfarrer das Problem eindringlich: »Er muß ins Gefängnis, wenn sie ihn zurück in Türkei schicken.«

Der Herr Pfarrer überhört die lästige Feststellung, kramt ungerührt und seelenruhig im kirchlichen Adreßbuch – (ungehalten): »Na, wo ist denn die FELICITAS?«

Abdullah: »Er muß deswegen ganz schnell getauft werden.«

Ich (Ali): »Am besten wär gleich, oder komm morgen nach Feierabend.«

Pfarrer: »Ausgeschlossen, das geht nicht!«

Ich (Ali): »Kann auch was zahle.«

Pfarrer: »Nee, das kostet sowieso nix. Taufen kostet nix. Sakramente kosten kein Geld.«

Ich (Ali): »Aber wenn mache für die Heidenkinder Spend, geht dann nich schneller?«

Pfarrer: »Nee, nein, da ist gar nichts zu machen, nicht das allergeringste.«

Abdullah: »Er will keinen Militärdienst machen.«

Ich (Ali): Ich will nich schieße, kann keine Mensch töte. Es is jetz bei uns in Türkei so bißche wie früher Deutschland unter Hitler. Türkei is Diktat...«

Pfarrer: »Das hat nichts mit Taufe zu tun. Das sind äußere Gründe, die jedoch keine Gesinnung bedeuten.«

Ich (Ali): »Wird da auch groß Fest gemacht, wenn Tauf is mit groß Gemeind zusammen und so?«

Pfarrer (desillusionierend): »Nö.«

Ich (Ali): »Ich mein', wird da groß Feier auch, tanze und so?«

Pfarrer: nööö. Nö, nö. Bei uns nicht ...«

Ich (Ali): »Ich kann alles, ich hab hier Bibel les, vorn, hinte, hinte nach vorn ...«

Pfarrer: »Das meint jeder, daß er alles kennen würde ...«

Ich (Ali): »Dann frag mich. Irgendwas!«

Pfarrer: »Ja, wozu?«

Ich (Ali): »Nur mal sehn, ob ...«

Pfarrer: »Nein, also es geht ja um Vorschriften, nach denen Erwachsene in die Kirche aufgenommen werden. Was soll ich denn fragen?«

Ich (Ali): »Was von Christ ...«

Pfarrer (so als würde ich etwas total Abwegiges ansprechen): »Von Christus?«

Ich (Ali): »Über sein Leben oder so ...?«

Pfarrer (als hätte Christus nie gelebt): »Ach, Leben? Ja, hm, hm ... so warten Sie mal, ja ... (und wie aus der Pistole geschossen):
»Wie hat er die Kirche gegründet?«

Ich (Ali) (ohne lange zu überlegen): »Christus einfach zu Petrus sagt: du machs Kirch jetzt für mich.«

Pfarrer: »Hm, ja, könnt man sagen, ja.«

Ich (Ali): »Und noch ein mehr schwer Frag'!«

Pfarrer: »Nee, hilft uns ja nicht, hilft uns nichts, ich mach Ihnen ja dann nur Hoffnungen.«

Ich (Ali): »Bitte! Ein Frag' noch!«

Pfarrer (mit großer Überwindung): »Ah so ... also: warum gibt es denn heute mehrere Kirchen, die sich auf Christus berufen?«

Ich (Ali): »Ja, weil der Luther war der andere, hat Revolution macht, hat nicht mehr glaubt an de Papst. Dann gibt's viel Kirch, die sind gut. Wolln Christus lebe, aber wisse zu wenig. Wolle eigen Kirch mache, weil sie nich richtig geleit sind, ham de Hirte verlore ...«

Pfarrer (erstaunt): »Ja, das ist schon richtig.«

Ich (Ali): »Ich hab alles les. Auch dazu Begleitbuch. De Katesch... wie heißt?«

Pfarrer: »Katechismus. Ist schon richtig. Ich glaub Ihnen das auch ohne weiteres. Aber das nützt uns hier gar nichts, weil ich die Genehmigung zur Taufe von Erwachsenen vom Erzbischof brauche.«

Ich (Ali): »Wenn ich aber jetzt ... Herz nicht mehr schlägt und sag: bitte, jetzt mich tauf?«

Pfarrer: »Im Todesfall, na ja. Also in direkter Todesgefahr ...«

Ich (Ali): »Und wenn ich jetzt plötzlich Schmerz hab, dann ist doch möglich ... Herz is bei mir nich gut.«

Pfarrer: »Herz is nicht gut, hm?«

Ich (Ali): »Immer so aussetz. Wenn schwer Arbeit, bekomm ich ganz schwarz vor Aug. Auch schon mal Krankehaus. Wie heiß: Intensivabteil ...«

Pfarrer (korrigiert): »Intensivstation, hm. Aber das soll jetzt kein Grund sein, daß man den Unterricht abkürzt. Erst im Unterricht zeigt sich, wieweit Sie im christlichen Glauben beheimatet sind und ob Sie wirklich ganz dazu gehören.«

Ich (Ali): »Aber was nutz, wenn ich dann muß vorher gehn. Wenn ich Mädchen nich kann heirat, werd' ich in Türkei zurückgeschick. Und dann muß vielleicht sterb' ohn Tauf' und bin nich bei Christus im Himmel.«

Pfarrer (stöhnt): »Das ist nicht gesagt. Da gibt's schon mal Ausnahmen.«

Ich (Ali) (erfreut): »Dann doch schnell Tauf?«

Pfarrer (leicht verzweifelt über meine Begriffsstutzigkeit): »Nein, mein Gott. Auch wenn Sie ungetauft sterben, heißt das nicht unbedingt, daß Sie auf alle Ewigkeit verdammt sein müssen. Dann zählt unter Umständen die unbewußte Taufe. Christus in seiner unermeßlichen Güte hat auch Heiden und Andersgläubigen, die in seinem Sinne leben, eine echte Chance gegeben ...«

Ich (Ali): »Aber nich sicher genug. Besser doch mache gleich Tauf'. Komm. Jetz Herz nich gut.«

Pfarrer (eher gleichgültig): »Ja, ne, das hat seine Schwierigkeit.«

Ich (Ali): »Aber Hauptsach, bin dann schon katholisch.«

Pfarrer (verzweifelt): »Ja, könnte man sagen, aber es zählt nicht, da gibt's keinen Stempel für. Nein und noch mal nein, weil ich weiß, daß Sie das provoziert haben.«

Ich (Ali): »Aber stimmt doch, können Doktor holen.«

Pfarrer: »Nein, ausgeschlossen, unter Umständen mach ich mich sogar strafbar.«

Ich (Ali): »Da is aber bei Mohammed einfach. Der sagt bei jede, der will Mohammedaner werde, erstmal ja dazu.«

Pfarrer (nicht ohne Verachtung): »Mohammed hat es euch auch verdammt leicht gemacht.«

Ich (Ali): »Der irgendwie mehr tolerant.«

Pfarrer überhört den Vorwurf und schweigt.

Ich (Ali): »Aber früher, wo kam Missionar mit Erober in fremd Land, ham gesagt: du katholisch, du katholisch, du katholisch! Ob se woll oder nich! Warum heut dauert so lang?«

Pfarrer: »Ja, aber wie katholisch! Man hat früher die Dinge, ähm, wie soll ich sagen, sehr mechanisch gemacht. Karl der Große hat so gesagt bei den Sachsen: entweder Taufe oder Kopf ab!« (lacht genüßlich)

Ich (Ali): »Alles zack, zack?«

Pfarrer: »800 nach Christi war das.«

Ich (Ali): »Indianer mußte auch, zack Tauf, und wußte nicht, wie kam dazu.«

Pfarrer: »Aber was ist auch daraus geworden!«

Pfarrer: »Die hatten hinterher nichts anderes als einen wütenden Haß auf alle Christen.«

Ich (Ali): »Und haben selbst dann (Kopf-ab-Geste) bei Christen gemacht?«

Pfarrer: »Jaa.«

Ich (Ali): »Und Papst hat dafür Segen geben?«

Pfarrer: »Segen? Braucht er kein Segen geben. Kopf abmachen kann man auch ohne Segen.«

Sein sonst eher gutmütiger Gesichtsausdruck weicht einem infantil-inquisitorischen Grinsen.

Ich (Ali): »Und Papst hat sein Okay geben ...«

Pfarrer: »Das weiß ich nicht, wie die Stellung der Päpste damals war, die wußten ja nicht, was die Missionare da in Amerika machten.«

Der Pfarrer wechselt das Thema und besinnt sich auf mein ursprüngliches Anliegen: »Wer will Sie aus Deutschland ausweisen?«

Ich (Ali): »Hier, die Ausländerpolizei.«

Pfarrer (stark beeindruckt): »Aha, die Ausländerpolizei.«

Ich (Ali): »Gucke sogar, wenn wir heirat deutsch Frau, komme in Schlafzimmer, ob liege zusamme.«

Pfarrer: »Wir haben ja viele Türken auf der Schule hier bei uns. Die haben an meinem Religionsunterricht immer teilgenommen, aber die wollten gar nicht ... die wußten nicht mal, was katholisch ist.«

Ich (Ali): »Aber jetzt wisse und wolle auch Tauf?«

Pfarrer (entsetzt): »Nein, im Gegenteil, kein einziger ...«

Ich (Ali): »Muß ich auch viel lerne, Gebet, Singe und so?«

Pfarrer: »Sie müssen inwendig lernen, nicht auswendig, inwendig, inwendig.«

Ich fange an, das »Vaterunser« aufzusagen. Als ich ende: »Und erlöse uns von alle Schlimme«, unterbricht er und beleidigt Ali aufs neue: »Als Mohammedaner sind Sie gewohnt, wie die Kinder lange Gebete vor sich her zu plappern, immer wieder, ohne sie zu verstehen.«

»So jetzt aber Schluß im Dom«, erhebt er sich, um mich endlich loszuwerden, und drückt mir einen Zettel in die Hand: »Da ist die Adresse der Glaubensberatungsstelle FELICITAS drauf, die entscheiden dann weiter.«

Der Leiter der katholischen Glaubensberatungsstelle FELICITAS ist ein älterer schlanker, hochgewachsener Priester. Er hat das distanziert vornehme Auftreten eines Aristokraten. Er erinnert mich ein wenig an El Grecos Darstellung des Großinquisitors.

Ich habe nicht den Eindruck, daß diese kirchliche Institution für taufbegierige Konvertiten besonders frequentiert wird. Ich bin der einzige im Wartesaal, und der Durchblick in menschenleere, saalartige Büros, in denen alte repräsentative

Möbel Eindruck machen, läßt nicht gerade auf Arbeit schließen.

Ali in seinen abgewetzten Arbeitsklamotten kommt sich ein wenig armselig und deplaziert hier vor. Nachdem er die Besonderheit seines Falles eindringlich und etwas hilflos vorgetragen hat, appelliert er aufgrund seiner Notsituation an den Chefpriester, eine schnelle, unbürokratische Entscheidung zu treffen.

Ich (Ali): »Bitte, darum ich brauch' Tauf ganz schnell.«

Priester (nimmt Alis Anliegen nicht ernst, reagiert leicht spöttisch): »So! Wie schnell meinen Sie denn? In einer Stunde oder so?«

Ich (Ali) (tut erfreut): »Ja, wenn geht, gleich. Viele Dank. Sonst späteste in paar Woch, weil ja sonst Gefängnis in Türkei. Wann is Tauf?«

Priester (wird knapp und förmlich): »Kann ich nicht sagen. Ich bin Spezialist.«

Ich (Ali): »Ja, dann mich frag'. Ich hab all Red' von Christus les und find gut.«

Priester (davon unbeeindruckt): »Wer hat Sie überhaupt hierher geschickt?«

Ich (Ali) (nenne ihm den Namen des Pfarrers, der mir – um mich loszuwerden – seine Adresse heraussuchte): »Und er sag, kann er nich selber mache, muß hier frag' und Stempel kriege.«

Priester: »Wie lange sind Sie in Deutschland?«

Ich (Ali): »Zehn Jahr. Und will hier bleib'. Weil ich bin Kurd, und in Türkei muß in Gefängnis. Ich hab politisch Arbeit gegen Diktatur gemacht.«

Priester: »Ja, wenn Sie doch in Deutschland bleiben, dann brauchen Sie doch nicht in die Türkei!«

Ich (Ali): »Muß raus, weil ich hab' kei Arbeit mehr und hab' nur Stempel für drei Monat. Aber find auch Christus besser als de Mohammed, is nich soviel Verbot. Christus is mehr für de Verfolgte auch.«

Priester (scheint von einem anderen Christusverständnis auszugehen): »Aha, na ja. Kennen Sie denn außer Ihrer Braut noch andere Christen?«

Ich (Ali): »Ja, ware Kolleg bei Arbeit, die auch Tauf. Nur habe immer gelach, wenn ich ihne von Christus erzählt. Habe immer *Bild*-Zeitung les', wenn ich in de Paus' hab' Bibel les.«

Priester (ignoriert die Realität): »Es kommt vor allem auf die guten Kontakte zu den anderen deutschen Christen an. Es gibt da kein Lernen, sondern es gibt ein Tun! Es gibt ein Leben, nicht ein Lernen.«

Ich (Ali): »Ich ja gern will tun und lebe. Und was ich muß tun, damit ich dabei bin?«

Priester: »Mit der Kirche leben.«

Ich (Ali): »Tun?«

Priester: »In die Kirche gehn.«

Ich (Ali) (stolz): »Tu ich. Ich geh Sonntag inne Kirche immer.« (Damit er's mir auch glaubt, nenne ich ihm die Pfarrei und den Namen der Kirche.)

Priester: »So, so.«

Ich (Ali): »Ja, kann auch schon bete. Und singe kann ich gut.«

Priester: »Wieviel mal gehen Sie in die Kirche?«

Ich (Ali): »Einmal Sonntag.«

Priester: »Und wie lange jetzt so in den vergangenen zwei Jahren?«

Ich (Ali): »War jetzt schon vier Monat immer jede Sonntag.«

Priester (geringschätzig): »Vier mal vier sind sechzehn.«

Ich (Ali): »Aber früher auch schon mal. Aber oft muß arbeit' an de Feiertag. Ich find Feier in de Kirch schön. Und Christus ich richtig Freund.«

Priester (scheint selber ein distanzierteres, weniger freundschaftliches Verhältnis zu seinem »Herrn« zu haben): »Aber es ist schwer, an Christus zu glauben.«

Ich (Ali) (mit dem Brustton der Überzeugung): »Nee!«

Priester (ungläubig): »Nicht?«

Ich (Ali): »Er hat vorgeleb' und zeig', wie man macht, nicht nur inne Buch, sondern selbs mache, nicht nur sagt, sondern lebt für uns. Aber mal Frag' jetzt, ob richtig kann ...«

Priester: »Ja, das können wir nicht so wie in einer Schule, sondern durch Zusammenkommen und Leben und zusammen sprechen, lernen wir den Kandidaten kennen.« (leicht vorwurfsvoll) »Wenn Sie vor zehn Jahren gekommen wären, wäre jetzt alles okay.«

Ich (Ali): »Und mache kein Frag', daß Sie sehe, daß ich kann?«

Priester: »Das Problem ist nicht das Lernen, man kann nicht mit einem Kunstdünger eine Pflanze schneller wachsen lassen, alles hat seine Zeit.«

Ich (Ali): »Als die erste Christe kame in neue Land, habe ganz schnell gemacht Tauf, oft ohne daß die Leut wollt.«

Priester: »Ja, na ja, aber da hatte die Kirche auch eine andere Kraft und eine andere Erleuchtung. Heute kommt es ganz drauf an, wie die Kontakte sind, Kontakte zu den Christen.«

Ich (Ali): »Wir nicht viel Kontakt, weil de Deutsche wolle nich mit de Türke zusammeleb.«

Priester: »Das ist Vorschrift vom Bischof. Wir müssen alle eine gleiche Disziplin haben.«

Ali unternimmt einen letzten verzweifelten Versuch, den Priester zum unbürokratischen Handeln zu veranlassen:

»Aber kann ich nich Stempel schon mal habe. Ausländerpolizei macht sonst Abschiebehaft, und ich muß zurück in Türkei in Gefängnis und vielleich Folter ...«

Priester: »Also ich kann unter dem Druck, unter einer solchen politischen Notsituation keine Taufe spenden! Das ist unverantwortlich. Das kann kein Bischof verantworten.«

Ich (Ali): »Wenn ich selbs frag' Bischof?«

Priester: »Sie kommen nicht zum Bischof.«

Ich (Ali): »Der wohnt aber auch hier.«

Priester: »Aber Sie kommen nicht zum Bischof.«

Ich (Ali): »Aber wenn ich anruf und frag ihn selb.«

Priester (mit Verachtung): »Da wird jemand wie Sie gar nicht vorgelassen. Der sitzt nicht zu Hause rum und hat Langeweile und wartet darauf, daß mal so eben einer anruft. Der Bischof ist der oberste Herr von weit über eine Million Katholiken im Bistum. Der hat einen Terminkalender wie ein Ministerpräsident. Steht ungefähr auf der gleichen Ebene.«

Ich (Ali): »Aber der kann auch tauf, wenn er will?«

Priester (eingeschnappt): »Der Bischof kann jederzeit taufen.«

Ich (Ali): »Und wenn er geht spaziere und ich frag ihn.«

Priester: »Kann er auch nicht, nein. Sie können ihn ja nicht abschnappen auf'm Spaziergang, der ist immer mit Polizei umgeben.«

Ich (Ali): »Aber mal ein Frag. Ob richtig versteh Christus ...?«

Priester (stöhnt, überlegt lange, dann): »Ist Jesus Gott?«

Ich (Ali): »Er is e Gott und e Mensch gewese und mit ihm der heilige Geist. Einer in drei Person ...«

Priester (verblüfft): »Ah, das ist schon gut, die Antwort ist gut. Die Antwort als solche ist gut.«

Ich (Ali) (lasse nicht locker): »Und Christus sag, er liebt alle Mensch, auch die nich sind bei de Kirch, sogar die Feind solle die Christe liebe, nur sie mache nich bei de Türk ... Ich sag, Christus für de Verfolgte. De Kurd bei uns, so wie de frühe Christe auch, komm in Gefängnis, weil sie wolle ihr eigen Kultur. Und Christus für sie auch is.«

Priester (total sauer, erhebt sich steif und förmlich): »Schon gut, also wir müssen das jetzt abbrechen. Wenn Sie so freundlich sind und sich in das erste Zimmer wieder begeben. Meine Sekretärin wird Sie dann hinausgeleiten ...«

Anders als der Grobian bei der ersten Vorsprache schmeißt mich der Hohe Priester auf die vornehm aristokratische Art 'raus. Auch hier ist Ali unerwünscht. Obwohl eine absolute Ausnahme – es gibt so gut wie keine Türken, die zum katholischen Glauben überzutreten beabsichtigen (kein Wunder auch bei diesen offenen und verdeckten Feindseligkeiten und Erniedrigungen, die ihnen von den Dienern Christi entgegengebracht werden) – will man ihn unter keinen Umständen in der

Helm kostenlos von Remmert gestellt bekommt, aber im Augenblick noch ohne Helm arbeitete. Wieder sollte Ali seinen Kopf für ihn hinhalten. Diesmal weigerte er sich: »Is privat, gehört mir. Mach ich nich. Kann entlasse werd, wenn ich ohn Helm arbeit.« Darauf der Vorarbeiter: »Du ihm Helm geben. Sonst ich dich entlassen. Und zwar auf der Stelle!« – Darauf beugte sich Ali der Gewalt und arbeitete die ganze Schicht ohne Helm in einem Abschnitt der Brammenstraße, wo einige Meter von uns entfernt mehrfach noch glühende Erzbrocken niederdonnerten. Wären sie mir auf den Kopf gefallen, hätte ich zumindest Verbrennungen davongetragen.
Der deutsche Kollege Werner, nahm es mit der größten Selbstverständlichkeit hin, daß sein Schutz zu meinen Lasten ging. Als ich (Ali) ihn darauf anspreche, meint er nur: »Kann ich auch nichts dran ändern. Ich tu' nur, was man mir sagt. Mußt du dich woanders beschweren, bin ich die falsche Adresse für.« – Später läßt er Ali auch noch seine Verachtung spüren: »Ihr Adler-Leute seid doch rein gar nichts. Euch kann doch keiner für voll nehmen. Für die paar Mark würde ich keine Schaufel in die Hand nehmen.« Das heißt soviel wie: du hast doch keinerlei Rechte. Dich gibt's doch offiziell gar nicht hier. Du hast weder Papiere noch einen Arbeitsvertrag noch sonst was. Und deshalb blickt er auf uns herab. Er als Deutscher ist bei Remmert privilegiert. Er erhält Überstunden- und Feiertagszuschläge ausbezahlt und als Stundenlohn 11,28 DM brutto. (Schmutzzulagen allerdings zahlt Remmert nicht, obwohl meist in schmierigem Fett, altem, stinkendem Öl, dickstem Metallstaub gearbeitet wird.)
Wir bei Adler sollen dieselbe Arbeit für noch weniger Lohn machen – wie wenig, soll sich noch herausstellen.

Ich (Ali) miete mir in der Duisburger Dieselstraße eine kleine Anderthalb-Zimmer-Wohnung. Ich will die Annäherung an Ali ein Stück weiter entwickeln, will wirklich leben wie ein türkischer Arbeiter in der Bundesrepublik, nicht nur lange Aus-

Thyssen informiert

Die Thyssen-Gruppe hatte einen guten Start in das neue Geschäftsjahr 1984/85.
Die Wachstums- und Ergebnisträger des Vorjahres haben sich im wesentlichen behauptet, Nachzügler konnten aufholen. Der Außenumsatz Thyssen-Welt stieg im ersten Halbjahr um 6%. Alle Unternehmensbereiche schreiben schwarze Zahlen. Das Konzernergebnis des ersten Halbjahres ist wesentlich besser als in der vergleichbaren Vorjahreszeit. Thyssen hat in der kürzlichen Hauptversammlung angekündigt, für das laufende Geschäftsjahr die Zahlung einer Dividende wieder aufzunehmen.

Im Stahlbereich hat sich die Produktion auf dem im Vorjahr erreichten Niveau gehalten. Die Preise konnten in den letzten Monaten allmählich heraufgesetzt werden, wegen des starken Dollars nehmen allerdings auch die Rohstoffkosten beträchtlich zu. Der Umsatz stieg im ersten Halbjahr um 11%. Thyssen Stahl erwartet für 1984/85 wieder ein positives Ergebnis.

Bei Thyssen Edelstahl sind zur Zeit alle Betriebe normal oder besser beschäftigt. Der Umsatz nahm im bisherigen Verlauf um 8% zu. Bei den Legierungsmetallen, die in Dollar notiert werden, müssen erhebliche Kostensteigerungen verkraftet werden. Insgesamt rechnet Thyssen Edelstahl für 1984/85 wieder mit einem positiven Ergebnis.

Der Unternehmensbereich Investitionsgüter und Verarbeitung erreichte im ersten Halbjahr insgesamt ein Umsatzplus von 7%. Bei der Thyssen Industrie ist der Auftragseingang stark expansiv. Dies und die Programmbereinigungen der letzten Jahre festigen die Ertragslage. Thyssen Industrie rechnet für 1984/85 mit einem positiven Ergebnis. Bei Budd sind die meisten Werke weiterhin vollbeschäftigt. Das Ergebnis von Budd wird deutlich positiv sein. Die Führung des amerikanischen Eisenbahnbereichs liegt jetzt bei Transit America Inc. Belastungen aus der Bewältigung der alten Verlustaufträge wurden bereits im letzten Jahresabschluß bilanziell berücksichtigt. Bei den Rheinischen Kalksteinwerken hält die positive Ergebnisentwicklung an.

Der Unternehmensbereich Handel und Dienstleistungen baut seit einigen Jahren sein internationales Geschäft stark aus. Im ersten Halbjahr nahm der Umsatz um 6% zu.

flüge an die Arbeitsplätze machen. Ich identifiziere mich mehr und mehr mit der Rolle. Nachts spreche ich jetzt oft im Schlaf in gebrochenem Deutsch. Ich weiß jetzt, wieviel Kraft es kostet, für einige Zeit zu ertragen, was die ausländischen Kollegen ihr ganzes Leben lang ertragen müssen. Es ist nicht besonders schwer, diese Wohnung zu finden, denn Bruckhausen ist ein sterbender Stadtteil. Jahrelang hatten hier fast nur Türken gelebt, viele von ihnen sind inzwischen in ihre Heimat zurückgekehrt. Zahlreiche Häuser stehen leer oder sind so verslumt, daß sie nicht mehr bewohnbar sind. Die Wohnung hat weder Spüle noch Dusche, Toilette im Flur für mehrere Mietparteien, und kostet 180 Mark Miete. Bei der Renovierung leiste ich mir

THYSSEN

Thyssen-Welt 1983/84 (1. Oktober 1983 – 30. September 1984)

Die Ertragslage ist stabil, auch im laufenden Jahr wird dieser Bereich wieder mit Gewinn abschließen.

Auch von den nicht-konsolidierten Beteiligungen erwartet Thyssen wieder einen guten Ergebnisbeitrag.

Gesamtumsätze der Unternehmensbereiche	
Stahl	10,3 Mrd. DM
Edelstahl	3,5 Mrd. DM
Investitionsgüter und Verarbeitung	9,8 Mrd. DM
Handel und Dienstleistungen	17,6 Mrd. DM
Gesamtumsatz Thyssen-Gruppe	41,2 Mrd. DM
Innenumsatz	8,8 Mrd. DM
Außenumsatz Thyssen-Welt	32,4 Mrd. DM

Belegschaft
im Jahresdurchschnitt 132.950

Aus der Bilanz	
Bilanzsumme	19,2 Mrd. DM
Eigenkapital	2,6 Mrd. DM
Investitionen	986 Mill. DM
Abschreibungen	1.120 Mill. DM
Jahresüberschuß	181 Mill. DM

THYSSEN

THYSSEN AKTIENGESELLSCHAFT

einen grandiosen Luxus: mitten im Zimmer installiert mir ein Freund eine Badewanne.
Ich versuche, mir mein neues Zuhause etwas schöner zu gestalten. Zwei Müllcontainer Schutt und Dreck räume ich aus dem Vorgarten. Die Nachbarn hatten hier ihren Unrat abgeladen, weil das die »Lebensqualität« der Gegend auch nicht mehr weiter verschlechtern konnte. Dieses Bruckhausen liegt unmittelbar neben der Hütte. Wer hier alt werden will, muß eine ausgesprochen robuste Gesundheit haben. An vielen Stellen gibt es Aushänge, die dazu auffordern, eine bestimmte Telefonnummer zu wählen, wenn es mal wieder besonders schlimm stinkt. Aber hier stinkt es fast immer besonders schlimm.

Trotzdem will ich mich in Bruckhausen niederlassen. Noch bin ich hier nicht ganz allein. Vielleicht kann man ja auch mal in meinem wiederhergerichteten winzigen Garten ein Sommerfest mit den Nachbarn oder Kollegen feiern ...

Es ist Not

Es gibt Kollegen, die arbeiten monatelang durch, ohne einen freien Tag. Sie werden gehalten wie Arbeitstiere. Sie haben kein Privatleben mehr. Sie werden nach Hause gelassen, weil es für die Firma billiger ist, daß sie ihre Schlafstellen selber bezahlen. Sonst wäre es für sie praktischer, gleich auf der Hütte oder bei Remmert zu nächtigen. Es sind in der Regel jüngere. Spätestens nach ein paar Jahren im Thyssendreck sind sie verbraucht und verschlissen, ausgelaugt und krank – oft fürs Leben. Für die Unternehmer sind sie Wegwerfmenschen, Austauscharbeiter, es gibt ja genug davon, die Schlange stehen, um Arbeit zu bekommen und für jede, wirklich jede Arbeit dankbar sind. Dieser Verschleiß erklärt auch, warum selten jemand länger als ein, zwei Jahre diese Arbeit aushält. Oft genügen ein, zwei Monate, um einen Schaden fürs Leben zu bekommen. Besonders, wenn Doppel- und Dreifachschichten angesagt sind. Ein knapp zwanzigjähriger Kollege arbeitet regelmäßig seine 300 bis 350 Stunden monatlich. Die Thyssenmeister wissen es, die Hütte profitiert davon, die Beweise werden auf Thyssen-Stempeluhren gedrückt und aufbewahrt.

Thyssen fordert die Stoßtrupps von Remmert oft sehr plötzlich an. Da kommt es vor, daß Kollegen nach anstrengender Arbeit von Duisburg nach Oberhausen zurückverfrachtet, bereits unter der Dusche stehen und der Sheriff sie dort wegholt und für eine Anschlußschicht wieder in den Dreck zurückschickt. Oder Leute werden über Telefon aus den Betten geklingelt und zur Arbeit kommandiert, wenn sie gerade nach totaler Erschöpfung den ersten Schlaf gefunden haben. Die meisten, auch jüngere und recht kräftige, die man fragt, sagen, länger als 15 oder 16 Schichten in der Woche hält man das nicht aus.

Wenn man dann mal ein Wochenende frei hat, schläft man die freie Zeit wie ein Toter durch. Da gibt's den jungen F., der fast jeden Samstag, Sonntag durcharbeitet, zwei Schichten hintereinander. Er läßt alles mit sich machen, beschwert sich nie. Er kriecht in die dreckigsten Löcher, ohne zu murren, kratzt triefende, stinkende und heiße Fettschichten, den Rotz der Maschinen, weg und ist nachher selbst mit glitschigem Fett überzogen. Er ist immer wie entrückt, hat ein altes, verklärtes Gesicht und redet selten zusammenhängend. Er ist der älteste von zwölf Geschwistern, vier sind außer Haus. Er lebt mit seinen acht Geschwistern bei seinen Eltern in einer 100-Quadratmeter-Wohnung. Er ist immer hungrig; wenn einer seine Brote nicht ißt, dann ist F. zur Stelle. Er gibt bis auf 100 Mark monatlich sein ganzes Geld zu Hause ab, damit die Familie über die Runden kommt.
Immer wenn sich welche über die Arbeit beschweren, hält er dagegen: »Wir können froh sein, daß wir überhaupt Arbeit haben« und: »Ich mach' alles.« Als wir einmal beim Pausemachen von einem Thyssenkontrolleur entdeckt wurden, war er der einzige, der malochte. Von dem Aufpasser wurde er deshalb auch lobend erwähnt.
Er berichtet, daß sein Rekordarbeitseinsatz 40 Stunden beträgt, mit fünf bis sechs Stunden Pause dazwischen. Vor ein paar Wochen noch, erzählt er, arbeitete er 24 Stunden am Stück durch. Er schaut ständig in Papierkörbe und Container 'rein und sammelt verdreckte Arbeitshandschuhe ein, die Thyssen-Arbeiter da 'reingeschmissen haben. Auch ein einzelner Handschuh ist für ihn von Interesse. Irgendwann findet er schon ein passendes Gegenstück. Er sammelt und sammelt, hat schon einen ganzen Stoß, an die zwanzig Stück. Ich (Ali) frage ihn: »Was machst du damit? Soviel Handschuh kannst du doch gar nicht alle tragen.« Er: »Weiß man nicht. Wir kriegen ja keine Handschuhe. Kannst froh sein, daß sie hier liegen. Mensch, was meinst du, was ich sammle. Brauchst auch immer mehrere Schutzhelme, wenn dir mal 'was auf den Kopf fällt.« Er tut mir leid. Er strahlt immer.

Einige Wochen später erlebe ich, daß F., der wieder mal zur Doppelschicht am Wochenende eingeteilt werden soll, den Sheriff anfleht: »Ich kann nicht mehr! Ich kann nicht, ich schaff's nicht.« – »Was, du hast hier doch immer durchgehalten!« – »Bitte, heute nicht. Bitte, bitte.« Der Sheriff: »Ich werd's mir merken. Bisher war auf dich immer Verlaß.« – Ich (Ali) gratuliere ihm nachher: »Find' ich gut, daß du heut' ›nein‹ sag has, bis ja auch kaputt.«
Er konnte einfach nicht mehr. Er konnte kaum noch laufen und sich auf den Beinen halten. Er war aschfahl im Gesicht, und seine Hände zitterten.
Ein Kollege erzählt, daß sie im vorigen Jahr über die Osterfeiertage 36 Stunden ohne Schlaf durchgearbeitet haben: »Damals hat der Remmert den Auftrag gehabt, ein Farbband bei Opel in Bochum zu reinigen. Die Arbeit mußte unbedingt fertig werden, da am Dienstag nach Ostern um 6 Uhr die neue Schicht weiterarbeiten sollte.« Die Marathonschicht in dem Auto-Werk war aber für den Kollegen noch nicht der stundenmäßige »Höhepunkt«. »Vor zwei Jahren haben wir mal in einem Sport-Hotel in der Nähe von Frankfurt gearbeitet. Mit der Kolonne, mit der wir da 'runtergefahren sind, haben wir bis zum Umfallen geschuftet – ungefähr 50 Stunden lang.«
Der deutsche Kollege Hermann T., ca. fünfunddreißig, ist einer der eifrigsten »Stundenmacher« bei Remmert. Man sieht es ihm an. Grauweiß im Gesicht. Ganz ausgelaugt und spindeldürr. Er war eine Zeitlang arbeitslos und ist einer der wenigen, die dankbar sind, bis zum Umfallen arbeiten zu dürfen. Seitdem er im Februar '85 angefangen hat, arbeitet er Monat für Monat wie ein Besessener, im April '85 erreicht er nach eigenen Angaben erstmals 350 Monatsstunden. Auch im Juni hat er wieder »alle Stunden mitgenommen« – am 25. 6. kommt er bereits auf fast 300 Stunden, »und der Monat ist noch nicht rum«.
Hermann T.: »In der letzten Woche habe ich von Freitag auf Samstag vier Schichten hintereinander gemacht. Freitagmor-

gen bin ich mit euch um 6 Uhr bei Thyssen reingefahren, und am Samstagmittag habe ich dann um 14.15 am Werkstor gestempelt.« Solche Marathon-Arbeitszeiten sind für Hermann nichts Ungewöhnliches, und damit die drastischen Verstöße gegen die Arbeitszeitverordnung nicht auffallen, wird er auf dem riesigen Thyssen-Gelände von Schicht zu Schicht zu einem anderen Einsatzort kommandiert. »Freitag morgen war ich auf meiner Baustelle in Ruhrort, so 'ne kleine Halle, wo wir absaugen mußten. Mittags war ich dann im Oxy 1, während der Nachtschicht habe ich im Kraftwerk Voerde gearbeitet und Samstagmorgen war ich dann wieder auf meiner Baustelle in Ruhrort.« Völlig erschöpft und mit weichen Knien sei er schließlich nach Hause gewankt: »Ich hab' dann noch was gegessen, so richtig Hunger hatte ich nicht mehr, und bevor ich mich dann hingelegt hab', habe ich noch zu meiner Frau gesagt, weck mich um 20.15 Uhr, ich würde gerne den Spielfilm sehen. Aber das war nichts – ich hab bis Sonntag mittag durchgeschlafen, ohne einmal wachzuwerden.«
Er erzählt, wie sie bei Thyssen gearbeitet haben: »Jeden Tag 16 Stunden, 12 Stunden, 13 Stunden, jeden Samstag und jeden Sonntag, jeden Feiertag – immer durch. Ostern und Pfingsten waren wir auch noch da, da ging das vielleicht rund. Der ganze Hochofen hat ja stillgelegen, da mußte alles sauber gemacht werden, was meinst du, was wir da rummalocht haben, egal ob Wind, ob Schnee, ob Regen, ob kalt. Da waren deine Klamotten ständig feucht und naß und immer 10 bis 15 Leute von Remmert, auch Adler-Leute waren dabei. Insgesamt haben wir da fast fünf Monate gearbeitet.«
Der türkische Kollege Sezer O. (44) beansprucht, den Rekord im Dauerarbeiten zu halten. Beim U-Bahnbau in München mußten sie 72 Stunden im Schacht unter der Erde arbeiten und sackten in ihren kurzen Pausen schon mal eine halbe Stunde weg. Viele verunglückten bei diesen Marathonarbeiten, berichtet er, alles Ausländer.
Ich (Ali) bin dabei, als uns der Sheriff regelrecht zwingt – juri-

stisch erfüllt es den Tatbestand der Nötigung –, eine Doppelschicht zu machen. Wir werden gerade im Bus zum Sammelplatz gefahren. Wir sind fix und fertig. Einige sind im Sitzen schon eingeschlafen, als der Vorarbeiter unseren Bus stoppt und mehr beiläufig sagt: »Es wird weitergearbeitet! Doppelschicht!«

Einige protestieren, müssen, wollen nach Hause, sind total kaputt.

Es wird ihnen klargemacht, Thyssen verlangt das, es wird weitergearbeitet.

Der algerische Kollege T., der unbedingt nach Hause muß, wird auf der Stelle entlassen. Er wird aus dem Bus 'rausgeholt und auf die Straße gesetzt. Er kann sehen, wo er bleibt.

Der folgende authentische Dialog war vorausgegangen:

Sheriff: »Ihr müßt länger machen heute, bis 22 Uhr.«

Algerischer Kollege: »Arschlecken. Ohne mich, ich bin doch kein Roboter.«

Sheriff: »Ihr müßt *alle* länger machen.«

Algerischer Kollege: »Ich muß nach Haus, dringend.«

Sheriff: »Da brauchst du gar nicht mehr zu kommen. Das ist jetzt Not.«

Algerischer Kollege: »Ich muß aber nach Hause.«

Sheriff: »Da brauchst du morgen auch nicht mehr zu kommen. Dann geh' 'raus. Dann ist hier Ende für dich. Für immer.«

Sheriff (zu den anderen, die ängstlich schweigen): »Ich brauch' vierzig Mann, morgen auch! Verlangt Thyssen von uns! Ich möchte auch Feierabend machen, ich muß, mich fragt man auch nicht. Ich hab' heute nachmittag einen Termin für meine Jacket-Kronen. Das geht auch nicht. Ende. Was wollt ihr überhaupt? Im Krieg, da ist alles noch viel schlimmer!«

»Besser: nichts verstehn«

Während der Pause in einem der kilometerlangen düsteren und menschenleeren Gänge in der Sinteranlage III kommt ein Thyssenmeister in Begleitung eines Vorarbeiters auf uns zu. Sie kontrollieren, was wir bisher an Matsch und Sinterstaub weggeräumt haben, denn vor allem an uns liegt es, ab wann die Anlage wieder anfahren kann. Der jüngere Meister fühlt sich durch das orientalische Aussehen Jussufs angeregt, in Ferienerinnerungen zu schwelgen: »Bist du aus Tunesien?« Jussuf bejaht. Meister: »Ein tolles Land. Da fahren wir wieder hin dieses Jahr – ich und meine Frau, in Urlaub. Da kannst du dich phantastisch erholen. Und alles viel billiger als hier.«

Jussuf lächelt ihn dankbar und freundlich an. Es passiert nicht häufig, daß sich ein deutscher Vorgesetzter herabläßt, mit einem Ausländer außerhalb der Arbeit zu reden, und es ist geradezu eine Seltenheit, daß er sich auch noch positiv über dessen Heimatland äußert. Jussuf erklärt, daß seine Eltern in der Nähe des Meeres ein Haus haben, nennt die Adresse und lädt den Meister ein, wenn »er demnächst in Tunesien ist, sie zu besuchen«. Der Meister geht auch sofort darauf ein: »Verlaß' dich drauf, ich komme. Du mußt mir nur ein paar Adressen besorgen. Du weißt schon, was ich meine. Bei euch gibt's doch tolle Frauen zum Ficken. Das ist doch unheimlich da. Was kostet das im Moment bei euch?« Jussuf antwortet: »Weiß ich nicht.« »Für 20 Mark kann man doch bei euch schon alles kriegen!«

Jussuf ist ganz offensichtlich in seinem Stolz verletzt und antwortet: »Hab' ich keine Ahnung.« Der Meister ist immer noch in seinem Element und läßt nicht locker. (Während er seinen Daumen durch Zeige- und Mittelfinger steckt): »Hör mal, das sind doch ganz scharfe Frauen da bei euch. So richtige Wildkatzen. Wenn man denen erst mal den Schleier 'runterreißt, dann sind die doch echt geil. Hast du denn keine Schwester? Oder ist die noch zu jung? Bei euch muß man ja immer gleich heiraten.«

Jussuf versucht, seine Demütigung vor uns anderen Kollegen zu überspielen, und sagt: »Aber Sie fahren doch mit Ihrer Frau dahin!« Meister: »Das macht doch nichts. Die liegt doch den ganzen Tag am Strand und kriegt nichts mit. Ganz tolles Hotel. Genau wie hier das ›Interconti‹. Kostet nur knapp über 2000 für zwei Wochen. Mit allem Drum und Dran. Wir haben da mal einen Abstecher gemacht in das andere Land, na, sag' schon, wie heißt das noch?« Jussuf (höflich): »Marokko.« – Meister: »Ja klar, Marokko, das war mir gerade entfallen. Auch tolle Weiber da. Hör mal, wie sprecht ihr überhaupt? Sprecht ihr Spanisch?« – Jussuf erträgt's nicht länger. Er wendet sich ab, rechtfertigt sich aber noch und sagt: »Nein, Arabisch. Ich muß zu Toilett.« –

Der Vorarbeiter nimmt's zum Anlaß, sich bei uns niederzulassen, um ebenfalls in Urlaubsstimmung und ins Schwärmen zu geraten. Er räkelt sich. »Jetzt im Süden sein. Keine Arbeit. Immer Sonne. Und Frauen, Frauen.« Zu mir (Ali) gewandt: »Hab' ich recht? Bei euch in Anatolien kann man doch schon für eine Ziege eine Frau kaufen.« Als ich (Ali) unbeteiligt in eine andere Richtung schaue, fordert er mich: »Stimmt etwa nicht? Wie bist du denn an deine Alte geraten?« – »Die Deutsche meine immer, könn alles kauf«, antwortet Ali. »Aber die schönst' Sache auf der Welt kriegs nicht für Geld. Darum die Deutsch' auch so arm, trotz ihr viel Geld.« Der Vorarbeiter fühlt sich angegriffen und zahlt's Ali heim: »Eure anatolischen Haremsdamen, die möcht ich nicht geschenkt haben. Die sind doch dreckig, die stinken. Die muß man erst einmal gründlich abschrubben. Und wenn man die erstmal ausgezogen hat, den ganzen Plunder 'runter, dann ist man doch schon wieder schlapp.«

Jussuf nimmt mich (Ali) anschließend zur Seite und sagt: »Is nicht gut, daß wir Deutsch gelernt und verstehen. Immer viel Ärger. Besser so tun, als ob wir nich verstehn.« – Er erzählt von jüngeren tunesischen Kollegen, die aufgrund ähnlicher Erfahrungen und Demütigungen die deutsche Sprache ganz bewußt

nicht weiter erlernen und »egal, was Meister sagt, immer ›ja Meister‹ sagen, so gibt auch kein Palaver.«
Viele Toiletten in der Thyssen-Fabrik sind mit ausländerverachtenden Parolen und Phantasien beschmiert. Auch auf den Fabrikwänden sind häufig ausländerfeindliche Graffitis gesprüht, und keiner sieht sich veranlaßt, sie zu entfernen. Nur ein paar typische Beispiele von Hunderten – Scheißhausparolen aus dem Oxygen I-Werk:
»SCHEISSE AM STIEL = EIN TÜRKE MIT HOLZBEIN.
An die Kantine in der Nähe ist gesprüht:
»TÜRKEN 'RAUS. DEUTSCHLAND BLEIBT DEUTSCH!
Daneben hatte ein Tierfreund sinnigerweise einen Aufkleber mit einem Pandabär draufgeklebt und dem Spruch: »Schützt aussterbende Tierarten.« Zwanzig Meter weiter große Aufschrift: TOD ALLEN TÜRKEN! – Oder in den Toiletten an der Kaltwalzstraße im Bereich der Verzinkung. Ich hab' mir ein paar Sprüche notiert, sie sind vergilbt, also stehen sie dort schon recht lange:

LIEBER 1000 RATTEN IM BETT ALS EINEN TÜRKEN IM KELLER
HÄNGT ALLE TÜRKEN AUF UND ALLE DEUTSCHEN MÄDCHEN, DIE SICH MIT IHNEN ABGEBEN
Dann in einer anderen Handschrift:
SCHEISSTÜRKEN, KÖNNEN NICHT HOCH GENUG HÄNGEN, ICH HASSE SIE ALL
TÜRKENSAU, ICH KNALL EUCH ALLE AB
andere Handschrift:
ICH BIN FROH EIN DEUTSCHER ZU SEIN
DEUTSCHLAND UNS DEUTSCHEN
Und weiter:
LIEBER EIN SS-SCHWEIN ALS EINE TÜRKENSAU SEIN
ES GAB NIE EINEN BESSEREN DEUTSCHEN ALS ADOLF HITLER.
LIEGT EIN TÜRKENSCHWEIN TOT IM KELLER, WAR DER DEUTSCHE WIEDER MAL SCHNELLER.

Pausengespräch

Die deutschen Kollegen Michael (34), Udo (26) und der Wortführer Alfred (53) haben sich im Treffbunker unter der Brammstraße eine Holzbohle organisiert und über zwei Fässer gelegt. Dort sitzen sie zusammen, teilen Zigaretten und Getränke miteinander. Ihnen gegenüber auf einer auseinandergefalteten türkischen Zeitung *Hürriyet* (zu deutsch: Freiheit) sitzt Ali, zur Zuhörerrolle verurteilt. Immer wieder wird das Gespräch durch das tosende Klatschen herunterdonnernder Erzbrocken unterbrochen.

Alfred: »Glaub mir, bei Adolf Hitler wurde Kameradendiebstahl, und ob es bloß ein Schnürsenkel war, an die Wand gestellt und erschossen. Glaubt mir das. Mehr ist er nicht wert. Wer einen Kumpel bestiehlt – entweder totschlagen oder erschießen. So muß man im Leben sein. Man nimmt beim anderen Kollegen nichts weg, das macht man nicht!«

Ich (Ali): »Aber Chef kann dir wegnehme?«

Alfred: »Das ist 'ne ganz andere Sache, aber wer Kumpels in die Pfanne haut oder bestiehlt ...«

Ich (Ali): »Aber wär auch Chef erschosse worde, wenn er klaut?«

Alfred (leicht drohend): »Hätt's mal früher bei Hitler hier sein sollen, da war Europa noch in Ordnung.«

Ich (Ali): »Viele erschosse worde?«

Alfred: »Hätt'ste mal hier sein soll'n.«

Udo: »Aber da konnten alte Leute noch über die Straße laufen.«

Alfred: »Hör mal, da konnt 'ne alte Oma von siebzig Jahren mit 10000 Mark in der Tasche nachts auf der Straße laufen, der is nichts passiert.«

Ich (Ali): »So viel Geld, die is nich allein über Straß gange, die fuhr mit Auto ...«

Alfred: »Mein Vadder in der Großstadt, in 'ner Riesengroßstadt – Leipzig, Messestadt, wo ich herkomm – der hatte Motorrad, Auto und Fahrrad. Das Fahrrad, das hat das ganze Jahr aufm Hof gestanden, wenn das verrostet war, dann hat er sich 'en neues gekauft – dann stand das wieder auf 'em Hof. Das war nie weg ...«

Ich (Ali): »War kaputt sicher – Fahrrad.«

Alfred (redet mir weiter ins Gewissen, so als ob er alle Ausländer für potentielle Diebe hält): »Hör dir das mal ruhig mit an und schreib es dir hinter die Hammelohren.«

Ich (Ali): »Wieso?«

Alfred: »Von Klemm und Klau. Paß auf, früher war das ja nicht so, daß jeder so'ne vollautomatische Waschmaschine hatte. Wir hatten 'ne Waschfrau, die Frau Müller, weil wir 'nen Geschäftshaushalt hatten. Alle vier Wochen war große Wäsche, verstehste? Im Winter wurde aufm Boden getrocknet und im Sommer aufm Hof. Da hing unsere gesamte Wäsche, von der Bettwäsche angefangen, alles aufm Hof. Da hat nicht ein Taschentuch gefehlt, nicht eins hat da gefehlt.«

Ich (Ali) (zu den anderen): »Ich will sein verrotzte Taschentücher gar nich, ich nehm Tempo.«

Alfred (unbeirrt): »Nicht ein Taschentuch.«

Ich (Ali): »Aber die Ausländer ging nich so gut da?«

Alfred: »Hör' mal, da hat in Deutschland noch Zucht und Ordnung geherrscht.«

Ich (Ali): »Aber die Jude, die habt ihr tot gemacht.«

Alfred: »Scheiß von deinen Juden. Das wurde uns anerzogen. Das Alter muß geehrt werden, das war ein Satz, das wurde uns eingebläut. Vom Lehrer, von der Schule als Gemeingut und vom Elternhaus. Du meinst doch nicht, daß wir es uns als junge Bengels erlaubt haben, uns hinzusetzen in der Bahn. Das haben wir ja eingetrichtert gekriegt, da stand man für eine ältere Person auf, das war eine Selbstverständlichkeit.«

Ich (Ali): »Du meins, war besser Staat als jetz ...«

Alfred: »Das war 'ne Totaldiktatur, aber die hab ich als besser empfunden wie heute – den Sauhaufen, wo ich heute bin.«

Ich (Ali): »Hör'ma, warum habt ihr alle Jude mord?«

Udo (will Alfred das Stichwort geben): »Weil se Ausländer war'n.«

Alfred: »Weißt du warum – weißt du warum?«

Ich (Ali) (stellt sich dumm): »Nee, nee.«

Alfred: »Einen Fehler hat Hitler gemacht. Der hätte noch fünf Jahre länger existieren müssen, daß keiner von denen mehr leben würde, nicht einer. Wo der Jude seine Finger im Spiel hat, da ist nur Theater in der Gesamtwelt, ob das arme Juden sind oder reiche. Es gibt ja die reichen Juden, wie Rockefeller, Morgenthau u.s.w. Das sind die, die in der Weltgeschichte nur Unheil, Unfrieden und Terror anstiften. Die haben das Geld, um die Forschung laufen zu lassen, die haben das Geld, die haben die Macht über Leben und Sterben – das sind die Leute. Und hör mal, wenn der Hitler noch fünf Jahre gemacht hätte und das Ding irgendwie zu seinen Gunsten ausgegangen wär, da gäb's von der Sorte Menschen keinen mehr, da glaub' man dran – keinen mehr.«

Ich (Ali): »Zigeuner habt ihr auch tot gemacht.«

Michael: »Die nicht rassisch deutsch waren, hat der alle umgebracht, nur rassige Deutsche nicht.«

Udo: »Ja, war ja nicht nur Hitler!«

Ich (Ali): »Der hätt' mich auch kaputt gemacht?« (keine Antwort)

Alfred: »Hör mal, wer hat denn mit KZ angefangen? Jetzt mal ganz ehrlich.« Gibt sich selbst die Antwort (laut): »Der Engländer.«

Udo: »Der Ami, der Ami hat damit angefangen.«

Alfred (beharrt): »Der Engländer war's, der Engländer. Der Churchill, ja, der Churchill war Oberleutnant in der englischen Armee. Hört mal, der Churchill war – im Kolonialkrieg war der Oberleutnant, ja, also Sarschent.«

Michael: »Der Hitler hätte dat nicht machen sollen.«

Alfred: »Un weißte, was der Churchill gemacht hat?«

Michael (beharrt darauf): »Ne, dat war 'ne Sauerei.«

Alfred: »Der hat ja auch auf zwei Fronten gekämpft.«

Michael: »Dat is egal, Sauerei is dat, hör' mal, dat is ...«

Alfred (unterbricht ihn): »Der hat uns Südwest-Afrika weggenommen als Kolonialstaat. Und da ist der und hat die Buren – haste von denen schon mal was gehört, die Buren? Der hat Frauen und Kinder in der Wüste eingeschlossen in Zeltlager, und der hat sie alle verrecken lassen, Frauen und Kinder, alle kaputt ...«

Michael: »Auch nicht richtig. Aber Hitler war der größte Massenmörder aller Zeiten ...«

Alfred (verunsichert, daß ihm von seinem Kollegen Michael Widerspruch entgegengebracht wird. Geht daraufhin frontal auf Ali los): »Hör mal, du bist doch nicht dumm?«

Ich (Ali): »Kommt drauf an ...«

Alfred: »Was ist der Unterschied zwischen den Türken und den Juden?«

Ich (Ali): »Alles Mensche, kei Unterschied.«

Alfred (triumphierend): »Doch! Die Juden haben's schon hinter sich!«

Udo meldet sich zu Wort. Zu Alfred: »Du, da kenn' ich noch einen viel besseren.«

Alfred: »Schieß' los!«

Udo zu mir (Ali): »Wieviele Türken gehen in einen VW?«

Ich (Ali): »Weiß nich.«

Udo: »Zwanzigtausend. Glaubste nicht?«

Ich (Ali): »Wird schon stimme, wenn du sags.«

Udo: »Willste wissen, wieso?«

Ich (Ali): »Lieber nich.«

Udo: »Ganz einfach. Vorne zwei, hinten zwei, die anderen in den Aschenbecher.«

Alfred (trocken): »Haha. Da kann ich schon lange nicht mehr drüber lachen. Der hat so'n Bart. Den hab ich mindestens schon hundertmal gehört. Kennt ihr den neuesten: ›Da trifft ein Türkenjunge – der geht gerade mit einem deutschen Schäferhund spazieren – einen erwachsenen Deutschen. Der fragt: ›Wohin willst du denn mit dem Schwein?‹ – Der Türkenjunge: ›Das ist doch gar kein Schwein, das ist ein echter deutscher Schäferhund, hat sogar'n Stammbaum.‹ – Sagt der Mann: ›Halt's Maul, dich hab ich doch gar nicht gefragt.«

Prustendes Lachen von Alfred und Udo.

Michael sagt: »Find ich nicht gut. Daß ihr den erzählt, wo der Ali dabei ist. Der kann den doch falsch verstehen.«

Ich (Ali): »Kann nich drüber lache. Auch über Judenwitz is nichts zu lache. (Zu Alfred) Warum haben die Deutsch so wenig zu lache, daß sie immer ihr Witz auf Koste von ander mache müsse?«

Alfred (böse): »Spaß muß sein. Mischt ihr euch mal nicht in unsere Angelegenheiten ein, sonst habt ihr nämlich bald nichts mehr zu lachen.«

Und herausfordernd zu mir: »Kennst du den Dr. Mengele?«

Ich (Ali): »Ja, der Mörder-Doktor aus KZ.«

Alfred: »Ach, der Mengele, der war gar nicht mal so doof. Jedenfalls für seine Versuche hat er sich keine Türken genommen. Willste wissen, weshalb nich?«

Ich ziehe es vor zu schweigen.

»Weil«, blickt er mich haßerfüllt an, »weil ihr rein gar nichts taugt und nicht mal für seine Menschenversuche zu gebrauchen gewesen wärt.«

Michael: »Aber weißte, wenn ich die Berichte seh und hör, dann schäm ich mich, ein Deutscher zu sein, so was, ehrlich.«

Alfred (genüßlich): »Dann hat er sie da rein gestellt und dann hat er geguckt, wie lange die leben, wenn die da in dem Eis hocken.«

Alfred zu mir: »Hör mal, was bist du noch genau für'n Landsmann? Du bist doch gar kein richtiger Türke. Deine Mutter kommt doch von den Hottentotten oder so?«

Ich (Ali): »Ich hab griechisch Mutter, Vater Türk.«

Alfred: »Ja, was biste jetzt, Türke oder Grieche?«

Ich (Ali): »Beides. Und auch was deutsch. Weil schon zehn Jahr' hier.«

Alfred zu den anderen: »Hört euch diesen Idioten an. Der meint, er ist von allem etwas. So ist das, wenn die Rassen durcheinander zwitschern. Dann ist nachher nichts Genaues. Der kennt kein Vaterland. Sowas ist Kommunist. Da, wo der herkommt, da wimmelt es von Kommunisten. Sowas gehört verboten. Weißte, was die bei Mannesmann gemacht haben? Alle Türken raus. Hier bei Remmert, da sind etliche Türken, die kannste alle verbrennen, du, wenn du die Leute schon siehst, dann geht dir schon die Galle hoch ... Was ich gestern noch gesagt hab (zu türkischen Kollegen, G. W.), wenn du jetzt nicht langsam spurst, dann tret ich dich im Arsch und schick dich nach Hause. Oh, den hab' ich aufm Kieker.«

Michael: »Die haben hier gearbeitet, ihr habt hier gearbeitet – ist gut – wir haben euch gebraucht – Ende. Ihr seid hier! Was sollen wir dagegen machen, ne?«

Ich (Ali): »Wir sin ja nich von allein gekomm. Man hat uns ja auch geholt. Und damals immer sagt: Kommt! Kommt! Hier viel verdiene. Wir brauche euch. Wir sin ja nicht einfach gekomm.«

Michael: »Ha, dat is auch richtig. Wir sollen sie abfinden.«

Udo: »Ja, guck mal, wie Mannesmann das macht.«

Michael: »Im Moment sind doch so viele Arbeitslose, wir stekken doch selbst in der Krise.«

Udo: »Mannesmann hat sofort gesagt: hier alle Mann 10–30000 Mark.«

Ich (Ali): »Nur wenn jetzt alle gehe würde, da würd ihr jetzt kein Rent' mehr kriege, wär für euch ganz Rent' kaputt. Wenn wir alle gehe, krieg wir all unser Geld. Un' Ihr habt kein Rent mehr.«

Alfred: »Ach, alles Quatsch. So viele Türken sind gar nicht da.«

Ich (Ali): »Doch, 1,5 Millione. Da seid ihr pleite.«
Alfred: »Weißte, wie das in der Schweiz ist? Wenn du in der Schweiz als Gastarbeiter arbeitest, dann läuft dein Arbeitsvertrag elf Monate und der zwölfte ist Urlaubsmonat. Und in diesem Monat, in dem du zu Hause bist und Urlaub hast, informieren sie dich brieflich, ob du wieder arbeiten darfst oder zu Hause bleiben kannst. So regelt das die Schweiz. In dem Monat entscheiden die, ob du wiederkommen kannst oder dir als Kameltreiber die Zeit vertreiben darfst.«

Mehmets Odyssee

Mehmet, ein älterer Kollege, fällt mir (Ali) immer wieder durch seine ruhige Art auf. Er besitzt eine fast stoische Ausgeglichenheit, mit der er die härtesten Arbeiten auf sich nimmt, und auch die gefährlichsten. Er ist freundlich und wirkt mit ergrautem Haar und dem runden, etwas faltigen Gesicht recht väterlich. Ich (Ali) erschrecke ein bißchen, als Klaus, ein anderer Remmert-Mann, erzählt, Mehmet sei gerade erst neunundvierzig Jahre alt. Ich hatte ihn für sechzig gehalten.
Eines Tages verabschiedet sich Mehmet für »fünf Wochen Urlaub« in der Türkei. Ich (Ali) frage andere Kollegen: »Gibt viel Urlaub bei Remmert? Adler frage nach fünf Woche Urlaub, geht aber nich, gleich Entlassung.« – »Kannst bei uns normal auch nicht machen, fünf Wochen«, sagt einer, »der Mehmet hatte doch drei Unfälle in einem Jahr. Da ist der Alte mal großzügig gewesen.« Ich frage nach: übereinstimmend berichten die Kollegen von schweren Verletzungen, die Mehmet erlitten hat. Der erste Unfall habe sich dabei noch nicht mal bei Thyssen ereignet, sondern in Remmerts Millionen-Villa in Mülheim. Mehmet und ein deutscher Kollege sollten dort eine Sauna im Keller installieren. Dafür mußte Erdreich ausgehoben werden, und Mauern waren teilweise abzutragen. »Dabei ist es passiert. Der deutsche Kollege war unten am buddeln, und der Mehmet hat gemerkt, wie die eine Mauer runterkommt. Da hat der den Kollegen rausgezogen, sonst wäre

der vielleicht tot gewesen, aber Mehmet hat die Mauer noch voll auf der linken Schulter abgekriegt.« Der Arzt röntgte die zersplitterten Knochen und bescheinigte Mehmet eine 46prozentige Schwerbehinderung.
Mehr als zwei Monate mußte Mehmet im Krankenhaus bleiben. Eine Entschädigung oder eine Rente erhielt er von Remmert nicht. Dafür versprach ihm der Menschenverkäufer Remmert trotz der schweren Verletzung, daß er bei Thyssen weiterschuften darf. Bei Smogalarm und eisiger Kälte wird Mehmet im Februar wieder eingesetzt: in der Nachtschicht. In der Sinteranlage rutscht er bei Glatteis aus und fällt unglücklich, weil er instinktiv versucht, sich mit dem gesunden Arm abzustützen. Dabei verstaucht er sich das Armgelenk so stark, daß es in Gips gelegt werden muß. Kaum ist Mehmet, der eine Frau und drei Kinder zu versorgen hat, von denen eins seit Geburt schwerbehindert ist, wieder halbwegs gesund, fährt er eine Nachtschicht nach der anderen. Nach vierzehn Nächten hintereinander fällt Mehmet todmüde ins Bett. Zwei Stunden später ruft man bei ihm an und verlangt, gleich noch eine Tagesschicht dranzuhängen. Mehmet kommt. Als Mehmet abends um acht Feierabend machen will, ordnet der Vorarbeiter an: nach dem Essen soll Mehmet gleich wieder auf die Hütte kommen, zur nächsten Nachtschicht. Mehmet kommt.
In einem Kellergewölbe reinigt Mehmet Kanäle, in die immer wieder glühendes Eisen fällt und dabei einen Dampf verursacht, bei dem die eigene Hand vor den Augen nicht mehr zu sehen ist. Übermüdet und erschöpft rutscht Mehmet mit einem Bein in ein Bodenloch. Die Diagnose im Krankenhaus: Bänderriß. Auch nach zwei Operationen ist Mehmets Bein noch nicht wieder in Ordnung. Trotzdem arbeitet er weiter. Aus seinem Urlaub zurück, sagt er mir: »Was soll ich machen? Muß Arbeit machen. Kinder, Schulden ...«
Es ist schwierig, mit Mehmet ins Gespräch zu kommen. Er ist bereits nach wenigen Tagen wieder total überarbeitet und übermüdet. Die Zeit teilt er nur noch in Schichten ein, erinnert sich

oft nicht mehr an bestimmte Monate, sondern nur noch daran, ob es bei Thyssen besonders kalt oder schmutzig war. Obwohl er bereits seit 1960 in der Bundesrepublik ist, spricht er nur ein sehr gebrochenes Deutsch. Der Überlebenskampf hat ihm nicht mal Zeit gelassen, die Sprache richtig zu lernen (ein türkischer Kollege half deshalb bei der Übersetzung der Gespräche, G. W.). Reden ist auch nicht gefragt, sondern »anpacken«.

Mühsam hat Mehmet versucht, was bei jedem Deutschen als Tugend gilt: sich und seiner Familie eine neue Heimat zu schaffen.

Er erzählt, daß er die ersten zehn Jahre überall gearbeitet hat, wo es Arbeit gab. Quer durch's Land. Schließlich, 1970, gelang es ihm, bei Thyssen in Duisburg eine feste Anstellung als Gabelstaplerfahrer zu bekommen: »Da hab' ich zwischen 1600 und 1700 Mark netto verdient, in Wechselschicht. Nebenbei auch noch gearbeitet, Autosattlerei ...« Mit jahrelang Erspartem und Bankkrediten kaufte Mehmet sich und seiner Familie ein halbverfallenes Reihenhaus in Duisburg-Mettmann. »Hätt' ich Arbeit behalten bei Thyssen, wär' jetzt alles bezahlt.« Doch sein deutscher Vorarbeiter machte einen Strich durch die bescheidene Rechnung: »Hab' ich Urlaub gemacht, 1980. Kommt der Vorarbeiter, sagt zu allen Türken: Bringt mir mal einen Teppich mit aus der Türkei, aber echten Teppich! Hab' ich gesagt: Hör mal, echter Teppich kostet bei uns mindestens 5000 Mark, gute Qualität. Soviel Geld hab' ich nicht. Da sagt der: Bringst du mir keinen mit, wenn du wiederkommst, wirst du was erleben!« Als Mehmet aus der Türkei zurückkam, schikanierte ihn der Vorarbeiter tagelang mit schweren Arbeiten als »Strafe« für das ausgebliebene »Geschenk«. »Dann er hat gesagt: Komm' in mein Büro! Bin ich in sein Büro gegangen, hat er bißchen geschimpft, hab' ich nichts gesagt. Dann, drei Stunden später, da hab' ich wieder gearbeitet, kommt Werkschutz, nimmt mich, sagt, ich soll nach Hause gehen. Ich hätte den Vorarbeiter geschlagen. Aber das stimmte überhaupt nicht.« Mehmet wurde, ohne genaue Prüfung des Vorfalls, nach zehn Jahren bei Thyssen fristlos entlassen. Tatsächlich gab es nicht einmal eine Anzeige gegen ihn, etwa wegen »Körperverletzung«. Weil aber Thyssen diesen Grund in der Kündigung (»Tätlicher Angriff auf einen Kollegen«) angegeben hatte, weigerte sich das Arbeitsamt zunächst, ihn zu unterstützen. Mehmet mußte erst einmal Zeugen beibringen. Übereinstimmend sagten mehrere Kollegen, darunter auch deutsche, beim Arbeitsamt aus, daß der Kündigungsgrund ganz offenbar eine Farce sei. Mehmet: »Das war ein richtiger Schock, alles. Dann bin ich gelaufen und gelaufen, neue Arbeit suchen. Zwei oder drei Monate nichts gefunden. Dann endlich Arbeit bei einer Spanplattenfirma, Duisburg-Homberg. Auch wieder als Gabelstaplerfahrer. Da war ich fünf Monate, war alles ok, kein Problem. Nur dann hab' ich ein Telegramm gekriegt. Daß meine Mutter gestorben war, stand da drin. Bin ich zum Chef gegangen, hab' gefragt, ob ich eine Woche frei haben kann, um zu der Beerdigung zu fahren. Hat der gesagt: Wieso, nach fünf Monaten gibt's bei uns noch keinen Urlaub! Hab' ich gesagt: aber meine Mama ist tot. Hat er nur gesagt, interessiert ihn nicht. Da bin ich trotzdem gefahren und nach einer Woche, komm ich zurück, Kündigung.« Unter dem Druck der Schulden für sein Häuschen sucht Mehmet neue Arbeit – vergeblich. Wieder drei Monate Arbeitslosigkeit. »Dann hab' ich Führerschein Klasse zwei gemacht, für Lastwagen, mich beworben, überall. Dann endlich konnte ich Lieferwagen fahren, für eine kleine Firma, wenig Geld. Nach zwei Tagen Arbeit kommt ein Brief von Firma ›Rheinperle‹. Da hatte ich mal Planen repariert für die Wagen. Bin ich da hin, sagt Chef: Du kannst sofort anfangen bei uns, Gabelstapler fahren. Später vielleicht auch Lkw, bin ich vier Jahre geblieben.« Ein »noch besseres« Angebot verlockt Mehmet, die Firma zu wechseln: 13 Mark Stundenlohn bei einer Düsseldorfer Spedition. »Dazu 18 Mark Spesengeld, hab' ich gleich gemacht, ist doch klar.« Doch nach nur fünf Monaten kommt die Kündigung: »Arbeitsmangel«.

»Bin ich wieder gerannt. Arbeitsamt sagt: Komm' in drei Monaten wieder oder in vier, gibt keine Arbeit. Wieder bei Firmen gefragt, überall. Dann erzählt mir ein Nachbar, Remmert braucht Fahrer. Ich sag': Wo ist Remmert? Sagt er: Bei Mannesmann fragen. Ich zu Mannesmann. Eine Woche lang, jeden Tag, hab ich auf den Chef gewartet von den Remmertleuten. Aber der kam nicht. Ich immer wieder Tor vier rein, zu den Remmertleuten, warten. Dann hab ich einen Schweißer gefragt: Wo ist das Büro? Sagt er: Oberhausen. Ich sofort Oberhausen, nachmittags, drei oder vier Uhr. Vorarbeiter sagt nur: kannst sofort anfangen, bei uns gibt's Dreck, schwere Arbeit. Ich sag: ich arbeite gerne, egal Dreck oder schwer, muß arbeiten. Brot verdienen, muß doch.«
Mehmet bezahlt mit seiner Gesundheit, Remmert mit 12 Mark 24 brutto die Stunde.

Auch anderswo

Adler möchte eines Tages »so groß werden wie Remmert«. Das ist sein Traum.
Tatsächlich ist der Abstand von einem Adler zu einem Remmert nicht gerade unüberwindlich. Der Abstand entspricht etwa dem von der Unterwelt zur Halbwelt: während Adler seine Leute ohne jede behördliche Genehmigung verkauft, arbeitet Remmert wenigstens manchmal legal.
Firmeninhaber Alfred Remmert hat es so weit gebracht, daß er beinahe nur noch das Geld zu zählen braucht, das seine beiden Betriebe durch den Arbeiterverleih »einspielen«: 170 beschäftigt er in seiner sogenannten *Industriereinigung GmbH* (an die wiederum Adler Menschen verkauft), und zusätzlich läßt er etwa 660 Putzfrauen und Reiniger über sein Gebäudereinigungsunternehmen *SWI* für sich arbeiten.
Auch für die extrem anstrengende Arbeit bei Thyssen oder auch Mannesmann, die am ehesten noch mit Abbruch- und Bauarbeiten zu vergleichen ist, zahlt Remmert Löhne nach dem Tarif für Gebäudereiniger: 11,28 DM. Wer die Arbeit län-

ger als ein Jahr aushält, bekommt etwa 60 Pfennig mehr. Der Tarif für Baufacharbeiter würde 14,09 DM betragen.
Die 36 Ausländer bei Remmerts *»Industriereinigung GmbH«* sind noch schlechter dran. Ein Türke, der für Remmert bei Mannesmann arbeiten mußte, berichtet, daß der Betriebsleiter die Arbeiter mit falschen Versprechungen zu höheren Leistungen anspornt: »Man hat uns gesagt, wenn ihr mehr als 20 Tonnen am Tag brennt, dann zahlen wir euch für jede weitere Tonne 2 Mark zusätzlich. Wir haben dann besonders reingehauen, und am Monatsende hatten wir 1600 Tonnen zusätzlich gebrannt, das wären 3200 Mark gewesen. Für jeden Brenner, wir waren da acht türkische Kollegen und drei deutsche, hätte es knapp 300 Mark mehr geben müssen. Tatsächlich hat uns der Remmert aber keinen Pfennig extra bezahlt.«
Yilmaz G.: »Die Kollegen, die als Leiharbeiter von Remmert in der Kokerei gearbeitet haben, waren auch mit ihrem Lohn unzufrieden, weil dort 'ne Menge Arbeiter von anderen Firmen für die gleiche Arbeit mehr Geld bekamen. Da gab es Leute, die von einer Abbruchfirma aus Duisburg kamen, die kriegten bis zu 3,50 Mark mehr pro Stunde.«
Genau wie bei Thyssen werden auch bei Mannesmann regelmäßig Überstunden »gefahren«. Yilmaz schätzt die monatliche Arbeitszeit der Remmertleute bei Mannesmann auf 230 bis 250 Stunden.
Auch bei Mannesmann werden die Leute wie Desperados »verheizt«, auch hier Staub, Qualm, Unfallgefahren, wo auch immer die Leute reingeschickt werden. Ein Betriebsrat bei Mannesmann: »Wer zum Beispiel als Flämmer in der Hütte eingesetzt wird, arbeitet den ganzen Tag über in einer unnatürlichen, gebückten Haltung. Dazu kommt die ständige Hitze durch das Flammengerät.« – »Das ist fast wie früher auf den Galeeren«, sagt Ali K., »wenn du schlapp machst, werfen sie dich über Bord. Wir hatten einen türkischen Kollegen, der für Remmert als Brenner bei Mannesmann gearbeitet hat. Eines Tages ist dem Mehmet beim Eisenverladen eine Kette vors Knie ge-

schlagen – da hat er sich beide Beine gebrochen. Der Kollege mußte dann sechs bis sieben Monate ins Krankenhaus, und der Remmert hat ihn nach kurzer Zeit rausgeschmissen. Nachdem Mehmet wieder einigermaßen gesund war, ist er mal bei uns im Betrieb gewesen und hat gefragt, ob man ihn für vier oder fünf Stunden wieder einstellen würde, weil er nach dem Unfall nicht mehr so lange stehen kann. Der Betriebsleiter hat ihn noch nicht mal ausreden lassen – ihn einfach wieder weggeschickt.«

Dabei sind Unfälle oft durch häufige Doppel- und Dreifachschichten, die Remmert seinen Leuten abverlangt, vorprogrammiert. Die Firma Remmert transportiert beispielsweise auf der Hütte Schlacke mit Lastwagen. Von Kollegen wird erzählt, daß Leute auf diesen Lastzügen bis zu 36 Stunden hintereinander unterwegs gewesen sind. Das ist nicht nur für die Remmertleute gefährlich, sondern auch für alle, die zu Fuß auf der Werksstraße unterwegs sind. »Wenn dort einer rumkurvt, der schon 36 Stunden auf dem Bock sitzt, ist doch nur eine Frage der Zeit, bis es zu einem schweren Unfall kommt«, fürchtet sich Ali K.

Die Duisburger Firma Staschel – neben Remmert ein weiterer Verleiher auf dem Mannesmanngelände – machte auch schon morgens mit ihren Leiharbeitern eine Schicht auf der Kokerei, nachmittags eine im Hüttenwerk und am Abend die Nachtschicht in einer Nebenstelle der Röhrenwerke in Mülheim. Die Leute arbeiteten 24 Stunden durch.

Bei Mannesmann begann der Sklavenhandel, nachdem der Konzern reihenweise türkische und andere ausländische Stammarbeiter aus dem Betrieb gedrängt hatte. Um sie loszuwerden, bot Mannesmann ihnen bis zu 40000 Mark ›Rückkehrhilfe‹, man wollte dadurch 600 Leute einsparen. Gleichzeitig hat die Firmenleitung bei den Deutschen die Angst geschürt, daß auch ihre Arbeitsplätze in Gefahr wären, wenn nicht genug Ausländer in ihre Heimat zurückgingen. Diese Drohung führte zu einer äußerst gereizten Stimmung im Betrieb, viele

Kollegen wollten, daß die Türken verschwinden, damit zum Beispiel die eigenen Söhne, die als Lehrlinge im Werk ausgebildet wurden, ihren Arbeitsplatz behalten. Ältere Türken wurden einem deutschen Sprachtest unterzogen, ein Versuch, ihnen mangelnde Qualifikation nachzuweisen. Wer dann immer noch nicht ›rückkehrwillig‹ war, wurde mit der Aussicht auf Kurzarbeit und Kündigung über einen Sozialplan unter Druck gesetzt. Auf diese Weise verließen über 1000 Türken Mannesmann. Das Startsignal für Subs wie Remmert, bei Mannesmann einzusteigen.

Der Verdacht

»Alles, was Adler ist, mal herkommen.« Der Sheriff klatscht in die Hände und zitiert uns in einer Arbeitspause zu sich. »Damit ihr Bescheid wißt, Herr Adler will euch heute nach der Arbeit 16 Uhr im Lokal »Sportlereck«, Skagerrakstraße, treffen, um mit euch über Arbeitsorganisation und eure dauernden Geldforderungen zu reden. Ihr sollt pünktlich sein, denn er hat nicht viel Zeit, soll ich euch sagen.«

Es ist unsere unbezahlte Freizeit. Nachdem wir nach der Arbeit über eine Stunde herumgesessen haben, begeben wir uns zu dem angegebenen Lokal. Wir warten eine Viertelstunde, wir warten eine halbe Stunde, wer nicht kommt, ist Adler. »Der verarscht uns doch nur«, sagt Mehmet, »gehn wir nach Haus.« Die einzigen, die noch bleiben, sind Adlers getreue Vorarbeiter, Wormland und dessen Bruder Fritz (23), und ich (Ali).

Wir stehen an der Theke, als zwei Polizisten in Uniform und einer in Zivil das Lokal betreten, prüfend in die Runde der etwa zwanzig Gäste schauen. Einer fragt: »Ist hier eben jemand ’reingekommen, ca. vierzig Jahre, blond, etwa 1,70 groß? Die Commerzbank hier um die Ecke wurde überfallen und 40 000 DM geraubt.«

Kichern meines deutschen Nachbarn an der Theke, eines etwa Sechzigjährigen, der beim achten Bier angelangt ist: »Würd’ ich doch nicht verraten, würd' ich keinem was sagen, wenn ich's wüßte«, sagt er laut, so daß die Polizisten es hören können. »Der müßte mit mir halbe-halbe machen. Dafür würd' ich auch dichthalten.« – »Wem gehört draußen der grüne VW-Passat mit Kölner Kennzeichen?«, so die strenge Frage des älteren der Polizisten. Ich blicke durchs Fenster und sehe, wie ein Polizei-Mannschaftswagen direkt vor meinem Wagen parkt und einige Polizisten neugierig meine total verbeulte, leicht angerostete Karre betrachten. Verflucht, wenn sie mich hier identifizieren, ist alles vorzeitig geplatzt. Den Wagen hatte ich zwar vorsorglich auf einen anderen Namen ummelden lassen, aber ich habe keine falschen Papiere bei mir.

Mein Wagen sieht wirklich ziemlich heruntergekommen aus – für mich ist ein Auto lediglich ein Fortbewegungsmittel und Gebrauchsgegenstand, kein Prestigeobjekt –, daß er genau in das Polizistenklischee zu passen scheint: wer so einen Wagen fährt, hat's auch nötig, eine Bank zu überfallen.

Ich reagiere nicht und schaue in eine andere Richtung. Mein deutscher Arbeitskollege Fritz stößt mich an und sagt: »Hör mal, das ist doch dein Wagen, warum sagst du das denen nicht?!« – »Halt Schnauze«, schalte ich (Ali), »der Auto hat nicht TÜV, gibt Straf'.« – Fritz nutzt Alis Notlage blitzschnell zum eigenen Vorteil: »Was krieg ich, wenn ich dichthalte. 100 Mark, oder ich sag's.« Er blickt demonstrativ zu den Polizisten hin. – »Soviel hab' ich nicht«, sag' ich (Ali) und handele ihn auf einen Kasten Bier herunter.

Die Polizisten haben inzwischen begonnen, die Gäste einzeln zu befragen, wem der verdächtige Wagen gehört, und einer kommt auch auf uns zu. Aber wir können auch nicht weiterhelfen. Der Polizeitrupp verschwindet wieder. Ich atme schon erleichtert auf und denke, gerade noch mal davongekommen, als kurz darauf ein neuer Polizeitrupp erscheint, diesmal drei Uniformierte und zwei Zivile. Es scheint wohl eine schlecht organisierte Großfahndung in Gang zu sein, wo die eine Hand nicht weiß, was die andere gerade tut, denn der Einsatzleiter

stellt die gleiche Frage, wie schon sein Kollege vorhin, ob hier ein etwa Vierzigjähriger, blond, etwa 1,70 Meter groß, 'reingekommen sei, mit weißer Plastiktüte, in der Scheine im Wert von etwa 40000 DM seien. Einige Gäste lachen laut und nehmen das Ganze für einen gelungenen Scherz. »Ja, der ist grade zum Pinkeln auf die Toilette gegangen«, sagt ein etwa Vierzigjähriger, leicht Angetrunkener, auf den von der Haarfarbe und Körpergröße her die Täterbeschreibung zutreffen könnte. – »Lassen Sie gefälligst den Unfug!« Der Einsatzleiter versteht keinen Spaß: »Sonst lasse ich Sie wegen Irreführung und Störung einer Amtshandlung festnehmen.«
Sein Blick schweift in die Runde und bleibt auf mir (Ali) haften. Ich bin der einzige Ausländer im Lokal, sehe in meinen Arbeitsklamotten leicht abgerissen aus, und die schwarze Ölschmiere im Gesicht ist nicht ganz 'runtergegangen. »Du kommst mal mit!«, der Einsatzleiter zeigt mit spitzem Finger auf mich (Ali), und seine zwei jüngeren Untergebenen kommen tatendurstig auf mich zu. Mir wird ganz flau, und ich sehe meine Arbeit schon endgültig platzen. Einen Moment lang überlege ich, an ihnen vorbei nach draußen zu rennen und mein Heil in der Flucht zu suchen. Aber draußen wimmelt es von Polizisten, und irgendein Scharfmacher könnte mich von hinten erschießen. Jetzt ganz, ganz ruhig bleiben, suggerier' ich mir, nur keine Nervosität zeigen, das Recht hab' ich allemal auf meiner Seite. Was können sie mir schon anhaben? »Wieso mich mitnehme?« geh' ich (Ali) gleich in die Offensive. »Bin jung Mann, achtundzwanzig Jahr und einsachtdrei groß und Haar schwarz. Der klaut, is' mehr alt und viel klein«, weise ich sie auf das offensichtliche Mißverhältnis hin. Dem Einsatzleiter ist nicht nach Logik zumute. Er scheint, durch mich (Ali) inspiriert, auf einer heißen Spur zu sein. »Mitkommen«, sagt er barsch und: »Du hast nur zu antworten, wenn du gefragt wirst.« – Einer seiner Konsorten will mich am Arm packen, aber ich schüttle ihn ab und sage: »Tu nix, komm ja mit.«
Vor der Kneipe umringen mich weitere Polizisten, auch zivile

darunter. Verdammte Scheiße, wie komm' ich da nur wieder 'raus? Die sind frustriert, da ihnen der echte Täter durch die Lappen gegangen ist; jetzt brauchen sie ein Ersatzopfer. »Zeig Papiere«, verlangt der Einsatzleiter. »Ich nix hab'«, sage ich (Ali), »Chef Adler uns wegnehme, jede Tag bei Thyssen arbeit lasse und kei Geld gebe«, versuch' ich etwas Verwirrung zu stiften, um von mir abzulenken. Aber er geht nicht darauf ein. »Name, wo wohnen?« verhört er mich.

Ich (Ali) buchstabiere ihm umständlich meinen türkischen Namen »S-i-g-i-r-l-i-o-g-l-u«, lächele ihn freundlich an dabei, als er wegen der Kompliziertheit des Namens flucht, und versuche ihn aufzumuntern: »Ich weiß, schwer Nam. Kanns auch Ali zu mir sag.« – Das scheint ihn keineswegs zu versöhnen, er blickt nur um so finsterer. Ich nenne ihm meine Adresse, »Dieselstraße 10«, wo ich allerdings bisher noch nicht polizeilich gemeldet bin. Über Funk erfolgt auch prompt die negative Bestätigung, daß dort kein Ali Sigirlioglu gemeldet ist. Der jüngere Polizist faßt mich (Ali) wieder am Arm, sagt: »Dann fahren wir zu dir nach Haus', dann kannst du uns ja deine Papiere zeigen.« Ich versuche abermals die Flucht nach vorn: »Papier hat Chef, kommt gleich. Der is groß Gangster, klaut uns Geld, gehört in Gefängnis, den sollt mitnehm.« Und ich (Ali) lenke wieder auf Thyssen über: »Könnt mit mir fahr, Tor 20, da is mei Stempelkart, könnt sehe, daß ich da arbeit.« Sie sind etwas irritiert, denken aber nicht im entferntesten daran, sich Alis Chef näher anzuschauen, obwohl alles stark nach Sklavenhändler riecht. Die Koppelung mit dem Namen Thyssen scheint für sie keinen Tatbestand herzugeben, da wollen sie sich allem Anschein nach nicht die Finger dran verbrennen.

Ein Beamter schlägt dem Einsatzleiter vor: »Das beste, wir fahren ihn zur Bank und machen Gegenüberstellung.« – »Ja, prima, gern«, geht Ali sofort begeistert darauf ein und schickt sich an, mit seinen ölverschmierten, fetttriefenden Arbeitsklamotten in den Streifenwagen zu klettern. Der Einsatzleiter

reißt mich (Ali) zurück und brüllt: »Raus! Du versaust uns mit der Schmiere die ganzen Sitze.« – Inzwischen hat sich ein Menschenpulk um uns herum gebildet. »Der hat versucht, ein deutsches Mädchen zu überfallen«, geifert eine etwa fünfzigjährige Hausfrau mit prall gefüllter Einkaufstasche, die sie hinter sich an die Hauswand gestellt hat.
»Was der für kalte, stechende Augen hat«, pflichtet ihr ein etwa Fünfundsechzigjähriger bei, »so sehen geisteskranke Amokläufer aus. Gut, daß sie ihn geschnappt haben.« – »Der hat doch nur die Bank überfallen«, korrigiert sie ein etwa Fünfundzwanzigjähriger, der an sein Fahrrad gelehnt dasteht. – Es entsteht ein Streit in der Gruppe. Die Mehrzahl pflichtet dem jungen Mann bei, andere beharren jedoch auf der Vergewaltigungstheorie, eine will sogar das überfallene Mädchen noch »schreien« gehört haben, als es »mit dem Krankenwagen abtransportiert« worden sei.
Etwa zwanzig Minuten lang verhören sie mich (Ali) auf der Straße – in der Zeit hat sich der echte Bankräuber wohl in Ruhe absetzen können –, bis der Einsatzleiter eine Entscheidung trifft: »Du gehst jetzt wieder in das Lokal zurück und wartest, bis wir mit den Zeugen zwecks Gegenüberstellung zurück sind. Wag es nur nicht abzuhauen. Ein Polizist wird vor der Tür stehen bleiben und aufpassen, daß du nicht türmst.« Ich (Ali) warte fast eine Stunde, aber es kommen keine Zeugen. Der Verdacht muß ihnen nachher selbst so absurd vorgekommen sein, daß sie sich vor den Zeugen wahrscheinlich nicht blamieren wollten. Als der wacheschiebende Polizist vor der Tür weg war, schlich ich mich vorsichtig zu meinem Wagen und machte mich, erleichtert wie selten, davon.
Vorher wandte ich (Ali) mich noch an die deutschen Gäste im Lokal: »Habt ihr mitkrieg. Nur weil ich Ausländer, muß mit. Der echt war doch blond und nur 1,70 m und mehr alt.«
»Ja, du könntest ja auch eine Perücke aufgesetzt haben«, erlaubt sich ein etwa fünfzigjähriger Finanzbeamter an der Theke einen Scherz, und die ganze Kneipe stimmt in schallendes, pru-

stendes Gelächter ein. »Ich hab' das draußen mitbekommen«, vertraut mir der leicht angetrunkene Finanzbeamte noch an, »daß ihr da so schwarz auf der Hütte arbeitet. Da seid ihr nicht die einzigen. Uns kommt das immer wieder zu Ohren, aber da wagen sich meine Vorgesetzten doch nicht ran, selbst wenn ich das jetzt melden würde.«

Eine zweite brenzlige Begegnung mit der Polizei erlebe ich drei Monate später. Ich (Ali) komme ziemlich übermüdet von Adler, setz' mich in meinen Wagen, der ein paar Straßen weiter um die Ecke geparkt ist, und ramme beim Zurücksetzen einen nagelneuen VW-Golf.

Im Nu hat sich ein Menschenpulk um Ali herum gebildet. Die Besitzerin des Wagens kommt aufgeregt hinzu, und Ali erklärt sich für schuldig, will sofort für den entstandenen Schaden aufkommen und ihr das auch schriftlich geben. Im Hintergrund rufen unbeteiligte Deutsche: »Glauben Sie ihm nicht, das ist ein Ausländer, der betrügt Sie. Rufen Sie sofort die Polizei.«

Ich bin lediglich im Besitz eines Führerscheins, ausgestellt auf einen türkischen Arbeiter, dessen Foto allerdings dem Aussehen Alis überhaupt nicht ähnlich sieht. Auf diese Weise von der Polizei identifiziert zu werden, wäre ein allzu banaler und platter Schluß der gesamten Aktion. Also fleht Ali die Dame an: »Bitte nicht Polizei. Gibt Punkt in Flensburg und hab' schon da. Gibt Straf', vielleicht Führerschein weg und sogar Ausweisung nach Türkei.« Die Frau zögert noch, aber aus dem Pulk, wo einstimmig die Auffassung vertreten wird: »Polizei muß her«, eilt schon jemand ins gegenüberliegende Geschäft, um die Polizei anzurufen.

Kurz darauf erscheint ein älterer Polizist, betrachtet mich (Ali) äußerst mißtrauisch, nimmt den Unfallvorgang auf und fordert mich auf, mit ihm zur naheliegenden Polizeiwache zu kommen. »Sollte irgendwas gegen ihn vorliegen, benachrichtige ich Sie sofort«, beruhigt er die Dame. Er vergleicht das Foto des Führerscheins mit Alis Aussehen, nickt, so als wollte er sagen:

»Stimmt überein«, obwohl überhaupt keine Ähnlichkeit besteht.
Die anderen Angaben überprüft er über Computercheck und scheint selbst erstaunt, daß von dort alles o. k. gemeldet wird.
»Liegt nichts vor, können gehen«, entläßt er mich (Ali).
»Gut' Arbeit«, gratulier ich ihm, »in Türkei dauert so ein bis zwei Tag'.«
»Wir sind hier auch in Deutschland«, belehrt er mich nicht ohne Stolz.
»Hab' gemerk'«, erwider' ich, »trotzdem Glückwunsch«, und bin heilfroh, als ich wieder draußen bin.

Die Geländer von my und muh

Zur Abwechslung hat Adler etwas ganz Besonderes für mich (Ali). »Du meldest dich morgen 7 Uhr bei Firma Theo Remmert, ist der Bruder von unserem Remmert, und wirst im Akkord Geländer streichen.« – »Wieviel Arbeit is?« will Ali wissen und: »Wie lang?« – »Och, reichlich«, meint Adler, »kannst du ein Jahr dran arbeiten.« – »Und was verdien?« – Daß ich nach so etwas Abwegigem frage, bringt Adler in Verlegenheit. Er tut so, als rechne er, und überschlägt: »Ja, wollen wir mal sagen, 'ne Mark pro Meter.«
Der Meister in der Fabrikhalle, bei dem ich (Ali) mich am nächsten Morgen vorzustellen habe, weiß Bescheid. Mit einem milden Lächeln nimmt er zur Kenntnis, daß Adler mich geschickt hat, und erkundigt sich nach dem vereinbarten Lohn. Als er 1 DM pro Meter hört, sagt er: »Da mußt du dich aber verdammt 'ranhalten, wenn du da was bei verdienen willst. Pausen kannst du dir da nicht bei leisten.« Es hat den Anschein, als ob die Firma Theo Remmert unter Termindruck steht. Die von Remmert gefertigten Eisengeländer sollen für eine neue Anlage bei der Ruhrchemie schon in allernächster Zeit geliefert und montiert werden.
Es wird fast eine Woche lang eine unheimliche Schinderei.

Wenn ich (Ali) von morgens bis abends durcharbeite – allenfalls mal zehn Minuten Pause mache –, komme ich auf höchstens fünfzig Meter am Tag. Die Geländer sind 1,25 Meter hoch, drei Rundstangen sind mit Pinsel zu streichen und unten noch mal eine größere Leiste. Mit kleinen Pinseln mußt du noch in jede winzige Ritze und Ecke 'rein. Zwischendurch noch die Geländerteile mit Kran von einer anderen Ecke der Halle herschaffen und fertiggestrichen wieder zurücktransportieren. Diese Zeiten bezahlt Ali keiner. Ebenfalls nicht, wenn der Meister kommt und reklamiert, einige Geländer seien nicht sorgfältig genug gestrichen, an ein paar winzigen Stellen fehle die Farbe. Das bedeutet, die schweren Dinger über Kran noch mal hin und her bewegen.
Ich (Ali) versuche, mit zwei Pinseln gleichzeitig herumzuwirbeln, um Zeit zu sparen. Aber es bringt nicht viel. Ein deutscher, bei Remmert fest angestellter Arbeiter, der die Geländer von mir im Zeitlohn gestrichen hat, blickt mich mitleidig an und meint: »So'n Tempo hält doch keiner tagelang aus. Da gehst du bei kaputt. Laß dir doch Zeit.« – Als er hört, wie der Akkordlohn aussieht, schüttelt er den Kopf: »Da würd' ich doch hinschmeißen. Da würd' ich keinen Pinselstrich für machen.« – Er bekennt offen, daß er höchstens die Hälfte von Alis Pensum schafft und dafür im Zeitlohn 13 DM pro Stunde bekommt. Bei Alis Tempo kämen ungefähr 5 bis 7 DM in der Stunde raus.
Trotz der miserablen Bezahlung entwickelt man im Akkord eine total andere Einstellung zur Arbeit. Trotz Dauerstreß ist der Druck ein anderer. Es steht nicht dauernd einer hinter dir, der dich antreibt. Die Angst vor Vorgesetzten, Meistern, Kontrolleuren ist nicht da. Du gehst mit etwas angenehmerem Gefühl zu dieser Arbeit als zu Thyssen. Obwohl du auch ganz schön geschafft nach Hause kommst. Wenn du auf die Uhr schaust, bist du ganz erschrocken, daß es schon so spät ist. Es wäre einem lieber, es wäre noch früher. Bei Thyssen ist es genau umgekehrt. Die Stunden zerdehnen sich. Du bist verdammt froh, wenn sie vorbei sind. Du zählst jede einzelne und

bist entsetzt, wenn du auf die Uhr schaust und es sind immer noch vier endlose, qualvolle Stunden bis Schichtschluß. Akkord ist die unterste, verkümmertste Stufe des vermeintlichen Selbständigseins, ohne irgendwelche wirklichen Vorteile, die damit verbunden sein sollten.

Jeden Tag kontrolliert der Remmertmeister mein Tagespensum und nimmt die Arbeit ab. Manchmal muß ich noch Teile nachstreichen oder Nasen, die sich gebildet haben, wieder abschmirgeln und neu überpinseln. Auch diese Zeit bezahlt einem keiner. – Als ich (Ali) den Meister darauf anspreche, daß ich unmöglich auf meinen Lohn kommen kann und mir mit 5 bis 6 Mark in der Stunde total ausgenutzt vorkomme, winkt er ab: »Da haben wir nichts mit zu tun. Wir zahlen an Adler. Der kriegt einen guten Preis dafür. Mußt du dich an den halten.« Wie hoch dessen Profit in diesem Fall ist, will er Ali nicht verraten. Ich schätze jedoch, daß er mindestens das Drei- bis Fünffache für die reine Vermittlung seines Sklavenarbeiters kassiert, ohne auch nur einen Finger dafür zu rühren.

Nachdem ich 210 Meter Geländer von vorne und hinten, oben und unten und rundum mit Ockerfarbe gestrichen habe und Schuhe, Hose und Hemd zwangsläufig halb mit, ist der Auftrag erst mal erledigt. Der Remmertmeister erklärt, daß die von mir gestrichenen Geländer so bald wie möglich auf einer neuen Werksanlage der Ruhrchemie von Remmertleuten montiert würden. Erst in einigen Wochen werden neue Geländer zusammengeschweißt.

Von wegen ein Jahr Dauerarbeit, wie Adler versprach. – Als ich (Ali) ihm die Situation am Telefon schildere, erklärt er: »Macht gar nichts. Meld' dich morgen 5 Uhr früh wieder in der Thyssen-Kolonne.« Und auf Alis Frage nach der Bezahlung fürs Geländerstreichen meint er: »Wir rechnen ab, sobald ich mein Geld dafür von Remmert bekommen habe.« Und; »Du kannst ja dann an den Wochenenden immer weiter Geländer streichen gehen.«

Als ich (Ali) drei Wochen später immer noch nicht meine

210 Mark für den harten Sondereinsatz erhalten habe, stelle ich Adler zur Rede. »Du hast die Geländer nicht richtig gestrichen«, behauptet er dreist und: »Ich kann dir das nicht bezahlen, denn durch dich hab' ich da große Schwierigkeiten bekommen und erhalte mein Geld nicht.« Auf meine Frage »Weshalb?« faselt er was davon, daß die »My-Zahl« nicht stimme, was wohl heißt, daß die Dicke der Farbschicht nicht korrekt sei. – Ich halte es für einen seiner üblichen Vorwände und Tricks, aber selbst wenn es zutreffen sollte, meine Schuld ist es nicht. Meine Arbeit wurde vom Remmertmeister kontrolliert und ordnungsgemäß abgenommen. Also macht sich Ali auf den Weg, bei Herrn Remmert persönlich sein Geld einzufordern. Um Remmert etwas zu erschrecken, geht er unmittelbar nach der Thyssen-Schicht im Arbeitszeug und im Gesicht total verdreckt und schwarz zum Verwaltungsgebäude der Theo-Remmert-Werke. In der Vorhalle des Treppenhauses prangt unübersehbar ein großgerahmter Wandspruch, die Lebensweisheit des Inhabers der Remmert-Werke, Theo Remmert:

> »Es gibt Leute, die halten den Unternehmer für einen räudigen Wolf, den man totschlagen müsse. Andere wiederum meinen, der Unternehmer sei eine Kuh, die man ununterbrochen melken könne. Nur wenige sehen in ihm den Mann, der den Karren zieht.«

Ali, Staubschlucker, Eisenwichser, Lastenträger und Kuli, macht sich auf zum Karrenzieher und Sprücheklopfer Remmert. Unbemerkt gelingt es ihm, an der Dame am Empfang vorbeizukommen und in die Chefetage vorzudringen. Remmert selbst ist außer Haus, aber einer seiner Direktoren telefoniert gerade über einen Millionenauftrag. Er erstarrt, als er mich (Ali) hereinkommen sieht. »Was ist mit Muh?« stell' ich

(Ali) ihn zur Rede. »Hab' mein' Arbeit gemacht, Meister sagt o. k., und jetzt kein Geld.« – »Sie meinen ›My‹, das ist die Dicke der Farbe«, korrigiert er Ali, »weiß ich nichts von, geh zu Adler, der soll dir dein Geld geben.«
Das Verwirrspiel geht weiter. Adler schickt Ali zur Ruhrchemie zum »Nachstreichen«, wie er sich ausdrückt: »Sonst kein Geld.« – Stundenlanges Suchen am Rande von Oberhausen in einem unübersichtlichen, stinkenden weitläufigen Industriegelände der Ruhrchemie, bis Ali endlich in schwindelnder Höhe auf einem Stahlgerüst seine Geländer bereits festmontiert entdeckt. Er will hochklettern, aber eine Aufsichtsperson hält ihn zurück. »Lebensgefahr, da müssen erst noch Laufgitter montiert werden.« – Er weiß nichts von »Muh« oder »My«. Er sagt: »Das ist doch scheißegal. Hauptsache, das Geländer steht.« – Noch mal Beschwerde bei Adler (telefonisch): »Ja, noch mal der Ali. Meister sagen, mit de Muh egal. Geländer steht, und keiner kann mehr 'runterfalle.« – Adler braust auf: »Erst nachstreichen, nächste Woche wieder hin, sonst kein Geld.« –
Auch die nächste Visite bei der Ruhrchemie führt zu keinem Ergebnis. Falls ich (Ali) wirklich das montierte Geländer noch mal gestrichen hätte, wäre mein Stundenlohn auf 2 DM zusammengeschmolzen, denn beim Herumklettern in der Höhe hätte die Arbeit wesentlich länger gedauert.
Wie auch immer, für diesen Sondereinsatz gab's bis zuletzt für Ali keinen Pfennig. Und es war ein hartes und stolzes Stück Arbeit. Aneinander montiert, würde sein Geländer die Hälfte eines Fußballplatzes einzäunen.

Wie im wilden Westen

Es bedarf enormer Anstrengungen, um wenigstens an einen Teil unseres Lohns zu kommen.
Adler wohnt in einem gepflegten hübschen Villenvorort Oberhausens, etwa fünfzehn Kilometer von der August-Thyssen-Hütte entfernt, wo der Industriedreck durch einen nahegelegenen Waldgürtel gefiltert wird. Die Busverbindungen von den

grauen schmutzigen Arbeitersiedlungen zu Adlers Domizil sind mit mehrmaligem Umsteigen verbunden, und so häufig fahren die Busse nicht. Die Kollegen nehmen lange Wartezeiten in Kauf. Manch einer, der sich vorher bei Adler telefonisch angemeldet hat, steht vor verschlossener Tür. Sicherer ist es, sich überraschend bei ihm anzupirschen und so zu klingeln, daß er einen vom Fenster aus nicht sehen kann. Adler hat immer wiederkehrende Standardformeln, um seine Leute abzuwimmeln: »Ich kann das jetzt nicht nachvollziehen.« – »Ich bescheiße keinen um eine Stunde.« – »Ich habe keine Scheckformulare hier und Bargeld sowieso nicht.« – »Ich bin schon seit Tagen hinter Ihnen her. Die Lohnabrechnung ist am Montag fertig.« (Ist sie natürlich nicht. G. W.) »Ich hab' ja mein Büro normalerweise in Dinslaken. Da hab' ich ja noch einen Stahlbaubetrieb. Da hab' ich alles liegen.« – Und er bestellt einen für einen anderen Tag dahin und erscheint nicht. – Oder zu mir (Ali) sagt er: Wenn das so weiterläuft wie bisher, dann bin ich der letzte, der nicht noch 'ne Mark zulegt oder irgendwas. Da können Sie sich drauf verlassen. Da reden wir im nächsten Monat noch mal miteinander.« – Er legt nie zu. Statt den Lohn, wie versprochen, um eine Mark zu erhöhen, zieht er Ali zwei Monate später eine Mark ab. Er erklärt, warum er keine Überstundenzuschläge zahlen will – selbst wenn Ostern, Pfingsten und Weihnachten gearbeitet wird:
»Weil wir preiswerter arbeiten. Darum holt Thyssen kleinere Firmen oder mittlere Firmen, so wie wir eine sind, 'ran, weil wir in der Regel preiswerter arbeiten können als die eigenen Thyssenleute. Darum machen die das doch nur! Die würden am liebsten noch mehr Thyssenleute entlassen und noch mehr Firmen wie uns reinholen, weil so Firmen wie wir preiswerter sind.« Er empfiehlt Tricks, um den Behörden gegenüber den Anschein von Legalität zu erwecken: »Aushilfsquittung! Da gibt es in Deutschland ein Gesetz, danach darf man einen Nettobetrag bis zu 390 Mark monatlich steuerfrei verdienen, und wenn man dann noch einen Verwandten beibringt, der einem

seinen Namen gibt, dann sind es schon 780 Mark netto Aushilfe. Das ist also vollkommen legal.« Oder er meldet jemanden, der krank wird, rückwirkend bei der AOK an.
Um sich vor längst fälligen Zahlungen zu drücken, verlangt er immer wieder von seinen Arbeitern: »Stundenzettel! Vom Vorarbeiter Zentel unterschrieben vorlegen, sonst gibt's kein Geld! Kann ich sonst nicht nachvollziehen.« Mein Eindruck, er hat dieses Spielchen mit Zentel abgesprochen, denn der weigert sich in der Regel, uns nach der Arbeit Stundenzettel zu unterschreiben. »Hab' für so was keine Zeit«, wimmelt er meist ab. »Kriegt der Adler sowieso jeden Tag von mir genau, wieviel Stunden jeder von euch gearbeitet hat.« So laufen wir oft hin und her, ohne die verlangten Stundenzettel und damit den Lohn zu bekommen. Obwohl unsere Arbeitszeit auf den Thyssen-Stempelkarten ebenfalls exakt dokumentiert ist, läßt Adler sie nicht als Beleg gelten: »Interessiert mich überhaupt nicht. Die Stempelkarten sind für mich kein Beweis.«
Mit Osman zusammen geh' ich (Ali) unangemeldet zu Adler; vorsichtshalber erst um 18.30 Uhr, um ihn auch zu Hause anzutreffen. Es ist Osmans letzter Tag in der Bundesrepublik. Er hat aufgegeben und fährt am nächsten Tag mit dem Bus endgültig in die Türkei zurück. Am Vortag war er vergeblich zu Adler rausgefahren, obwohl er sich telefonisch angemeldet hatte.
Als Adler mich (Ali) sieht, erschrickt er: »Wie sehn Sie denn aus? Is ja schlimm.« Ich (Ali): »Ja, is so bei de Arbeit. Immer Dreck und Staub, müsse ja sauber mache, geht nich richtig von waschen weg. Is zu viel Dreck, geht in die Haut.« – Adler (besorgt um seine Tapeten): »Kommen Sie weg von meiner weißen Wand, halten Sie mindestens einen Meter Abstand, sonst lehnen Sie sich noch dran. Sie torkeln ja vor Müdigkeit.« – Zu Osman: »Kommt hier einfach an. Die haben doch wohl den Arsch auf. Unverschämtheit! Kommen hier noch um sieben Uhr abends angedackelt.« Osman: »Aber ich fahr doch morgen schon in die Türkei zurück und wollt mir noch was kau-

fen. Hab überhaupt kein Geld.« – Adler: »Kann ich nichts ändern. Ist doch eine Sauerei so was.« Er kriegt sich gar nicht mehr ein, und diesmal ist seine Empörung nicht nur vorgespielt. Er wiederholt noch mindestens dreimal, daß es eine »Sauerei« sei, um sich dann noch mehr reinzusteigern: »Nachher kommt ihr noch um zehn oder elf Uhr abends.« – »Nee, nee, kei Angst«, sag' ich (Ali), »so spät nich, wir müsse ja auch mal schlaf'.« Adler läßt sich aber nicht besänftigen: »Ihr habt den Arsch auf, habt ihr. Kommen die um sieben Uhr in mein Haus angeschissen. Ist eine Unverschämtheit. Riskieren Sie das nicht noch mal. Bin doch hier nicht Karl Arsch für die. Fährt morgen in die Türkei. Das ist doch auch gelogen. Belügen laß ich mich nicht.« – Ich (Ali): »Doch stimmt, ich bring' ihn zu Bus hin.« Adler: »Was geht dich das denn überhaupt an? Halt dich da gefälligst raus. Um sieben oder viertelsieben wird man von denen besucht. Wir leben hier doch nicht im wilden Westen.«
Osman läßt nicht locker: »Aber Herr Adler, wie soll ich das denn machen. Ich bin doch morgen nicht mehr da, dann hab ich ja praktisch umsonst gearbeitet.«
»Ich auch über Wochen kei Geld. Gebe Se was zu esse.«
Adler: »Ja, meinst du, ich bin ein Wiederkäuer. Raus jetzt, ihr lästigen Kerle.«
Draußen auf der Straße treten Osman Tränen in die Augen: »Der hat mich um mein Geld betrogen. Jetzt bin ich für immer in Türkei und kann nichts mehr machen.«

Yüksels Wut

Wieder bei Thyssen. Gespräch mit Yüksel Atasayar (20 Jahre) nach der Arbeit, erschöpft und bis in die letzte Pore staubverkrustet, auf unseren Abtransport wartend.

Yüksel: »Ich spiele für 30 bis 40 Mark Lotto. Nicht immer.«

Ich (Ali): »In einer Woche?«

Yüksel: »Manchmal, vielleicht hab' ich Glück. Besser so 30 bis

40 Mark als für Zigaretten ausgeben. Überleg mal. Jeden Tag Zigaretten. Im Monat? Rechne: 4 mal 30.«

Ich (Ali): »Ja, 120 Mark. 1440 im Jahr. In zehn Jahren 14000, und wenn du dann noch sagst mit Zinsen, da hast du in zwanzig Jahren fast 30–40000 Mark.«

Yüksel: »Auch was Schönes ... Wenn wir noch zwanzig Jahre leben.«

Ich (Ali): »Nich, wenn wir den Dreck machen. Kannst du in zwei Jahren weg sein. Krebs kriegen. Kommt nich immer gleich, manchmal erst fünf Jahr später.«

Yüksel: »Ja, erst mal Schmerzen und so und auf einmal tot. Wenigstens ein bißchen sparen und dann voll ausgeben, bevor du stirbst. Wenn ich mal 'n bißchen Mut habe, dann mach' ich vorher Schluß. Wie lang' willst du leben? So'n Scheiß-Leben! Glaubst du an Gott?«

Ich (Ali): »Nee. In uns selbst, nicht draußen. Kannst du dich nich drauf verlasse, der hilft dir nicht.«

Yüksel: »Wenn es Gott gibt, ne, warum hat Gott erschaffen Adler?«

Ich (Ali): »Fehlkonstruktion. Wollt' was ganz anderes und is ihm mißrate.«

Yüksel: »Wenn es Gott ist, ne, der macht keinen Fehler, wenn's ihn gibt. Gott ist Gott. Darf keinen Fehler machen, also, kann keinen Fehler machen.«

Ich (Ali): »Vielleicht 'n Bekloppter, 'n Wahnsinniger. Irgendwann durchgedreht. Sonst gibt's Adler nich und nich die Scheißarbeit hier.«

Yüksel: »Mensch – ich verfluche alles!«

Der zwanzigjährige Yüksel Atasayar ist einer der genauesten Beobachter unter den türkischen Kollegen. Er weiß, wer von den Deutschen Vorurteile gegen Türken hat, auch wenn der es nicht offen ausspricht. Er erkennt sogar die Tagesstimmung der deutschen Vorarbeiter und Kolonnenschieber und warnt seine Freunde rechtzeitig vor deren Launen und drohenden Schikanen. »Paß auf, der Zentel braucht heute ein Opfer«, sagt er morgens auf dem Stellplatz, als der Sheriff noch in seinem Mercedes sitzt und döst. Er spürt an winzigen Anzeichen das Gewitter aufziehen, und tatsächlich, einige Stunden später kriegt Zentel einen Tobsuchtsanfall und schickt einen türkischen Kollegen nach Hause, weil der es gewagt hat, während seiner unbezahlten Pause den Arbeitsplatz zu verlassen und Zentel ihn bei seinem Kontrollgang nicht antraf.

Yüksel Atasayar ist nur dem Namen nach Türke. Er ist in Deutschland aufgewachsen, spricht akzentfrei Deutsch und fühlt sich auch als Deutscher. Auch äußerlich entspricht er überhaupt nicht dem Klischee eines Türken. Er hat mittelblondes Haar und graublaue Augen. Sein Vater ist russischer Abstammung. Sein Name allein stößt ihn in die Gruppe der türkischen Kollegen, mit denen er Verständigungsschwierigkeiten hat. Hätte er einen deutschen Namen, würde er sich wohl kaum den Haß vom Kolonnenschieber Alfred zuziehen, der ständig wegen Kleinigkeiten seine Aggressionen an ihm und anderen Ausländern ausläßt.

Als Yüksel einmal wagt, Alfred, der wieder mal wie ein Besessener drauflos arbeitet und die Zeit total vergessen hat, daran zu erinnern, daß eigentlich schon längst Pause ist, pflanzt sich Alfred vor ihm auf und brüllt ihn an: »Erst wird die Arbeit fertiggemacht, und dann wird Pause gemacht. Das war in Deutschland schon immer so. Wir Deutschen sind so aufgewachsen. Und weißt du, was du für mich bist? Du bist ein riesengroßes Arschloch für mich, ein Arschloch bist du.« Und während der Pause steigert sich Alfred erneut in einen Wutausbruch hinein:

»Weißt du, wenn du mal den Mengele triffst, weißt du, wer das ist, das war einer unserer besten Forscher in der Medizin, der lebt nämlich noch, den haben sie nicht kaputt gekriegt. Wenn der an der Rampe steht und du kommst vorbei, dann sagt der garantiert zu dir: Rechts raus! Ab ins Gas! Mit dir kann ich keine Versuche machen. Und weißt du auch, warum?« Yüksel ist ganz blaß und wagt keine Widerrede. Er sagt nur: »Nein, wieso?« – »Weil man mit dir überhaupt nichts anfangen kann. Du bist ja nur hierher gekommen, um dich vor der Militärdiktatur zu drücken, um hier im deutschen Kindergarten groß zu werden, um hier großgepäppelt zu werden. Wärste dageblieben, dann hättste mal gelernt, was das heißt, anständig zu leben. Ihr Türken, ihr habt noch nie eine Demokratie erlebt. Ihr wißt gar nicht, wie das ist, ihr müßt erst mal lernen, mit der Militärdiktatur zu leben, und euch nicht hier durchwurschteln auf unsere Kosten.«

Yüksel hat es aufgegeben, sich gegen derartige Ausbrüche zur Wehr zu setzen. Er weiß aus anderen Erfahrungen, wie dicht hier die Grenze zum Faustrecht ist. Er zieht es vor, weiteren Beschimpfungen aus dem Weg zu gehen, nimmt wortlos seine Brote und setzt sich außer Hör- und Sichtweite in einen entfernten Winkel der Fabrikhalle. Als er nach fünfzehn Minuten wieder zur Arbeit erscheint, sind in seinem vom Staub total schwarzen Gesicht unterhalb seiner Augen hellere verwischte Streifen wie von Tränen zu sehen.

Yüksel ist übrigens der einzige, dem nicht entgeht, daß ich mir in kurzen Pausen häufiger Notizen mache. Es kommt vor, daß Yüksel mir zublinzelt, als ob er mir signalisieren will, daß ich sein Einverständnis habe und es auch in seinem Sinne geschieht. Trotzdem verunsichert und beunruhigt es mich. Ich weiß nicht, ob er am Ende mit anderen Kollegen darüber spricht.

Eines Tages, nach besonders anstrengender und heißer Arbeit im Hochofenbereich, als wir erschöpft draußen vor der Fabrikwand auf der Erde sitzen und darauf warten, mit dem Kleinbus abgeholt zu werden, fragt er mich: »Schreibst du das alles auf?« – »Bitte, sag keinem ein Wort«, nehm ich die Gelegenheit wahr, »ich kann jetzt noch nicht drüber sprechen, aber später wirst du alles erfahren.«

Er merkt, wie erschrocken ich bin und wie ernst es mir ist, und fragt nicht weiter nach. Er hält die ganzen Monate über dicht. »Du mußt alles genau festhalten, was die Schweine hier mit uns machen«, flüstert er mir noch zu. »Du mußt dir alles genau

merken.« – Er scheint zu ahnen, was ich vorhabe, und unterstützt mich häufig mit gezielten Informationen, ohne von mir Genaueres wissen zu wollen. Er ist eher unpolitisch, doch er hält – obwohl fast ein Kind noch – die Disziplin des Schweigens über sein Wissen ein, aus einer tiefen Verletztheit und Verzweiflung heraus und einem daraus resultierenden Solidaritätsgefühl.
Yüksel Atasayar schildert seine Situation:
»Als meine Eltern nach Deutschland gegangen sind, war ich gerade geboren, vor zwanzig Jahren. Wir kommen von Amassia. Wo das eigentlich liegt, weiß ich nicht so genau. Auf jeden Fall Richtung Armenien, ganz genau weiß ich das auch nicht, ganz ehrlich.
Zu Hause bei uns wird türkisch gesprochen, so die einfachen Dinge. Aber richtig gut kann ich das nicht. Bei einem richtigen Thema, da würd ich nicht mitkommen. Zeitung, also türkische Zeitung, da versteh' ich auch nur die Hälfte. Aber meine Eltern, die sprechen perfekt Türkisch, die verständigen sich nur auf türkisch. Nur gut Deutsch, das können die wieder nicht. Ich fühle mich mehr als Deutscher wie als Türke.
Mein Vater ist bei Thyssen beschäftigt, in der Walzendreherei, direkt bei Thyssen. Der verdient auch sehr wenig. 1200, 1300 Mark.
Wie ich dahingekommen bin? Durch einen Kollegen, der hat mich dahin vermittelt. Da hab ich mich nur bei dem Vorarbeiter vorgestellt. Der Kollege hat gesagt, ich soll da Arbeitsklamotten anziehn. Hab' ich auch angehabt. Ich hab' gefragt, ob sie noch Leute brauchen. Haben die gesagt, ja, kannst in den Bus einsteigen. Dann bin ich da in den Bus eingestiegen, der ging dann weiter zu Thyssen, dann wurden wir da wieder verteilt. An die verschiedenen Baustellen.
Der erste Tag war beschissen. Total der Dreck, total staubig, Qualm, alles mögliche. Also gesundheitsmäßig total beschissen. Ganz schlecht. Wir haben da in der Gießereianlage sauber gemacht, die Geräte, die Maschinen, und den ganzen Staub

und Qualm hat man immer mitgekriegt. Das ging also bis zum Erbrechen, und einer ist ohnmächtig geworden. Manche sind schon umgefallen da, die haben keine Luft mehr gekriegt.
Wut haben wir, wenn man da so dreckig arbeitet. Noch nicht mal Arbeitsschuhe stellt der uns. Der Adler, das ist einer, der mit Menschen bestimmt kein Mitleid hat, also, dem egal ist, ob da einer krepiert. Oder wenn da einer umkommt, das ist dem egal. So die Redensart von ihm auch, zum Beispiel über Geld. Du brauchst doch gar nicht so viel, meint er, bist ja ledig, sei froh, daß du arbeiten tust hier!
Dem ist das egal, wie es einem geht. Dem ist das scheißegal, ob da einer kaputtgeht, so 'ne Art Zuhälter ist das. Hauptsache, wir bringen Geld für ihn. Dat is so 'n sauberer Gangster, der selbst immer im Hintergrund ist.
Ich krieg' nie mein richtiges Geld von ihm. Im Moment müßte ich noch über 800 Mark von ihm kriegen.
Manche Tage ist das sehr anstrengend, da geht das richtig aufs Kreuz. Und wegen dem Staub und dem Qualm ist das eigentlich immer schlimm. Das hat einen richtig mitgenommen, da ist eigentlich jeder Tag schlimm. Das geht schon richtig an die Lunge, merk' ich richtig. Ich bin eigentlich so ein sportlicher Typ. Früher bin ich immer mal mindestens eine Stunde gelaufen. Aber wenn ich jetzt mal 'n Dauerlauf ein paar Minuten nur mach, merk ich das richtig, so Lungenreizen. Auch die älteren Kollegen da, die sehn ganz schön schlimm aus. Auch die von Remmert.
Da sind welche drei, vier Jahre da, die sehn richtig mitgenommen aus, die sind so zwischen dreißig und vierzig, aber die sehn aus wie fünfzig. Oder sogar sechzig. Keine Haare mehr am Kopf, abgefallen, im Gesicht so mager, so schmal, ganz weiß.
Ich glaub manchmal, daß ich Krebs kriege, Lungenkrebs; bei dem, was wir da einatmen, kann man manchmal die Hand vor Augen nicht sehen. Die Oxy-Anlage ist ja total schlimm manchmal. Ich hab Angst, daß man da qualvoll endet, davor hab ich Angst.

Einmal hab' ich so ein Gefühl gehabt, als wenn da ein Atomkrieg gewesen wär, so sah das aus. Der ganze Staub und Qualm und so – ich weiß nicht, das ist total schlimm gewesen. Wie man das aus Filmen kennt, Krieg, fast vergleichbar.
An manchen Stellen sind gefährliche Arbeiten, an einer zum Beispiel ist Gasgefahr. Da kann man bei kaputtgehn. Da müssen wir in solchen Kammern arbeiten, wo das total gefährlich ist. Sind Schilder, daß man da kaputt gehn kann, wenn zuviel Gas ausströmt. Und von dem Gas konnte man nichts merken, konnte man nichts riechen. Da war so 'n kleiner Prüfer gewesen, so 'ne Anlage, und daraus konnte man das ablesen. Mir ist auch öfter schwindlig geworden. Brechreiz hab ich auch gehabt. Also, manche Tage kann man nicht gut aushalten. Manche Tage hatte ich auch überhaupt keinen Hunger, brachte keinen Bissen runter, hab nur Staub gefressen. Das konnte man so richtig essen, das hat man richtig geschluckt, war so dick in der Luft. Blei, Kadmium und was das ist, ich weiß nicht, was da alles drin ist. Manchmal bin ich in 'ne Ecke gegangen, hab' ich mich da erstmal übergeben und hingesetzt, erst mal, um zu atmen.
Man muß das schon selber erlebt haben, auch wenn man sich nachher geduscht hat, in der Lunge, das setzt sich ja alles fest, das bleibt. Du bist dann zwar äußerlich sauber, aber innen, das ist alles drin. Und du stehst praktisch nur in der Scheiße und machst Scheiße weg. Aber am nächsten Tag ist die Scheiße wieder da, ist immer wieder dasselbe.
Und so wenig bezahlt, ich versteh das nicht. Die wollen so reich werden wie möglich und nichts abgeben und sind schon so reich. Wenn Adler in 'n Knast gehn würde, tja, Firma Remmert macht ja weiter, kaputt geht man trotzdem. Und Thyssen weiß das ja auch, Thyssen beschäftigt ja die Leute, der muß ja wissen.
Für mich ist Leben eigentlich gar nichts. Hat doch normalerweise nichts Sinnvolles. Am Anfang, wo man so vierzehn, fünfzehn ist, also langsam erwachsen wird, hat man ein Mädchen

und so, willst gern im Bett schlafen mit der, ja und? Haste gemacht – was solls? Nee, das ist nicht das Größte. Also, wenn man von sich selber aus, im Kopf so, was erreichen will, in der Zeit hat das einen Sinn, das Leben, aber sonst halt nix. Da hat man auch Lust, was zu machen und so – aber sonst im ganzen hat das Leben doch keinen Sinn. Was ist das denn?
Wann ich am glücklichsten war? So im Leben überhaupt? Das war, wo ich Urlaub gemacht habe, als ich zwölf war, mit meinen Eltern in der Türkei. Das war klasse. Total anderes Gefühl gehabt. Und das Schlimmste? Ja, wo ich jetzt hier am Arbeiten bin bei Firma Adler auf Thyssen, das ist das Schlimmste überhaupt, da bist du lieber tot.«

Not-Brause

Mindestens einmal pro Woche werden wir in die Oxygen-Anlage geschickt, um den sich dort ständig ablagernden Staub zu beseitigen.
In 50 oder 57 Meter Höhe müssen wir in geschlossenen Räumen den Staub auf den Maschinen mit Luft hochwirbeln, bis er sich absetzt, und ihn dann zusammen mit einer dicken, pulvrigen ca. 1–3 Zentimeter hohen Staubschicht zusammenfegen und mit Schubkarren wegbefördern. Die Staubschwaden legen sich schwer auf Bronchien und Lungen. Es ist viel Blei in diesem Staub, der außerdem höchst schädliche Edelmetalle wie Mangan und Titan enthält und natürlich jede Menge feinen Eisenstaub. Ein Thyssenmeister, der unsere Arbeit kontrolliert, sagte einmal zu Yüksel, der bei der Arbeit einen Hustenanfall erlitt und röchelnd nach einer Staubmaske verlangte: »Die haben wir nicht für euch. Aber Eisen ist gesund. Gibt doch Blut.« Und: »Wenn du lange genug Eisenstaub schluckst, kannst du dir einen Magnet auf die Brust setzen, und der bleibt garantiert hängen.« – Yüksel, dem es überhaupt nicht nach Scherzen zumute war, erkundigt sich später bei unserem Vorarbeiter, ob das mit dem Magnet stimmt, und wird vor versammelter Mannschaft als »dummer Türkendepp« bezeichnet und ausgelacht.

Während unserer Arbeit warnen uns immer wieder Alarmsirenen und rote Warnlichter, den Bereich sofort zu verlassen. Zur Verstärkung blinken ständig noch Leuchtschilder: »Bei Blasbetrieb den gesamten Bereich des blasenden Konverters sofort verlassen! Explosionsgefahr! Da Sauerstoffaustritt.« – Wir müssen dennoch weiterarbeiten. Einem türkischen Kollegen, der es mit der Angst zu tun bekam und sich aus der Gefahrenzone entfernen wollte, wurde von einem Thyssen-Meister in aller Deutlichkeit klargemacht, daß er gefälligst weiterzuarbeiten habe. Wenn nicht, sei das Arbeitsverweigerung und er könne nach Hause gehen.
Ein Vorarbeiter erklärt uns später den Sinn der häufigen und regelmäßigen Warnungen aus seiner Sicht: »Dadurch, daß früher im Konverterbereich mal was passiert ist, sind die Hüttenwerke verpflichtet, dieses Alarm- und Warnsystem anzubringen. Wenn unter ungünstigen Umständen wieder mal was passieren sollte, ist Thyssen nicht verantwortlich. Ihr wurdet ja deutlich genug gewarnt, dort nicht zu arbeiten.«
Das heißt, die August-Thyssen-Hütte ist damit die Verantwortung los. Wenn was passiert, sind wir selber schuld. Die Warnung ist überdeutlich, also ist es unsere eigene Dummheit. Aber zu unserer Beruhigung sind in diesem Gefahrenbereich an verschiedenen Stellen Duschen installiert, unter die man sich stellen kann, wenn man Feuer gefangen hat. Und damit es auch Ausländer begreifen, die der deutschen Sprache nicht mächtig sind, ist auf Emaille-Schildern der Schattenriß eines Arbeiters abgebildet, an dem Flammen züngeln und der in voller Montur und mit Schutzhelm unter einer Dusche steht mit der Aufschrift »NOT-BRAUSE«.
Endlich mal eine angenehme Arbeit in der Nähe von Sinter III. Wir stehen auf einem Dach und lassen an Tauen Staub- und Matscheimer in einen Container runter. Die Arbeit ist zwar körperlich anstrengend und man kommt ziemlich schnell ins Schwitzen dabei, aber die Luft ist erträglich, und man kann in die Industrie-Landschaft schauen, in der Ferne sogar den

Rhein sehen. Es ist gleich ein ganz anderes Lebensgefühl, aus den düsteren unterirdischen Staubverliesen einmal heraus ins Freie zu kommen. Selbst den Regen nimmt man gern in Kauf. Wir genießen den freien Blick und das Ausbleiben der Erstikkungsanfälle und fühlen uns, als seien wir aus einem Gefängnis entlassen worden. Nachdem wir uns fast drei Stunden dieser relativen Freiheit erfreuen durften, werden wir plötzlich wieder abgezogen in Richtung Oxygen-Anlage. Mit ziemlichem Karacho, auf Werkzeugen und Schubkarren hockend, geht's im Mercedesbus dahin. An einer unübersichtlichen Stelle wird ein älterer türkischer Arbeiter von uns fast überfahren. Kommentar des Kolonnenschiebers zu unserem türkischen Fahrer: »Gib ruhig Gas, gibt Prämie, weil ein Türke weniger.« – Vorarbeiter Zentel klärt uns auf, was Sache ist. Die Roheisenfähre, ein gigantisches Ungetüm, ist festgefahren. Die ganze Produktion steht still. Jede Minute ein Riesenverlust für die Hütte. Infolge der Blockierung ist auch noch ein Maschinenteil gebrochen, ein neues ist bereits herbeigeschafft und wird gerade montiert. Unsere Aufgabe soll es sein, uns in engste Staubkanäle zu quetschen und zu sehen, wie wir das Ding freikriegen. »Beeilt euch und klotzt ran«, sagt der Sheriff, »ihr dürft erst wieder raus, wenn die Anlage wieder läuft. Ich will, daß das bis spätestens 13 Uhr geregelt ist.«
Über wacklige Leitern turnen wir in nicht mal schulterbreite Spalten rein und versuchen, das festgepappte verkrustete Eisenerz mit Brecheisen, riesigen Vorschlaghämmern und Schüppen freizuklopfen. Aber es löst sich so gut wie nichts, so hart ist die Verkrustung. Unser Kolonnenschieber Alfred treibt uns an und bekommt wahre Wutausbrüche, als er sieht, daß sich die Pampe nur bröckchenweise löst. »Ihr verfluchten Hottentotten, ihr Scheißkanaken, ihr Kümmeltürken und Knoblauchjuden«, umschreibt er alle ihm bekannten Nationalitäten auf einmal. »Euch kann man doch vergessen, euch sollte man alle an die Wand stellen und Genickschuß geben!« Er tobt regelrecht, wird fast handgreiflich und schmeißt unserem neuen

indischen Kollegen eine Brechstange an den Kopf, die den glücklicherweise nur streift. »Bleib nächstens zu Hause«, brüllt er ihn an. »Ich geh ja auch nicht zu euch in die Türkei arbeiten.« – »Der Kolleg' ist aus Indien«, versuch' ich (Ali) ihn zu korrigieren. Aber Alfred beharrt darauf: »Ich seh' jedem von weitem an, ob er aus Anatolien kommt. Und der hat den gleichen bescheuerten Ausdruck im Gesicht. Jedem seh' ich das an, ob er aus Anatolien kommt, wo sie's Licht mit dem Hammer ausmachen.«

Einem deutschen Arbeitskollegen gegenüber hatte Alfred auch von mir (Ali) steif und fest behauptet, daß ich aus Anatolien käme. »Der stellt immer so bekloppte Fragen, die hältst du im Kopf nicht aus.« Auf seine Frage, warum ich nicht gefälligst in der Türkei geblieben sei, hatte ich einmal geantwortet: »Aus politische Gründe, weil da Militärdiktatur.« Das veranlaßte ihn, dem deutschen Kollegen zu sagen: »Der Ali arbeitet hier, weil er nicht in die Türkei zurück kann, weil die da ihren verrückten Khomeni haben.«

Nach einer Stunde sinnloser Antreiberei und Schinderei durch Alfred erscheint der Sheriff und überzeugt sich, daß es mit unserem primitiven Werkzeug nicht vorangehen kann. Er läßt Preßlufthämmer und -meißel heranschaffen und lange Kratzer, und unter der schlimmsten Staubentwicklung müssen wir – ohne Masken – den ineinandergepappten Eisenstaub hochwirbeln. Unter ständigen Beschimpfungen und seitlich auf dem Boden liegend kriechen wir in dem Eingeweide der Maschine 'rum. Der Lärm der donnernden Preßluftgeräte dröhnt in den engen Stahlgängen schmerzhaft in den Ohren. So was wie Gehörschutz ist unbekannt. Die Augen brennen, und alle rotzen, husten und röcheln um die Wette. Es ist die Hölle. In solchen Situationen, erzählt mir später Mehmet, wünscht man sich, lieber Monate im Gefängnis zu sitzen, als das noch stundenlang ertragen zu müssen. In solchen Situationen denkt man sich die schlimmsten Todesarten für Adler aus, und in solchen Situationen sind schon Entschlüsse gefaßt worden, alles auf eine

Arbeitskollegen

Die Internistin Dr. Jutta Wetzel berichtet über ihre ausländischen Patienten:
»Im allgemeinen werden ausländische Arbeitnehmer unter besonders ungünstigen Arbeitsbedingungen eingesetzt. Es sind nicht nur die berühmten Dreckarbeiten, es sind – und das wiegt schwerer – oft Tätigkeiten, die in mehrstündigen körperlichen Zwangshaltungen ausgeübt werden müssen. Vorzeitige Verschleißerscheinungen an der Wirbelsäule und den Gelenken sind die Folge. Gleichzeitig intensive Staub- und Rauchentwicklung fördern das Auftreten von Bronchitis und Gastritis. Hinzu kommt die erhöhte Gefährdung durch Arbeiten mit gesundheitsschädigenden Stoffen (z. B. Asbest).
Diese Arbeitsplätze kenne ich allerdings nur aus den glaubhaften Schilderungen einiger Patienten. Gezeigt wurden sie mir bei Besichtigungen auch auf meinen ausdrücklichen Wunsch hin nicht. Trotz der hohen Arbeitslosigkeit finden die Firmen für diese Arbeiten nur selten Deutsche. Die Unternehmen (z. B. Hütten, Bergwerke, Straßen- und Automobilbau, Werften, Chemieindustrie) sind dermaßen auf ausländische Arbeitskräfte angewiesen, daß der relativ hohe Krankenstand in Kauf genommen wird. In diesem Zusammenhang ist es unbedingt notwendig, den Krankenstand deutscher und ausländischer Arbeitnehmer in Relation zu ihren unterschiedlichen Arbeitsbedingungen zu setzen.«

Karte zu setzen, einen lohnenden Einbruch oder sogar einen Banküberfall zu begehen. Denn wer hier drinsteckt, hat nichts mehr zu verlieren, für ihn hat selbst das Gefängnis seine Schrecken verloren. – Die Knie sind – durch die Arbeitshose hindurch – blutig geschrammt und die Arbeitshandschuhe aufgerissen. Die Fähre kommt und kommt nicht frei. Es wird 13 Uhr, 14 Uhr, 15 Uhr. Wir müssen mit unseren schweren Geräten draufloshauen und alles schlucken. Zwischendurch erscheint ein höheres Tier von Thyssen, schimpft 'rum und erklärt, die nächste Schicht warte schon darauf, die Anlage wieder anfahren zu können, wir sollten gefälligst nicht so lahmarschig sein. Aber wir geben schon unser Letztes, denn jeder von uns sehnt nichts mehr herbei, als hier möglichst bald wieder rauszukommen. »Ihr bleibt solange drin, bis die Anlage wieder läuft«, befiehlt der Vorarbeiter, »und wenn es zwanzig Stunden sind.«

Yüksel wagt es, den Thyssen-Gewaltigen wegen einer Staubmaske geradezu anzuflehen. Der antwortet ungerührt: »So was ham wer nicht. Ihr sollt – verdammt noch mal – fertig werden!«

Um 18.15 Uhr, nach 12 Stunden endlich, endet diese mörderische Schicht für uns. Im Wagen nicken die meisten bereits erschöpft ein, in unbequemen Haltungen auf den Werkzeugen sitzend.

Seit diesem Arbeitseinsatz sind bei mir (Ali) die Bronchien fast schon chronisch geschädigt. Und wenn ich heute – sechs Monate später – nach einem Hustenanfall ausspucke, ist der Speichel oft immer noch schwarz.

Bleischwere Glieder

Obwohl die Staubbelastung in verschiedenen Arbeitsbereichen so extrem ist, daß wir den Dreck nicht nur einatmen, sondern regelrecht fressen müssen, hält es niemand für nötig, unseren Gesundheitszustand und die Substanzen wenigstens zu überprüfen. Ab und zu geben sie uns etwas Milch. Das ist alles. Heimlich sammle ich (Ali) Proben des in allen Farben glitzernden Staubs. Eine Handvoll wiegt so schwer wie ein Stein. Das Material wird dem industrieunabhängigen Bremer Umweltinstitut an der dortigen Universität übergeben. Untersuchungen dieser Art zählen in Bremen seit Jahren zur Routinearbeit. Beispielsweise wurden dort auch Proben vom Gelände der Berliner Batteriefabrik »Sonnenschein« ausgewertet. Dadurch geriet der Betrieb, der früher dem Bundespostminister Schwarz-Schilling persönlich gehörte und jetzt im Besitz seiner Frau ist, in die Schlagzeilen.
Kurz bevor das Buch in Druck ging, lagen die ersten Ergebnisse der Untersuchung des Thyssenstaubs vor. Noch nie hat das Institut bisher so hochgefährliche Schadstoffkonzentrationen feststellen müssen. Schon die Analyse der ersten Probe machte den Wissenschaftlern Schwierigkeiten, weil die empfindlichen Geräte mit den extremen Konzentrationen kaum fertig wurden. Was gefunden wurde, liest sich wie das »Who's who« aus der Welt der Schwermetalle: Astapinium, Barium, Blei, Brom, Chrom, Eisen, Gadolinium, Kobalt, Kupfer, Mocybdan, Niobium, Pacadium, Quecksilber, Rhodium, Rubidium, Ruthenium, Selen, Strontium, Technitium, Titan, Vanadium, Wolfram, Ytrium, Zink und Zirkon – insgesamt 25 verschiedene Schadstoffe.
Die größte Gefahr steckt in zwei Metallen, deren Werte besonders hoch waren: Quecksilber und Blei. Dazu das Bremer Universitätsinstitut:
»Blei ist ein Summationsgift, das heißt, es reichert sich auch dann im Körper an, wenn es in kleineren Mengen aufgenommen wird. Durch diese Anreicherung kann es zu einer chronischen Bleivergiftung kommen ... Persönlichkeitsveränderungen, psychische Störungen, Lähmungen und Erbschäden« sind nicht ausgeschlossen. Nicht weniger grausam sind die Folgen

von Quecksilber, die die Wissenschaftler beschreiben: »Die ersten Krankheitsymptome einer Quecksilbervergiftung treten im Gefühlszentrum auf und äußern sich in Kribbeln und Absterben der Hände und Füße, ferner in einer Taubheit der Mundregion. Gleichzeitig treten Schädigungen des Sehzentrums mit Einschränkungen des Sehwinkels auf. Es folgen Schädigungen des Zentralnervensystems, welche eine verminderte Muskelbeweglichkeit und mangelnde Koordination der Bewegungen zur Folge haben, so daß es zu starken Gleichgewichtsstörungen kommt, Arme und Beine werden oft spastisch und durch Muskelverkrampfungen deformiert. Das Gehirn schrumpft bis zu 35 Prozent ...«

Schon »geringste Konzentrationen« beider Elemente könnten toxisch (giftig) wirken, weshalb die gesetzlich erlaubten »Höchstmengen« für Quecksilber in Lebensmitteln bei einem Milligramm pro Kilo (1 ppm) und für Blei bei 10 Milligramm pro Kilo (10 ppm) liegen. Unsere unfreiwillige Thyssen-»Mahlzeit« enthält gleich achtzigmal mehr Quecksilber (genau 77,12 ppm) und zweitausendfünfhundertmal mehr Blei (2501 ppm).

Die Weltgesundheitsorganisation (WHO) hält die wöchentliche Aufnahme von drei Milligramm Blei pro Person für den obersten, noch tolerierbaren Wert. Besonders tückisch dabei: Das Sprichwort von den »bleischweren Gliedern« entspricht der Realität, denn 90 Prozent des in den Körper gelangenden Bleis findet sich in den Knochen wieder.

Ähnliches gilt für den zweiten Problemstoff, das Quecksilber. Es sammelt sich ebenfalls im Körper an.

In welchen Konzentrationen sich die Schadstoffe tatsächlich in der Lunge, im Blut und in den Knochen der Hüttenarbeiter wiederfinden, wird erst die Auswertung von Bluttests ergeben. Die meisten Kollegen klagten jedoch immer wieder über starke Beschwerden wie Atemnot, Übelkeit, Appetitlosigkeit, Erbrechen, Kreislaufstörungen und auch über starke Bronchitis. Unter Wissenschaftlern besteht kein Zweifel: Bronchitis steht in engem Zusammenhang mit dem Staubreiz, und die anderen auftretenden Beschwerden zählen zu den klassischen Anzeichen von Schwermetall-Vergiftungen – insbesondere von Blei.

Einmal krank, immer krank

Die Erforscher von Krankheitsursachen haben jahrzehntelang die Gesundheitsgefährdung der Arbeiter in Kokereien auf der ganzen Welt untersucht. Es besteht deshalb kein Zweifel: Arbeit in der Kokerei macht krank.

Die Hauptgefahr geht von den Flugstäuben der Kokereiabgase aus, weil sie Teersubstanzen enthalten. »Teer bzw. Teerstoffe haben eine krebserzeugende Wirkung«, schreibt der Hamburger Prof. Dr. A. Manz in der Fachzeitschrift *Arbeitsmedizin*.

Lediglich über die Häufigkeit der Krebserkrankungen von Kokereiarbeitern werden unterschiedliche Angaben gemacht. Von den Behörden wird in der Bundesrepublik bislang nur Hautkrebs als typische Folge des Kontakts mit Steinkohlenteer als Berufskrankheit anerkannt. Das größte Problem liegt aber längst woanders.

Kokereiarbeiter erkranken dreieinhalbmal häufiger als der Durchschnitt aller deutschen Männer an Lungenkrebs und etwa doppelt so häufig als der Durchschnitt an Harnblasen- bzw. Magen-Darm-Krebs. Vergleicht man die Kokereiarbeiter mit den Büroangestellten, sind die Zahlen noch viel alarmierender: Kokereiarbeiter sterben zehnmal häufiger an Harnblasenkrebs und leiden achtmal so oft an Lungenkrebs.

Die Ursache ist in der Wissenschaft bekannt: das Benzo(a)pyren, ein stark krebserzeugender Inhaltsstoff des Steinkohlenteers. Benzo(a)pyren findet sich auch im Zigarettenrauch: In der Luft von Kokereien ist die 300-400fache Konzentration enthalten.

Eine große Untersuchung an polnischen Kokereiarbeitern belegt, daß es zwischen »nicht spezifischen, chronischen Erkrankungen der Atmungsorgane« (wie z. B. der chronischen Bronchitis) und den Kokereigasen einen engen Zusammenhang gibt. Doch nicht nur das: Wer einmal an Bronchitis erkrankt ist, ist besonders gefährdet, sich weitere Krankheiten zu holen, weil durch das Kokereigas das Immunsystem des Körpers eindeutig geschwächt wird.

Einmal krank, immer krank, lautet die Devise.

Das Ergebnis kennt Prof. Manz: Arbeiter in der Kokerei haben eine deutlich kürzere Lebenserwartung.

Der Test

»Stoppt Tierversuche – nehmt Türken!«

Wandspruch auf einer Fassade in Duisburg-Wedau.

Als Versuchsmensch unterwegs

Osman Tokar (22), mein türkischer Arbeitskollege, hat seine Wohnung verloren. Adler hatte ihn mit den Lohnzahlungen immer wieder vertröstet. Sein Vermieter ließ sich aber nicht mehr länger hinhalten. Osman mußte ausziehen und auch seine paar armseligen Möbelstücke zurücklassen. Der Vermieter hat sie als Pfand in den Keller eingeschlossen, bis Osman 620 DM an Mietrückständen bezahlt hat. Seitdem ist Osman ohne festen Wohnsitz. Mal schläft er bei einem Vetter auf einer Matratze im Flur, mal lassen ihn Freunde ein paar Tage bei sich übernachten. Längere Zeit kann er nirgendwo bleiben, da sie alle schon für sich selbst viel zu wenig Platz haben.

Einige Male hat Osman, wie er mir verschämt gesteht, auch schon auf Parkbänken im Freien übernachtet. Ihm droht jetzt die Ausweisung, weil er keinen festen Wohnsitz nachweisen kann und auch schon mal Sozialhilfe beantragt hat. Er will nicht in die Türkei zurück. Dort war er nur hin und wieder zu Besuch, und in der kalten Fremde in Deutschland fühlt er sich mehr zuhause als in dem Heimatland seiner Eltern, wo er nur seine ersten zwei Lebensjahre verbrachte. Er spricht etwas besser Deutsch als Türkisch, beide Sprachen sind für ihn jedoch Fremdsprachen geblieben. Er weiß nicht, wo er wirklich hingehört, und ihm ist, als ob man ihm »die Seele gestohlen« hätte.

Ich biete Osman die Dieselstraße zum Wohnen an, aber er lehnt ab. Er hat sich durch die Arbeit bei Thyssen schon einen chronischen Reizhusten geholt und fürchtet sich, »im Giftbett neben der Kokerei« zu schlafen. Manchmal denkt er daran, sich umzubringen. Nachdem ich mit ihm einmal eine Schicht lang zusammen in einem Staubbunker arbeitete und wir den Dreck literweise einatmeten und erbrechen mußten, bemerkte er, als wir in der kurzen Pause ans Tageslicht zurückgekrochen

waren: »Ich träum' schon mal davon, mit einem Kopfsprung in das fließende Feuer vom Hochofen rein. Dann macht's einmal Zisch, und du spürst nichts mehr.«
Betreten schweige ich (Ali).
»Wir haben nur Angst, weil neu für uns und noch keiner gemacht«, sagt Osman. »Wie Wurm im Staub zu kriechen und dabei immer getreten zu werden, ist doch viel mehr schlimm.«
Er erzählt von einem Arbeiter, der bei einem Unfall in den Hochofen fiel und sofort verglühte. Da nichts von ihm übrigblieb, wurde symbolisch ein Stahlabstich aus der Glut genommen und den Angehörigen zur »Beerdigung« übergeben. In Wirklichkeit wurde sein Körper mit dem Stahl zu Blechen gewalzt – für Autos, Töpfe oder Panzer.
Osman erzählt, daß er einen Onkel in Ulm besuchen will. Dort kann er wohnen und eine Arbeit bekommen, die mindestens genauso ungesund ist wie bei Thyssen, aber wenigstens bezahlt wird. Er will zuerst nicht recht mit der Sprache raus, um was es sich da handelt: »Bei Thyssen müssen wir Staub schlucken und viel schwer arbeiten. Bei ander Arbeit müssen wir nur schlukken und von unser Blut geben.« Osman sagt, daß für diese besondere Arbeit Türken und auch andere Ausländer, wie Indonesier, lateinamerikanische Asylanten und Pakistani zum Beispiel, sehr gefragt seien: als *menschliche Versuchskaninchen* für die Pharmaindustrie. Ich frage ihn, ob ich nicht an seiner Stelle an einem Versuch teilnehmen könne, der in den nächsten Tagen beginnen soll. Als Entschädigung biete ich ihm die Hälfte des ihm dadurch entgangenen Lohnes an: 1000 DM. – Er ist einverstanden. Mir kommt das gelegen, weil ich wegen meiner kaputten Schulter und der Bronchitis, die langsam chronisch wird, die schwere körperliche Arbeit bei Thyssen eigentlich längst hätte aufgeben müssen.
Osman vermittelt mich an das LAB-Institut in Neu-Ulm, ein mächtiger düsterer Bau mit dem Jugendherbergsmief der fünfziger Jahre. Als »Herbergsvater« sitzt ein fröhlich-aufgekratzter Mittzwanziger am Empfang. Er bemüht sich um eine angst-

Das LAB in Ulm ist eines der größten privaten Testinstitute Europas. 2800 *Probanden* umfaßt die Kartei. Probanden, das sind Versuchspersonen. Man kann's auch so ausdrücken: An uns wird ausprobiert, was die Profite der Pharmaindustrie gesunden läßt, und als Nebenwirkung kann auch schon mal was für den Patienten abfallen.
Nur bei einem verschwindend geringen Prozentsatz der Studien werden wirklich neue Substanzen erprobt. Nach dem Arzneimittelgesetz von 1976 müssen Tausende alter Medikamente neu getestet werden. Eine Unzahl von Studien dient lediglich dazu, bessere Verkaufsargumente für ein Medikament zu finden. Seriöse und sinnvolle wissenschaftliche Forschung ist die Ausnahme. Es geht um Werbestrategien, um Markterweiterung oder zum Beispiel einfach nur darum, neben 30 Medikamenten, die unter verschiedenen Namen auf dem Markt sind, aber alle fast auf den gleichen chemischen Substanzen aufbauen, noch ein weiteres völlig überflüssiges 31. Medikament auf den Markt zu bringen.
Wegen qualvoller und überflüssiger Tierversuche gehen zu Recht viele auf die Barrikaden. Über unnütze und gefährliche, weil gesundheitsschädliche, Menschenversuche regt sich aber kaum jemand auf. Keine Behörde überwacht sie.
Es ist vielfach bewiesen, wie die Firmen selbst Gutachten von angesehenen Klinikern verfälschen und umschreiben, obwohl sie auf Menschenversuchen in öffentlichen Krankenhäusern basieren. Wie muß es da erst in den vielen privaten Instituten aussehen, die die Medikamente schon vorher an »gesunden« bezahlten Probanden testen und praktisch komplett von Aufträgen aus der Industrie abhängig sind?
Eines ist klar: negative oder gar alarmierende Ergebnisse wirken in jedem Fall geschäftsschädigend – egal, ob sie von Ärzten in der Klinik oder von Test-»Instituten« an die Öffentlichkeit gelangen.
Professor Eberhard Greiser, erfahrener Leiter des pharmakritischen »Bremer Instituts für Präventionsforschung und Sozialmedizin« (BIPS), stellt dazu fest: »In der Praxis dürfte es darauf hinauslaufen, daß Arzneimittelprüfungen, die mit negativem

Ergebnis für das zu prüfende Arzneimittel herauskommen, nicht publiziert werden. Das ist eine Erfahrung, die viele Gutachter, mit denen ich im Laufe der Zeit in der Transparenzkommission (Fachkommission im Gesundheitsministerium) zusammengekommen bin, berichtet haben.« Pharmakonzerne geben zwar unzählige Menschenversuchsreihen mit entsprechenden Gutachten in Auftrag, legen dem Bundesgesundheitsamt aber lediglich die für sie günstigen Ergebnisse vor. Von negativen Resultaten erfahren die Behörden fast nur, wenn einzelne Ärzte und/oder Pharma-Mitarbeiter diese Praktiken nicht mehr länger verantworten können und Informationen weitergeben. Von Amts wegen wissen die Arzneimittel-Zulassungs- und Überwachungsstellen in der Bundesrepublik nicht einmal, wo welche Studien überhaupt durchgeführt werden. Die Macht der Pharma-Konzerne hierzulande macht's möglich. In anderen Ländern gibt es sehr strenge Meldepflichten und Vorschriften.

freie, entspannte Atmosphäre. Im Wartesaal ein paar Irokesenpunker, die schon zu den Stammkunden zählen, einige Ausländer mit sehr südländischem Aussehen, etliche arbeitslose Jugendliche. Und zwei aus dem Bahnhofsberber-Milieu, der eine hat eine leichte Fuselfahne.

Ich (Ali) lege den Zettel vor, den Osman mir gegeben hat, und frage den »Empfangschef«, ob er nicht auch einen weniger gefährlichen Versuch zu vergeben hat. Osman hat mich (Ali) gewarnt, daß der vorgesehene Test recht heftige unangenehme Nebenwirkungen hervorrufen soll. – »Nur keine Angst«, versucht man mich zu beruhigen, »hier sind bisher noch alle wieder lebend rausgekommen.« Und: »Wir machen das hier ganz locker.« – Der Herbergsvater pflegt einen betont familiären Umgangston mit seinen Versuchspersonen, duzt alle und klärt mich (Ali) auf: »Zuerst müssen wir mal sehen, ob du überhaupt zu gebrauchen bist.«

Ich (Ali) werde zum vorgeschriebenen Check geschickt. Etliche Blutproben werden mir abgezapft, Urin wird untersucht, dann kommt noch ein EKG, ich (Ali) werde vermessen und gewogen. Die Endabnahme nimmt ein Arzt vor. Zuerst erschrecke ich, denn ich halte ihn für einen Landsmann. Aber zum Glück ist er kein Türke, sondern Exilbulgare. Aber er kennt »meine Heimat« gut und unterhält sich mit mir ein wenig über die Türkei.

Er berichtet, daß es früher viel mehr türkische Probanden gegeben habe, etliche von ihnen seien aber in der letzten Zeit in die Türkei zurückgekehrt. Er meint, daß sie hier gute Erfahrungen mit meinen türkischen Landsleuten gemacht hätten, sie seien »hart im Nehmen« und würden sich nicht »wegen jedem Wehwehchen gleich beklagen«. – Er leuchtet mir (Ali) noch in die Augen und stellt dabei fest, daß ich Kontaktlinsen trage, sieht aber zum Glück nicht, daß sie tiefdunkel gefärbt sind. Ich erkläre, daß ich sie für Spezial-Schweißarbeiten verschrieben bekommen habe, bei denen eine Brille ein Handicap sei.

Ali wird für tauglich befunden, das heißt, er ist soweit verwendungsfähig, sich als Gesunder möglicherweise krankmachende Medikamente in Form von Pillen oder Spritzen verabreichen lassen zu dürfen.

Ali muß eine Einverständniserklärung zu dem Versuch an sich unterschreiben und bekommt eine fünfseitige Informationsschrift auf deutsch zu sehen, in der es um die Medikamente geht, die diesmal ausprobiert werden sollen: »Probanden-Information über die Studie Vergleichende Bioverfügbarkeit bei vier verschiedenen Kombinationspräparaten mit den Inhaltsstoffen Phenobarbital und Phenytoin«.

Die Namen dieser Medikamente hat er noch nie gehört, und auch der »Herbergsvater« hat Schwierigkeiten, sie flüssig auszusprechen: »Phenobarbital« und »Phenytoin«. »Nichts vergißt du schneller«, sagt er. »Die Medikamente sind auch gar nicht für eine Krankheit, die vielleicht jeder mal hat, sondern laut Informationsblatt gegen ›Epilepsie‹ und ›Fieberkrämpfe‹ bei Kindern.«

Von fast allen industrieunabhängigen Wissenschaftlern wird die Verwendung solcher Kombinationspräparate heftig kritisiert. Durch die starke Kombination zweier Wirkstoffe wird die oft notwendige Anpassung der Dosis an die individuellen Bedürfnisse des Patienten verhindert. Nachlässigen Ärzten kommen Kombinationspräparate aber durchaus entgegen. Sie brauchen sich noch weniger um die Patienten zu kümmern.
Der Inhaltsstoff »Phenobarbital« zählt obendrein zur chemischen Gruppe der Barbiturate, von denen man besonders schnell abhängig werden kann. Wegen der großen Suchtgefahr wurden deshalb in den letzten Jahren Hunderte von Arzneimitteln verboten, denen Barbiturate beigemengt waren.
Ein Medikamentenversuch mit längst bekannten Kombinationspräparaten, die eigentlich aus dem Handel gezogen werden sollten. Niemand erklärt, warum sie dann überhaupt noch getestet werden müssen.
Der Versuch soll sich insgesamt über elf Wochen hinziehen, eingeschlossen viermalige stationäre Kasernierung über je 24 Stunden. Gesamthonorar 2000 DM. Als Nebenwirkungen, die relativ häufig auftreten, werden in der Informationsschrift angegeben: »Müdigkeit, Veränderung der Stimmungslage, Bewegungsstörungen, Beeinträchtigung der Nervenfunktion und der Bluteigenschaften, Beeinflussung der Blutbildung, Veränderungen des Gesichtsfelds, allergische Reaktionen mit Hautveränderungen«. Und bei »ca. 20 Prozent der Patienten treten Wucherungen des Zahnfleischs« auf. Außerdem, wenn man Pech hat, kann es zu »juckendem Hautausschlag, Atemnot, Hitzegefühl, Übelkeit und eventuell Erbrechen kommen«, und »in seltenen Fällen« können »lebensbedrohliche Zustände mit Erstickungsanfällen und Kreislaufschocks entstehen, die sofortiges ärztliches Eingreifen erfordern«.
Das sei aber alles halb so schlimm, denn im Notfall zahle die Versicherung: »Sollte wider Erwarten im Zusammenhang mit der Teilnahme an dieser Studie eine gesundheitliche Schädigung auftreten, wird von der LAB oder deren Auftraggeber

kostenfreie medizinische Versorgung in unbegrenzter Höhe angeboten.« Allerdings: »Ausdrücklich ausgenommen hiervon sind Schäden, die nur mittelbar mit der Teilnahme an der Studie zusammenhängen (wie zum Beispiel Wegeunfälle«). Was also, wenn ein »Proband« mit »Kreislauf- und Bewegungsstörungen« einen Verkehrsunfall erleidet?

Nach der Unterschrift unter die Einverständniserklärung bekomme ich (Ali) einen Terminplan für die Einnahme der Medikamente und die stündlich durchzuführenden Blutentnahmen ausgehändigt.

Die Studie beginnt erst morgen, werde ich (Ali) aufgeklärt, trotzdem darf ich (Ali) das Gelände, also das Haus und den angrenzenden Hinterhof, ab sofort nicht mehr verlassen. »Freiwillige Gefangennahme.« Man händigt uns aus: Eine Decke mit Überzug, Bettlaken, Kopfkissenbezug. – Im ersten Stock finden sich die »Behandlungsräume«: Labor, Raum für Blutentnahmen, Intensivstation. Im zweiten Stock der Fernsehraum und die Schlafräume.

Der Mann, der unten auf dem Etagenbett sitzt, blickt nicht auf, als ich eintrete. Zwei am Tisch lösen ihre Kreuzworträtsel weiter. Ich (Ali) gehe in den zweiten Schlafraum mit Blick auf den Hof. Links die Autowerkstatt und davor, zwischen Mauer und Müllcontainer, ein paar graue Gartenmöbel aus Plastik. Rechts ein Lagerhaus mit einem Großhandel für Naturprodukte. Im Hintergrund der Güterbahnhof. Eine desolate Gegend.

Fast beschwörend betonen alle, die sich als Versuchsmenschen zur Verfügung gestellt haben, daß es überhaupt kein Risiko gibt. »Für die ist das Risiko viel größer als für uns«, sagt einer. »Denn wenn etwas passieren würde, gäbe es einen Riesenskandal. Und das können die sich gar nicht leisten.« Einige machen das nicht zum erstenmal. »Ich geh' schon lange hier auf den Pharmastrich«, sagt einer, der von Institut zu Institut reist. »Versuchstourismus«, nennt das die Industrie.

Ein anderer erzählt von einem »Profi«, der mit einem Wohnmobil durch die Lande zieht. Angeblich stellt der sich nicht nur selbst zur Verfügung, sondern wirbt auch andere an und kassiert dafür Provision.

Zum Abendbrot treffen sich alle an einer Reihe langgezogener Tische. Vier Frauen sitzen zusammen. Sie mußten bei ihrer Aufnahme einen Schwangerschaftstest durchführen lassen. Wenn sie während der Medikamenten-Testreihen, die sich zumeist über Monate hinziehen, trotzdem schwanger werden, können beim Kind schwerste und bleibende Schäden auftreten. Für diesen Fall verspricht das LAB jedoch »medizinische und seelische Hilfe«, was auch immer das heißen mag.

Durch eine Klappe bekommt jeder einen Teller zugeschoben: Brot, Butter, ein paar Scheiben Käse, eine Tomate, eine Gurke, eine Paprika. Im Fernsehraum läuft *Bonny and Clyde*. Die Vorhänge sind geschlossen, um den Fernseher von der Abendsonne abzuschirmen. Die Antenne ist kaputt. Einer muß sie festhalten, damit das Bild schwach erkennbar ist. Es stinkt nach Asche und kaltem Rauch. Fast niemand kann schlafen, und das Fernsehprogramm ist zu Ende. Schweigend sitzen wir bis nach Mitternacht auf dem Hof, rauchen und trinken schales Wasser aus Pappbechern: das ist das einzige, was wir noch zu uns nehmen dürfen.

Die in den Betten liegen, starren gegen die Decke oder versuchen zu schlafen. Jemand ist neben seinem Transistorradio eingeschlafen – »Musik nach Mitternacht« in voller Lautstärke. Niemand macht das Licht aus. Ab 2.30 Uhr »Musik bis zum frühen Morgen«. Dann schalte ich das Radio aus und lösche das grelle Neonlicht. Vom Güterbahnhof hallt pausenlos das Donnern der Waggons, die gegeneinander geschoben werden. Der Wind treibt unter dem offenen Fenster die leeren Plastikbecher über den Hof. Jemand onaniert unter der Bettdecke, immer wieder, ohne Erlösung zu finden.

Um 6 Uhr öffnet sich die Tür: »Aufstehen!« Schweigend, grußlos stehen wir auf. Jeder ist ganz mit sich selbst beschäftigt. Meine Urinflasche trägt die Nummer 4. Das bedeutet: 6.04 Uhr

Dauerkanüle in den Arm, 7.04 Uhr Medikamenteneinnahme, 8.04 Uhr Blutentnahme, usw.
Die ersten Male stellen wir uns noch in einer Reihe an. Später kennen wir unsere Vor- und Hintermänner und wissen, wann wir dran sind. Der nach mir ist soeben aus dem Gefängnis entlassen worden und konnte nirgendwo Arbeit finden. Hier fragt ihn keiner. Zwei junge Typen, die uns die Kanüle in die Armbeuge stechen, unterhalten sich über ihre nächsten Examensprüfungen. Sie haben ihr Medizinstudium noch nicht abgeschlossen. Die beiden überwachen die Medikamenteneinnahme. Unter ihren Augen muß ich zwei Kapseln schlucken. Zuerst bemerke ich, wie sich mein Blickfeld etwas verkleinert. Ich versuche auf den Hof zu sehen, aber die Sonne blendet zu stark und schmerzt in den Augen. Ich liege auf dem Bett und döse. Zu den stündlichen Blutentnahmen gehe ich wie ein Schlafwandler. Alle sehen bleich und eingefallen aus. Immer häufiger fehlen Leute und müssen erst aus dem Bett geholt werden. Eine Frau klagt über Hitzewallungen, Schwindelanfälle und Kreislaufstörungen. Ihr Arm sei kalt, pelzig und abgestorben.
Am nächsten Tag geht es mir miserabel. Ein an sich unsinniger Versuch, weil die Nebenwirkungen alle bekannt sind. Wir erleben sie gerade: schwerste Benommenheit, starke Kopfschmerzen, totales Wegtreten und schwere Wahrnehmungstrübungen, dazu ein ständiges Wegschlafen. Auch das Zahnfleisch blutet stark. Siebenmal Blut abgezapft bekommen und sich ständig zur Verfügung halten. Auch die anderen haben starke Beschwerden.
Doch erst als es einer ausspricht, stellt sich heraus, daß fast alle Kopfschmerzen haben. Offensichtlich haben sie geschwiegen, aus Angst, zu einem anderen Versuch nicht mehr zugelassen zu werden. Ein Versuchsmensch sagt: »Mir war schon oft elend dabei zumute. Einmal hab' ich zwei Tests gleichzeitig gemacht, weil ich das Geld dringend brauchte. Da hab' ich mich total kaputt gefühlt. Das Herz raste wie verrückt und schlug ganz unregelmäßig. Ich dachte, jetzt erwischt's dich...« Ein Jüngerer

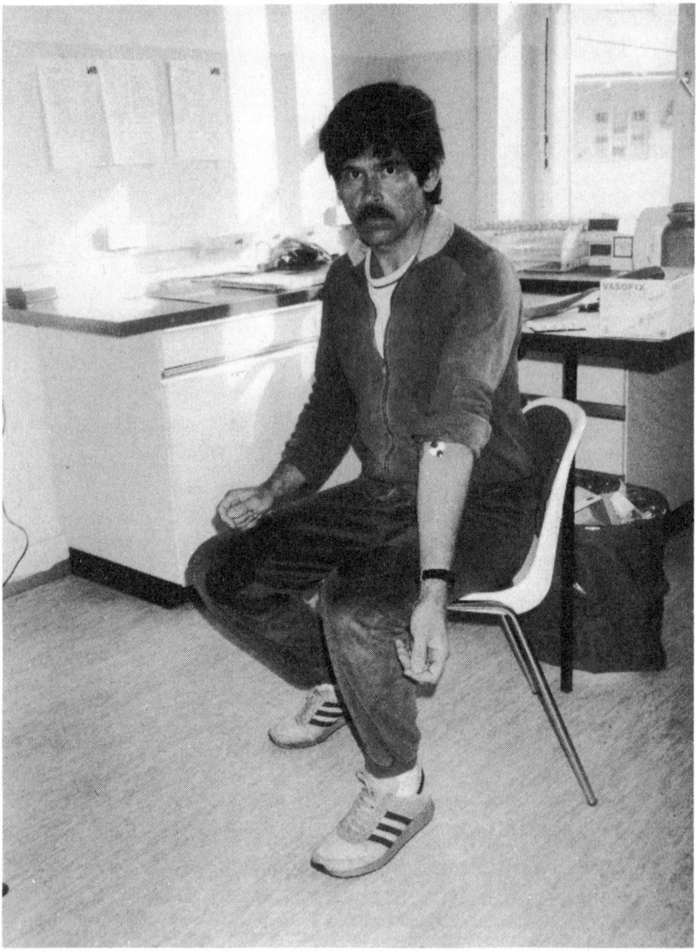

erzählt, daß er einen Versuch hinter sich gebracht hat, wo ihm starke Tranquilizer verabreicht wurden. Tranquilizer sind Beruhigungsmittel, die relativ schnell zur Sucht führen. Nach dem Test machten alle Teilnehmer »schlapp«. »Einige sackten auf der Stelle weg, konnten sich nicht mehr auf den Beinen halten und mußten weggetragen werden. Und als wir uns dann später

heimlich in den ärztlichen Untersuchungsbericht Einblick verschafften, war unter ›Nebenwirkungen‹ ›keine‹ angekreuzt.«
Ich (Ali) entschließe mich, nach dem »ersten Durchgang«, das heißt nach vierundzwanzig Stunden, den Versuch abzubrechen. Normalerweise hätte ich (Ali) innerhalb der nächsten elf Wochen noch weitere dreimal kaserniert werden sollen. Und die Nebenwirkungen werden erfahrungsgemäß schlimmer, nicht besser, klärt man mich auf. Darüber hinaus hätte man die gesamten elf Wochen täglich – auch samstags und sonntagmorgens, um 7 Uhr zur Blutentnahme erscheinen und sämtlichen Urin der elf Wochen in Plastikbehältern sammeln müssen. Wer aus dem Versuch vorzeitig aussteigt, erhält keinen Pfennig Honorar.
Der Bremer Professor Eberhard Greiser hält »etwa zwei Drittel derartiger Bioverfügbarkeitsstudien für unnötig«. »Das sind Studien, die für kommerzielle Zwecke umfunktioniert werden und bei denen Nutzen und Aufwand nicht mehr im richtigen Verhältnis zueinander stehen.« Vor zwei Jahren starb zum Beispiel in Dublin der dreißigjährige Berufsversuchsmensch Neill Rush während einer Versuchsreihe, bei der die Kali-Chemie, Hannover, ein Mittel gegen Herzrhythmusstörungen testen ließ. Die Kali-Chemie weist die Verantwortung für den Tod des Mannes von sich. Es habe sich um ein »Fehlverhalten der Versuchsperson« gehandelt. Neill hatte am Tag zuvor in einem anderen Institut das starke Beruhigungsmittel »Deporil« getestet. Das Zusammenwirken beider Medikamente, so das Obduktionsergebnis, habe zu der tödlichen Wirkung innerhalb weniger Minuten geführt.
Einer der Versuchsmenschen der LAB hat mir (Ali) noch eine Adresse zugesteckt: BIO-DESIGN in Freiburg im Breisgau. »Die brauchen immer welche und zahlen gut. Und vor allem das Essen ist besser als der Fraß hier.« Ich (Ali) fahre dort als nächstes hin. Im Gegensatz zum leicht angegammelten LAB ist BIO-DESIGN ein blitzblankes zukunftsweisendes Institut, architektonisch einer Raumstation nachempfunden. Die Dame am Empfang stellt die gleiche vorsorgliche Frage wie auch Ad-

ler, wenn sich ein Neuer bewirbt, nur mit gesetzteren Worten: »Wer hat Sie an uns verwiesen?« – Ich (Ali) nenne den Namen des Kumpels von der LAB.
Sie haben sogleich ein verlockendes Angebot für Ali: 2500 DM für fünfzehn Tage, allerdings »voll stationär«. Sie entgegnen ihm auf seine Frage: »Und muß Steuer zahle?« – »Nee, das wird hier nicht gemeldet. Das ist ein Dienst für die Gesundheit.« Sie scheinen gerade für diesen Versuch noch um mutige Versuchsmenschen verlegen zu sein, denn sie versuchen, ihn mit einem Vorschuß zu ködern. »Sollten Sie sich entschließen, daran teilzunehmen, könnten wir ausnahmsweise auch über einen Vorschuß reden.« Und: »Sie werden hier auch gut verpflegt. Das Essen ist frei.« – »Und wofür so viel Geld? Was wird gemach?« – Eine jüngere Institutsangestellte erklärt es mir (Ali), nicht ohne hintersinniges Lächeln, wie er zu bemerken glaubt.
»Das ist ein Aldosteron-Antagonist, die Substanz heißt Mesperinon. Die bewirkt, daß krankhafte Wasseransammlungen im Körper ausgeschwemmt werden über die Niere. Dieses Mineralkortikoid hat Einfluß auf den Hormonhaushalt. Was bereits im Handel ist, das gehört in die Gruppe von Spironolacton. Bei dieser Substanz hat man festgestellt, daß sie, wenn sie länger verabreicht wird, eine sogenannte Feminisierung bewirkt, das heißt, Brustbildung bei Männern. Es ist bei diesem Versuch über zwei Wochen aber nicht gleich zu erwarten, daß es dazu kommt.«
Ich (Ali): »Is'se sicher?«
Institutsangestellte: »Es wird nicht erwartet. Das ist ja gerade der Zweck des Versuchs. Sicher kann man da nie sein.«
Ich (Ali): »Und wenn passiert, geht auch wieder weg?«
Institutsangestellte (beschwichtigt): »Ja, sicher, das wird sich auch wieder zurückbilden.«
Hier informiert sie ganz offensichtlich falsch. Eine »Gynäkomastie« wie die Brustbildung bei Männern in der medizinischen Fachsprache genannt wird, muß operativ entfernt wer-

den. Das ist jedenfalls die einhellige Auffassung von Wissenschaftlern.
In einem anderen Punkt sagt sie ebenfalls die Unwahrheit. Auf Alis Frage: »Wie is mit Potenz. Bleibt?« Antwort: »Also, in der Hinsicht wird nichts befürchtet.« – In Wirklichkeit liegen für die Anwendung von Mesperinon am Menschen noch so gut wie keine Erfahrungen vor. In einem Begleittext zu dem Versuch wird ausdrücklich hervorgehoben, daß mit Nebenwirkungen wie »Kopfschmerz, Benommenheit, Verwirrtheit, Magenschmerzen, Hautveränderungen« und eben bei höheren Dosierungen auch mit »Gynäkomastie bzw. Impotenz« zu rechnen ist. BIO-DESIGN versucht, seine Versuchsmenschen unter allen Umständen bei der Stange zu halten. Im Vertrag droht das »Institut«: »Im Falle einer fristlosen Kündigung kann die BIO-DESIGN GmbH von dem Probanden Ersatz für den Teil der Aufwendungen verlangen, die für die Durchführung der Prüfung an ihm entstanden sind ...« Daß dieser Knebelvertrag eindeutig sittenwidrig ist, stört BIO-DESIGN offenbar wenig. Die Versuchspersonen werden damit unter den ungeheuren Druck gesetzt, trotz aller eventuellen Schmerzen und Begleiterscheinungen auf jeden Fall durchzuhalten. Hinter der glatten, freundlichen Fassade einer Schönheitsfirma verbirgt sich ein neuzeitlicher, eiskalter Dr. Mabuse, der im Auftrag großer Pharma-Konzerne in Not geratene Menschen zur Erforschung von Verkaufsstrategien der Chemie ausliefert.
Ich bin glücklicherweise nicht von den verlockend hohen Geldsummen abhängig und kann es mir leisten, dankend abzulehnen. Viele andere können das nicht. Firmen wie LAB und BIO-DESIGN profitieren von der Wirtschaftskrise, die ihnen immer mehr Menschen zutreibt.
Die Verantwortlichen reden sich auf sogenannte »Ethik-Kommissionen« heraus, in denen Wissenschaftler und sogar Geistliche sitzen. Ethik-Kommissionen sind freiwillige Kontroll-Ausschüsse, deren Votum nur in den USA und Japan gesetzlich befolgt werden muß, in der Bundesrepublik aber nicht.

Ethik in diesem Zusammenhang – ein zynischer Begriff. Diese Kommissionen können von den Firmenchefs jederzeit nach Gutdünken ausgetauscht oder ganz fallengelassen werden. Und selbst wenn es sich dabei um behördliche Einrichtungen handelte, wie das in anderen Staaten schon der Fall ist: »Ethik«-Kommissionen können bestenfalls über *medizinische* Fragen urteilen. Die *menschliche* Ethik würde aber zumindest verlangen, daß man sich mit den verzweifelten Menschen auseinandersetzt, die an den Rand der Gesellschaft gedrängt worden sind und sich nur deshalb bereit finden, als Kandidaten zum Selbstmord auf Raten aufzutreten.
Mein Vorschlag:
Es sollte ein Gesetz verabschiedet werden, das die Spitzenverdiener in der Pharmaindustrie verpflichtet, sich für Versuche selbst zur Verfügung zu stellen. Die Vorteile wären unübersehbar: die Leute sind körperlich meist in wesentlich besserer Verfassung als viele der ausgelaugten Berufsprobanden und könnten sich aufgrund ihres Einkommens auch einen viel längeren Urlaub und Erholungskuren leisten. Die Anzahl der Versuche würde dadurch drastisch zurückgehen und auf ein sinnvolles Minimum beschränkt werden.
So unernst ist der Vorschlag gar nicht gemeint. Noch vor sechzig Jahren testeten die Medikamentenforscher neue Wirkstoffe zunächst an sich selbst.
Wie häufig die angeblich so seltenen Nebenwirkungen auftreten, erlebte ich selber. Nach der Rückkehr von meiner Reise durch die Pharma-Labors begann mein Zahnfleisch am Unterkiefer anzuschwellen und zu eitern. Der Zahnarzt diagnostizierte »Zahnfleischwucherungen« und vermutete gleich ganz richtig: »Nehmen Sie Medikamente, in denen Phenytoin enthalten ist?« Als ich bejahte (Phenytoin war einer der Inhaltsstoffe des Medikamentenversuchs beim LAB in Ulm), schloß der Zahnarzt sofort von der Nebenwirkung auf meine vermeintliche Krankheit: »Sind Sie Epileptiker?«

Die Beförderung

Ich fühle mich so kaputt und elend, daß ich mir nicht mehr zutraue, die Arbeit bei Thyssen fortzusetzen, obwohl Ali genug Kollegen kennt, die trotz Krankheit oder Unfallverletzung weiter für Adler schuften. Die trotz Grippe und Fieber 16 Stunden durchhielten, aus Angst, daß sonst an ihrer Stelle ein Neuer angeheuert würde. Oder Mehmet, dem bei der Arbeit ein Eisenteil auf den Fuß gefallen war. Da er keine Arbeitsschuhe mit Spezialkappe trug, schwoll sein Fuß so stark an, daß er seinen Schuh seitlich aufschneiden und mit Draht umwickeln mußte, damit er noch hielt. Unter größten Schmerzen humpelte er – die Zähne zusammengebissen – zur Arbeit und klagte mit keinem Wort.

Ich kann es mir leisten, alles auf eine Karte zu setzen, um aus der Not eine Tugend zu machen. Ich habe erfahren, daß Adler Probleme mit seinem Kalfaktor und Chauffeur hat, und versuche über eine List, den Job des Fahrers zu ergattern. Wegen Geldforderungen habe ich (Ali) mich bei Adler angesagt. Er ist wie immer sehr ungehalten, fragt, was mir überhaupt einfiele, mehrere Tage zu fehlen, aber als ich (Ali) mich entschuldige und sage, daß ich (Ali) garantiert wieder ganz gesund sei und es nie wieder vorkäme, zeigt er sich gnädig und meint, ich (Ali) solle dann halt am nächsten Tag kommen. »Aber pünktlich, gefälligst, Punkt 14 Uhr.« – Das alte Spiel: wer nicht da ist am nächsten Tag, ist Adler. Drei Stunden später, gegen 17 Uhr endlich, erwisch' ich (Ali) ihn zu Hause. – Er geht gleich auf Distanz: »Das geht jetzt nicht. Müssen Sie früher kommen. Ich sitz' jetzt in der Badewanne.« – Er sitzt keineswegs in der Badewanne, wie man sieht, denn er ist komplett angezogen.

Ich (Ali): »Kann ja warte noch was und setz' mich solang auf Trepp. Hab ja vor die Tür schon drei Stunde warte.«

Adler (ungehalten): »Nichts. Das geht nicht. Morgen wiederkommen.«

Ich (Ali): »Will auch kei Geld jetzt, nur mal was frage ...«

Adler: »Geht auch nicht. Morgen anrufen.«

Ich (Ali): »Bitte, nur fünf Minute. Bin über ein Stund 'rausgefahre.«

Adler: »Rufen Sie mich morgen an. Können wir am Telefon besprechen. Ich kann es nicht ändern.«

Ich (Ali): »Ich hab' gut' Sach', weil ich muß Ihne helfe.«

Adler (neugierig, erschreckt): »Was denn?«

Ich (Ali): »Muß Ihne helfe, weil Ihne sonst was passiert.«

Adler: »Mir? Warum? Wer?«

Ich (Ali): »Ich komm' wieder, wenn Sie ware in Bad.«

Adler: »Nein, warten Sie, kommen Sie doch eben 'rein.«

Zögernd folgt Ali ihm in sein Büro und eröffnet ihm, daß einer von den Kollegen, denen Adler noch Geld schuldet, ihm einen Denkzettel verpassen will, aber Ali das nicht zuläßt.

Ali spielt im folgenden die Rolle eines etwas tölpelhaften Übereifrigen, der bereit ist, sich für seinen Herrn zu opfern, notfalls über seine Leiche. »Ich hab lernt Karat, türkisch Spezial-Karat, heißt Sisu.« Ist natürlich kompletter Quatsch, ich kann kein Karate, und ›Sisu‹ ist finnisch und bedeutet auf deutsch ›Ausdauer, Geduld, Beharrlichkeit‹. Aber das weiß er nicht. »Ich Ihne helf, wenn Ihne einer was tut. Ich kann ein Schlag, und dann isse weg.« – Zur Bekräftigung meiner wilden Entschlossenheit donnert Ali mit voller Kraft seine Faust auf Adlers Schreibtisch. Adler mustert Ali halb beeindruckt, halb irritiert. »Wer will mir was anhaben?« fragt er zurück, »das ist ja auch gut so, das soll ja auch so sein, daß du mich verteidigen willst, aber welcher Schmutzfink will mir was tun?« – »Ich jetzt nich weiß Nam«, sagt Ali, »aber ich ihm sag', wer Adler will umbring, muß Ali umbring, ich Adlers Mann.« – Es fällt ihm nicht auf, daß Ali in seinem Eifer ganz ungewohnt des Genitivs in der deutschen Sprache mächtig wird.

Adler hat angebissen. Etwa fünf Minuten lang liest er aus Listen Namen türkischer und arabischer, jetziger und früherer Mitarbeiter vor, denen er offenbar noch Geld schuldet und die in seinen Augen jetzt alle potentielle Mörder sind. – Bei einigen Namen horcht Ali auf, läßt sie sich noch mal wiederholen, schüttelt jedoch jeweils energisch mit dem Kopf, der Name des Rächers ist nicht dabei. Um keinen Kollegen tatsächlich in Verdacht zu bringen, erfindet Ali einen Phantom-Rächer, einen »Araber, der Mitglied in einem türkischen Ringverein ist«, der solche Pranken von Händen hat – Ali demonstriert es in der Luft – und der zuletzt einen Deutschen, der ihn »beleidigt und betrogen« hat, »mit ein Schlag halb Gesich' weg hat haue«. – »Nas war kaputt, ein Aug' war zu und ganz Gesich' schief.« – Adler blickt sehr besorgt, und Ali bringt seine sonstigen Vorzüge ins Gespräch: daß er nicht »nur Karate kann, sondern auch lange Zeit Taxifahrer« war und früher »schon mal Chauffeur von ander Chef«, der »groß Fabrik hat«. – »Was für eine Fabrik?« macht Adler sich sachkundig. »Mache so Sprechmaschin'«, erklärt Ali. »Du meinst Walkie-talkies«, kombiniert Adler richtig, und Ali bestätigt stolz. Zur Not könnte er von dort sogar eine Bescheinigung bekommen, denn der Firmenchef ist ein guter Bekannter von mir (G. W.). »Ich hab' noch de Uniform in Schrank«, prahlt Ali weiter, »schön Mütz' dabei und gut Stoff.«

»Ah ja, interessant«, sagt Adler, »kannst du denn gut Auto fahren?« – »Ja, kein Problem«, sagt Ali, »der Chef konnt immer schlaf, wenn Ali fahr, und ich konnt auch reparier alles, wenn Auto kaputt.« – Eine komplette Lüge, aber ich (Ali) kann doch wohl darauf bauen, daß Adlers ziemlich neuer 280 SE-Mercedes, mit Sonderausstattung und allem möglichen Schnickschnack, kaum reparaturanfällig sein wird. »Da können wir drüber reden«, sagt Adler, »ich hab' immer was zu fahren, und du hältst mir die lästigen Kerle vom Leib. Du brauchst mir nur die Namen zu nennen. Ich hab' da einen direkten Draht zur Ausländerpolizei. Dann sind die draußen, eh die merken, wie ihnen geschieht.« – »Mich mal lasse mache«, versuch ich

(Ali) ihn abzulenken. »Sie brauch' kei Angst mehr hab', wenn die wisse, ich Agent von Adler, ein Schlag von Ali und sie tot, ein Schlag isse weg. Sie brauch' nich Polizei, ich mache besser.« – »Ja, gut«, sagt Adler, »komm' Montag 10.30 Uhr, dann wollen wir's mal versuchen.«

So kam es, daß Ali ›befördert‹ wurde, vom Staubschlucker und Schwerstarbeiter zum Chauffeur und Leibwächter. Es gibt halt doch noch in unserer Gesellschaft ungeahnte Aufstiegschancen. Auch für den letzten Gastarbeiter.

Adler versucht, die neue Arbeitsplatzbeschaffungsaktion auch gleich wieder – wie es so seine Art ist – mit einem neuen Betrug einzuleiten. »Du bist doch noch krank«, sagt er. »Paß auf, wir melden dich ab sofort bei der AOK an, du gehst zum Arzt und läßt dich krankschreiben, dann brauch' ich dir kein Geld zu zahlen, dann muß die Krankenkasse dir das zahlen, und du fährst schon für mich.«

Es sollte eine schlimme Selbstverleugnung werden, Adler in den folgenden Wochen zu kutschieren. An jeder Lenkbewegung mäkelte er rum. »Fahr gefälligst seriös.« – »Jetzt ist endlich Schluß mit dem Risikofahren.« – »Wie oft soll ich dir das noch sagen, das sind Wertgegenstände, die du hier durch die Gegend fährst. Das Auto kostet viel Geld.« – »Ich möchte vernünftig und sicher gefahren werden. Du bist verantwortlich, daß das Auto und ich heil nach Hause kommen.« – Dabei fährt Ali schon ganz langsam und behutsam, dreimal so langsam wie mit seiner eigenen Karre. Man kann es schon nicht mehr Fahren nennen, es ist ein abgehobenes sanftes Schweben. Jedoch Adler hat übertriebene Ängste. Vielleicht braucht er diese ewige Nörgelei auch nur zur Selbstbestätigung.

Adler bestellt Ali meistens zwanzig bis fünfzig Minuten zu früh zu seiner Wohnung. Dann fühlt sich Ali als »Weckdienst« mißbraucht. Ali klingelt. Es dauert einige Zeit, bis Adler mit verschlafener Stimme 'runterruft: »Warte draußen. Es dauert zehn Minuten.«

Dann dauert's und dauert's. Wenn es regnet, gibt's nichts zum

Unterstellen. Adler fällt es auch nicht ein, Ali den Schlüssel runterzuwerfen, damit er sich schon mal in den Mercedes setzen kann.
Gegen 8, 9 Uhr kommt Leben in das Villenviertel. Rolläden werden hochgezogen, langsam öffnen sich Fenster. Garagentore gleiten automatisch hoch, und gepflegte Limousinen werden von bessergestellten Besitzern ins Geschäftsleben gefahren. Eine Ehefrau stellt einen prächtigen Vogelkäfig mit exotischen Vögeln ans Fenster. Die Vorgärten sind sehr gepflegt und die Rasenflächen immer sehr kurzgeschoren.
In seltenen Fällen wird Ali schon um 7 oder 8 Uhr früh zu Adler zitiert, um dann eine halbe bis eine Stunde später mit seinem Herrn losfahren zu dürfen. In der Regel beginnt für Adler der Tag jedoch nicht vor 10 oder 11 Uhr und endet dafür oft auch schon gegen 14, 15 oder, wenn's spät wird, 16 Uhr. Dazwischen oft noch eine Stunde Mittagspause. Oft erschöpft sich das Tagwerk Adlers darin, verschiedene Banken in Oberhausen und Dinslaken aufzusuchen und die Zahlungseingänge zu kontrollieren. Seltsamerweise liegen alle Banken außerhalb seines Wohnbezirks. Dazwischen meist noch ein Besuch bei seinem Freund und Geschäftspartner Remmert. Fast immer in der Zeit, in der seine Arbeiter nicht von der Schicht zurückkommen, um »unverschämten Fragen« und »dreisten Lohnforderungen« aus dem Weg zu gehen. Meistens schaltet er noch die Alarmanlage seines Wagens ein, denn man kann ja nie wissen. Auf dem Rückweg geht's dann oft noch zu seiner Tennishalle mit Restaurationsbetrieb in Duisburg, um mal »eben nach dem Rechten zu sehen« oder um sich dort mit seinem »Steuerhinterzieher«, das heißt mit seinem ihm eng befreundeten Steuerberater zu treffen. Offiziell gibt Adler seinen Umsatz mit »zwischen 500000 und 1 Million« DM jährlich an, wobei bei ihm kaum reale Geschäftskosten anfallen dürften. Tatsächlich dürfte sein Umsatz bei seinem Geschäftsgebaren ein Vielfaches dieser Summe ausmachen, allein die Kopfgelder der nicht angemeldeten Illegalen zusammengerechnet.

Es ist eine Qual, ihn zu chauffieren. Ständig hat er etwas auszusetzen, ständig sieht er sein Leben in Gefahr. Ali hat oft den Eindruck, keinen Menschen aus Fleisch und Blut, sondern eine äußerst zerbrechliche pergamentene Mumie in einem dünnen Glasbehälter zu transportieren, die befürchtet, bei der geringsten Bremswirkung auseinanderfallen zu können. Ständig korrigiert ihn Adler ungehalten oder brüllt ihn direkt an. »Nicht überholen! Dummkopf, langsam fahren!« oder in diesem Zusammenhang seine Standardformel: »Gefälligst seriös fahren« oder »Wir wollen immer seriös bleiben. Wir sind keine Rowdys.« Und das alles bei Tempo unter 50 in der Stadt und bei unter 140 auf der Autobahn. Es geht ihm nicht um die Verkehrssicherheit von anderen, er hat eine abstrakte Angst um sein so wertvolles und kostbares eigenes Leben. Eine direkte Phobie hat er vor Polizisten. Wenn er schon von weitem einen Polizisten oder gar Streifenwagen gewahr wird, läßt er große Umwege oder Abbiegungen fahren, nur um möglichst schnell außer Sichtweite zu sein.
Er verschwendet keinen Blick hinter sich. Dies ist überhaupt eine Devise seines Lebens, denn hinter sich läßt er »verbranntes Land«, getreu seiner Lieblingsschnulze, dem Söldnerlied: »Hundert Mann und ein Befehl. Und ein Weg, den keiner will. Tagein, tagaus, wer weiß wohin. Verbranntes Land, und was ist der Sinn?«
Einmal droht mir, Ali, fast die Enttarnung. Er hat mitbekommen, wie ich dem Fotografen, der auf der anderen Straßenseite unsere Abfahrt verpaßt, ein Handzeichen gebe. »Wem hast du da zugewunken?« fragt er äußerst mißtrauisch. »Nix winke«, lenk' ich ihn ab, »war nur e schnell Reflex für Karatetraining. Wenn lang sitz, müsse wir immer schnell Reaktion übe und Arm, Bein und Hand ganz schnell zuck lasse.« Und zur einleuchtenden Bestätigung fange ich (Ali) an, während des Fahrens schnell zuckende Bewegungen mit Armen und Händen zu vollführen, die er anfangs noch mit nachdenklichem Staunen zur Kenntnis nimmt. Ich (Ali) erzähle ihm zur Untermauerung

meines Trainingsfleißes noch (auch, um ihn bei einer eventuellen Enttarnung etwas auf Distanz zu halten), daß meine blitzschnellen Reaktionen im Karateclub besonders gefürchtet seien: ein Sportkamerad, der mir unbedacht in einen simulierten Schlag hineingeraten sei, habe anschließend »vier Tage im Koma« gelegen. Daß ich Ziegelsteine »zwei zusamme, aber alt Stein, nicht neue«, mit einem Handkantenschlag durchhauen könnte, hatte ihm schon während eines anderen Anlasses Respekt vor mir (Ali) abgenötigt. »Ein Schlag von Ali, kannste tot sein«, vollführe ich eine Handzuckung in seine Richtung. Um ihn aber nicht weiter zu beunruhigen, füge ich (Ali) hinzu: »Aber mußte unterschreib, daß mer nur mache, wenn schwer Angriff gegen uns, und nie zuerst anfange darf.« Wenn er wüßte, daß ich Schlagen und Waffenanwendung prinzipiell ablehne und meine Stärke in solchen Situationen allenfalls das Laufengehen ist!

»Unterlaß gefälligst deine Verrenkungen in meinem Wagen, du reißt mir den ganzen Sitz auseinander. Das kannst du machen, wenn du draußen bist«, schreit er plötzlich ohne Grund; denn die Sitze sind so stabil, daß meine harmlosen Bewegungen ihnen absolut nichts anhaben können. – Um die Ernsthaftigkeit meines Karatetrainings für ihn weiter zu verfestigen und seinen Anfangsverdacht damit endgültig auszuräumen, vollführe ich Schattenschlag- und Boxbewegungen vor seinem Wagen, als ich längere Zeit vor der Ruhrkohle-Wärmetechnik in Essen auf ihn zu warten habe. Auf der gegenüberliegenden Seite entfache ich damit einen Auflauf bei den Sekretärinnen der »Kassenärztlichen Vereinigung«, die in dem mehrstöckigen Gebäude an die Fenster kommen, um dem wildgewordenen Body-Guard vor der Luxuslimousine zuzuwinken und ihn teilweise anzufeuern. Ali winkt zurück und schafft es, bei der »Kassenärztlichen ...« eine mindestens viertelstündige Arbeitsunterbrechung herbeizuführen. – Als Adler zurückkommt, Alis Herumhampeleien sieht und den Auflauf an den Fenstern, wird er zornig: »Unterlaß das sofort, du Idiot, du bringst mich noch ins Gerede. Mach das in deinem Affenstall in der Dieselstraße oder in deinem Türkenverein.« – Ali sagt: »Alles klar. Aber Sie sag, draußen mache darf«; er reißt seinem Chef die Wagentür auf und setzt sich wieder in Untertanenmanier ans Steuer.

Manchmal bekommt Ali mit, wie sein Chef über Autotelefon »unbequeme« und »aufmüpfige« Leute feuert. Dann liegt keineswegs, wie zu vermuten wäre, ein gereizt-ärgerlicher Tonfall in seiner Stimme, vielmehr ein eher satt wollüstiger. »Hallo, meine Süße, hör mal«, flötet er durchs Autotelefon, »eine Schmeißfliege bin ich jetzt wieder los. War gerade bei der Ruhrkohle, der T. wird morgen entlassen, ja, ist das nicht phantastisch!« – Oder während er Freunde aus Industrie und Politik – ein Bundestagsabgeordneter dabei – über Autotelefon zu einem Wochenendausflug auf seine Motor-Yacht nach Holland einlädt, berichtet er einem seiner Geschäftsfreunde: »Ein Sack wieder weniger. Hab' ich heute gefeuert! Zack, weg damit. Der hat mich geärgert.« – Ein andermal philosophiert er über Autotelefon: »Man muß manchmal mit der Faust dazwischenhauen. Da bleibt kein Auge trocken. Das Schlimmste ist, weich sein, da kannste gleich einpacken!«

Er kann es sich leisten, nach Lust und Laune »Leute« zu feuern. Die zunehmende Arbeitslosigkeit treibt ihm immer wieder neue Verzweifelte, die zu jeder Arbeit zu fast jeder Bedingung bereit sind, in die Arme. Manche seiner Ausbeutungsobjekte kennt er überhaupt nicht, höchstens vom Namen her, er kassiert nur. Ebenfalls über Autotelefon: »Kommt die Ruhrkohle zu mir, hat 'ne neue Anlage installiert und sagt: Hör'n Sie mal, wir dürfen keinen einstellen, absoluter Einstellungsstopp, aber wir brauchen Elektriker. Da sind die hingegangen und haben, hinter Köln da, mit dem Arbeitsamt getrickst, haben Elektriker eingestellt, lief dann praktisch nur auf meine Rechnung, ich hab' die Leute nie gesehen, nur monatlich kam das Geld. (Lacht) Man muß sich nur zu helfen wissen. Man findet immer einen Ausweg, wenn man nur will.«

Und ein andermal: »Am angenehmsten sind mir die Großen. Steag häng' ich überall drin. In allen Kraftwerken haben wir schon gearbeitet. Thyssen, Ruhrkohle, Ruhrchemie, General Electric in Holland, alles Firmen von Weltruf. Da wagt sich in der Regel keine Behörde, kein Gewerbeaufsichtsamt ran. Da können wir tun und lassen, was wir wollen. Da können die Leute Stunden kloppen bis zum Umfallen. Hauptsache ist für die, wir ziehn den Auftrag schnell und diskret durch. Mit weniger Leuten ist's denen doch um so lieber, weil unauffälliger. Und ich brauch' mich nur mit halb so viel Leuten 'rumzuschlagen, und die Kasse stimmt.« –
Neidvoll gesteht er manchmal ein, daß ihm einige von der Konkurrenz an Kaltblütigkeit und Trickreichtum noch einiges voraus haben. Er berichtet, wie welche mit Giftschlamm, den sie für Konzerne zu »entsorgen« haben, »doppelt Geld machen«.
»Der F. hat von der Ruhrkohle den Auftrag, den Emscher-Schlamm zu beseitigen. Verdient er sich dumm und dusselig dran. Und mit dem Abfall macht der noch mal ein Schweinegeld. Macht den Dreck über eine Kohlemahlanlage zu Kohlestaub und verkloppt das noch mal zum Verheizen. Gibt's nur die Probleme, Kohlestaub können sie nicht in Silo lagern. Weil da Gase und Dämpfe entstehen, und das explodiert von selbst. Mit dem Schlackenberg hier in Oberhausen läuft's genauso. Hat die Stadt an einen Holländer vergeben. Der Holländer kriegt sein Geld pro Kubikmeter für die Abfuhr von dem Schlackenberg, von dem Haufen da an der Autobahn. Was macht der Kerl damit? Der mahlt das Zeugs und verkauft's teuer an Tennisplätze weiter. Die Tennismasche ist das Geschäft im Moment. Da ist Säure drin und alles mögliche Gift. Da gibt's häßliche Wunden, wenn da auf dem Tennisplatz mal einer stürzt. Das muß man können: aus Scheiße Geld machen und dafür noch teuer bezahlt werden. Junge, Junge, manche Leute, die stecken den Finger in die Scheiße, und wenn du ihn 'rausziehst, ist da Gold dran!«
So sehr Adler sein gesamtes Vermögen mit Dreck, Staub,

Schmutz oder, um in seiner Sprache zu bleiben, aus Scheiße aufgebaut hat, achtet er bei sich selbst auf penibelste Sauberkeit und Reinlichkeit. Er hat geradezu eine hysterische Berührungsangst vor dem Schmutz dieser Welt. Seine Sklavenarbeiter sind für ihn die Kaste der Unsauberen, Unberührbaren, ihn ekelt's vor ihnen, er möchte soviel Abstand wie möglich zu ihnen halten. Und wenn sie ihn immer wieder wegen Lohnforderungen zu Hause heimsuchen, beruht seine jeweilige Empörung nicht nur auf der drohenden finanziellen Erleichterung, sondern genauso sehr entsetzt ihn die direkte Konfrontation und Nähe mit Schweiß, Schmutz und Elend, auch wenn die jeweiligen Bittsteller immer sauber und ordentlich gekleidet bei ihm vorsprechen. Einzige Ausnahme war immer ich (Ali). Ich erschien meist ganz bewußt in meinen schmutzigen, öl- und schlammverschmierten Arbeitsklamotten und schwarz im Gesicht von Ruß und Staub in seinem cleanen Villen-Vorort und stand ihm zu seinem Entsetzen als abgerissener von der Arbeit verdreckter Malocher leibhaftig auf der Matte.
Inzwischen hat sich Ali von der Kleidung her seinem Mercedes angepaßt. Bügelfalten in der Hose, frischgewaschenes weißes oder graues Hemd, Krawatte, keine klobigen triefenden Arbeitsschuhe, sondern blankgeputzte Halbschuhe aus Leder. Dennoch zählt Ali für Adler nach wie vor zu den Untermenschen aus der proletarischen Unterwelt. Allein seine Adresse Dieselstraße ist wie ein Stigma. Da wohnt in seinen Augen der letzte Dreck im letzten Dreck und arbeitet direkt daneben im allerletzten Dreck.
Als ich (Ali), sein Chauffeur, wieder mal über eine halbe Stunde morgens in der Früh, 7.30 Uhr, vor seinem Haus auf ihn warte, verspürt Ali das dringende Bedürfnis, zur Toilette zu müssen. Er klingelt und fragt Adler, ob er mal auf dessen Klo darf.
Adler: »Mußte groß oder klein?«
Ich (Ali): »Alles.«
Adler (angewidert): »Ja, mach mal draußen.«
Ich (Ali): »Wo soll ich draußen?«

Adler: »Machste um die Ecke, irgendwo, geh schon.«
Ich (Ali): »Wo in die Eck?«
Adler: »Eh, ist doch scheißegal.«

Er schickt Ali auf die Straße wie einen Hund. Es gibt auch keine Möglichkeit, in seinen Vorgarten zu scheißen, alles ist von überallher einsehbar. Mir ist danach, ihm einen Haufen auf die Haube seines Mercedes zu setzen, direkt auf den Stern drauf. Zehn Minuten später, als Adler 'runterkommt, frage ich (Ali) ihn: »Ist Ihr Toilett kaputt, oder?«

Adler: »Nein, die ist nicht kaputt. Das machen wir nicht so gerne. Ja, weil bei fremden Leuten und so weiter und so fort, will ich Ihnen ganz ehrlich sagen, weil wir Angst haben wegen Krankheiten. Grundsätzlich bei fremden Leuten machen wir das nicht. Sind so viele Krankheiten im Umlauf. Man weiß nicht, wo man sich mal infiziert und so weiter und so fort. Verstehst du? Und in dem Bereich da ist die Infektionsgefahr ja ziemlich groß.«

Ich (Ali): »Wenn Sie Gäst habe, müsse die immer 'raus geh?«

Adler (in Verlegenheit, zögert): »Ich hab, wie gesagt, keine Gäste, aber meine Monteure und so weiter und so fort kommen nicht auf meine Toilette drauf, das wissen die aber auch alle. Da fragt schon keiner. Ich bin also, was das angeht, sehr, sehr vorsichtig.«

Ich (Ali): »Habe Sie auch Angst vor Ätsch?«

Adler. »Du meinst Aids, ja? Jeder hat, nicht wahr, Angst, aber ich ... sorge vor, ich geh zum Beispiel auch nie, wenn ich irgendwo fremd bin, auf fremde Toiletten oder sowas. Geh ich nicht.«

Ich (Ali): »Hm.«

Adler: »Mach ich nicht. Ich versuch das immer so hinzukriegen, daß ich da zu Hause das Geschäft da machen kann. Geh auf keine fremden Toiletten.«

Ich (Ali): »Hm.«

Adler: »Weder auf öffentliche noch irgendwo, wenn ich zu Besuch bin.«

Adler sinniert weiter: »Ich gebe auch fast keinem die Hand oder sowas. Und wenn ich jemand die Hand geben muß, dann werden die Hände sofort hinterher gewaschen.«

Ich (Ali): »Wenn all Mensch so denk würd wie Sie, würd dann nichts mehr passier?«

Adler: »Würde keine Krankheit mehr auftreten, klar. Aber es denken ja nicht alle so. Manche sind ja richtige Schweine, in der Beziehung. Da kann es dir richtig schlecht werden, wenn man daran denkt.«

Man sollte Adler mal anläßlich einer Tatortbesichtigung auf die Toiletten bei Remmert führen. Da gibt es für die Arbeiter überhaupt nur zwei. Dreckstarrend. Toilettenpapier stellt die Firma nicht, und sauber gemacht wird so gut wie nie. Eine Toilette hat keine Tür. Da immer ein ziemlicher Andrang ist, hockt man sich auch so drauf. Mit Filzstift hat ein Deutscher auf diese Toilette geschrieben: »Nur für Kanaken.«

Manchmal auf der Autobahn, zwischen Oberhausen und Essen oder Richtung Wesel, wenn die Landschaft vorbeigleitet und keine Telefonate anstehen, gerät Adler schon mal ins Philosophieren. Dann schaltet er seinen Lieblingssender ›Radio Luxemburg‹, von dem er sich von früh bis spät beschallen und in eine problemlose Heile-Welt-Stimmung einlullen läßt, und die stündlichen Kurznachrichten leiser. So wortkarg und wenig mitteilungsbereit er meist auch seinem türkischen Fahrer gegenüber ist, alle fünf, sechs Tage kommt es vor, daß der expandierende Unternehmer Adler plötzlich Lust verspürt, zur Lage der Nation grundsätzliche Gedanken zu entwickeln und sie in mehreren aufeinanderfolgenden Sätzen seinem Fahrer nahezubringen.

Soeben schmettert über den Sender der markige Song »Guten Morgen, Deutschland, ich liebe dich ...«, als Ali ihn fragt: »Herr Adler, wie lang sin Sie ihr eigen Chef und Unternehmer?« Adler erklärt: »Seit fünf Jahren«, und daß er zuvor Chefeinkäufer auf der Gutehoffnungshütte MAN war. »Aber in den fünf Jahren hab' ich soviel gelernt wie vorher in meinem ganzen Leben nicht. Auch was Spitzbuben angeht und so weiter.«

Ali: »Aber Geld verdient auch viel wie sons nie? Was is Spitzbub?«

Adler: »Ja, Geldverdienen gehört dazu. Aber hier in Deutschland gibt's 'ne Menge Ganoven, die zu faul sind zum Arbeiten und einem ständig ans Portemonnaie 'ranwollen. Die sind nur aufs Bescheißen aus. Und die eigenen Leute, die eigenen Arbeiter, sind längst nicht mehr das, was der deutsche Arbeiter an Fleiß und Tüchtigkeit einmal war. Der Hitler war sicher 'n Diktator, aber in der Beziehung ...«

Ali: »Hat aber die Mensche umgebrach'.«

Adler: »Ja, und auch Kriege geführt, die nicht unbedingt notwendig waren.«

Ali: »Weil er sie verlore hat?«

Adler: »Ja, weil er zu schnell expandiert hat und immer noch größer und größer werden wollte. Vor allem, was er mit den Juden gemacht hat, da kann man ja geteilter Meinung drüber sein. Die sind ja nirgendwo angesehen, die Juden ... Was man heute schnell vergißt: der hat jedem Brot und Arbeit gegeben. Da waren nachher, wo er dran war, keine Arbeitslosen mehr ... Wenn wir jetzt noch ein, zwei Millionen Arbeitslose mehr haben, dann kriegen wir wieder so'n Hitler. Da kannst du dich also drauf verlassen. Dann geht's hier aber los, mit politischen Unruhen und so!«

Ali: »Ja, dann sin wir dran. Dann sin wir die Jude.«

Adler (lacht): »Hab' mal keine Angst, wir tun euch nicht gleich vergasen. Glaub' ich nicht. Wir brauchen euch doch zum Arbeiten. Bei den Juden, das ist über Jahrtausende verwurzelt. Du mußt mal sehen, die Juden, die haben nur gehandelt immer, also andere Leute haben die für sich arbeiten lassen. Und das, was die anderen Leute erarbeitet haben, haben die billig aufgekauft und teuer verkauft. Das ist die Manier der Juden. Die Juden sind von Hause aus die Faulen und wollen nicht arbeiten und haben sich immer nur auf Kosten von anderen Völkern bereichert, und darum sind die nirgendwo angesehen, weder in Deutschland noch in Amerika noch in Rußland noch in Polen. Bei den Türken ist das doch was anderes. Das weißt du doch selbst am besten, daß ihr 'ranklotzen könnt. Das kannst du also vergessen. Da würden Gesetze gemacht werden, daß die innerhalb von einem Jahr alle Deutschland verlassen müssen. Wenn zum Beispiel noch eine Million Arbeitslose mehr dabei kämen.«

Ali: »Sie meine, werde mehr?«

Adler: »Ja, das sagen alle, die was davon verstehen. Die Politiker und die Spitzenleute von der Industrie. Das kann man nur nicht so deutlich den Leuten auf der Straße sagen. Es gibt immer mehr Computer und Roboter zum Beispiel. Wenn ich bei mir für die Leute, die ich habe, Maschinen einsetzen könnte – würde pro Maschine 100000 Mark kosten – wären dann drei Mann weniger, dann würde ich das auch machen. Mit der Maschine hab' ich keinen Ärger.«

Ali: »Mhm.«

Adler: »Verstehste? Ist zuverlässiger, die Maschine arbeitet reibungsloser. Und so is das, der Trend überall, guck in den großen Werken, alles ist automatisiert. Und es wird immer mehr, und die Arbeiten, zum Beispiel im Stahl- und Rohrleitungsbau, die machen andere Länder, wie zum Beispiel Nigeria oder DDR, viel preiswerter als wir, weil bei uns die Lohnkosten ja viel zu hoch sind. Wir sind ja nicht mehr konkurrenzfähig. Die reden immer davon, wir müssen die Arbeitslosigkeit abbauen, jeder redet davon, nur es bringt keiner fertig, bei unserem Wirtschaftssystem ist das nicht mehr möglich, im Gegenteil. Kommen immer mehr noch, die jungen Leute, die aus der Schule kommen, die wollen Arbeit haben, ist aber keine Arbeit da. Das ist alles Flickschusterei – Frühpensionierung, kannste alles vergessen. Das ist wie im alten Ägypten. Haben die früher den Leuten gesagt, es kommen sieben fette Jahre und es kommen sieben magere Jahre. Bei uns ist es so: wir haben vierzig fette Jahre gehabt, und wir müssen uns einstellen auf die mageren Jahre, bis es vielleicht eventuell eine neue kriegerische Auseinandersetzung gibt oder sowas, daß wieder Sachen neu gebaut werden müssen.«

Ali: »Meine Sie, kommt wieder Krieg?«

Adler: »Ja, wenn noch mehr Arbeitslose kommen, in Deutschland gibt's zumindest 'nen Bürgerkrieg. Damit muß man rechnen. Wenn noch 'ne Million Arbeitslose dazukommen, dann gehen die auf die Straße, gehn die auf die Barrikade. Dann gibt's 'n Chaos, dann ist es aus mit unserem Rechtsstaat hier.«

Zwischendurch eine Meldung im Auto-Radio: »Die Aufenthaltsgenehmigung von Ausländern soll nachträglich verkürzt oder aufgehoben werden, wenn die Ehe mit einer Deutschen gescheitert ist . . .«

Adler: »Da haben wir's schon!«

Radio: ». . . wies die Klage eines seit fünf Jahren in der Bundesrepublik lebenden Türken zurück. Seine deutsche Frau hatte die Scheidung eingereicht und bereits das Sorgerecht für ein gemeinsames Kind zugesprochen bekommen. Die Stadt Kassel verkürzte daraufhin die Aufenthaltserlaubnis des Mannes nachträglich zum Ende August dieses Jahres.«

Adler: »Siehst du, überall hörst du es jetzt schon!«

Ali: Aber was sag Sie dazu? Jetzt habe die geheirat und Frau hat vielleich ander Mann und ab, raus, wegschick. Darf sei eige Kind nicht mehr sehe!«

Adler (ungerührt): »Muß zurück, ist doch klar. Hörst du doch, ist sowieso ein Fehler gewesen der deutschen Politik. Als wir's Wirtschaftswunder hatten, haben wir die Schleusen doch viel zu weit geöffnet, und alle Türken, die kommen wollten, konnten kommen, und alle Italiener, die kommen wollten, konnten kommen . . . Das war der große Fehler der deutschen Politik, das hätten die nicht machen dürfen.«

Ali: »Aber wir nich von allein komme, haben uns geholt, und damals kein Computer, brauche die Mensche.«

Adler: »Ja, das war aber ein zweischneidiges Schwert. Das bereut man heute. Aber es hängt auch damit zusammen: die Türken sind gekommen, und die ganz grobe Arbeit wurde von den Ausländern verrichtet, und der Deutsche, der hat nicht mehr gearbeitet, der war sich zu schade dazu. Diese Mentalität ist heute noch da. Der Deutsche will nicht mehr arbeiten und macht viel mehr Schwierigkeiten.
Ein Grundfehler war, soviel Ausländer reinzulassen. Aber ich bin auch überzeugt, wenn alle Türken weg wären – wir haben jetzt 2,3 Millionen Arbeitslose – dann hätten wir nur ganz minimal weniger Arbeitslose. Das hängt auch nicht mit den Türken zusammen.
Angenommen, alle Türken wären jetzt raus, dann hätten wir also ganz minimal weniger Arbeitslose, dann hätten wir vielleicht 2,2 Millionen, aber das bringt's ja nicht.«

Unser Gespräch wird durch eine andere Radio-Meldung unterbrochen: »... ist er der Beihilfe angeklagt. Veba, Klöckner, Krupp, Mannesmann und elf andere ... bei diesen Spenden habe er Beihilfe geleistet dadurch, daß er ...«

Ali: »Dieser ... Wirtschaftsminister wird in Gefängnis gehe?«

Adler: »Nein, absolut unmöglich, dann müßte ja unsere halbe Regierung ins Gefängnis. Geht doch gar nicht.«

Ali: »Mache die Milliarde-Gewinn, und die wolle immer noch mehr.«

Adler: »Na klar, natürlich, du willst doch auch immer Geld haben von mir. Liegt doch in der Natur des Menschen drin, oder etwa nicht?«

[redacted]

V.I.M.

INDUSTRIEMONTAGEN KG

V. I. M.-[redacted] · [redacted] · 4200 Oberhausen

[redacted]

4200 OBERHAUSEN

Telefon (02 08) [redacted]
Telefon 02 03 [redacted]
Telex [redacted]

Industriemontagen
- Rohrleitungsbau
- Behälterbau
- Stahlbau

Entrostung und Anstrich

Ihre Nachricht	Ihre Zeichen	Unsere Zeichen	Datum
		HV/UH	26.7.1985

Z e u g n i s

Herr Ali Levent Si[redacted], wohnhaft Dieselstr. lo, 41 Duisburg ist bei uns beschäftigt.
Durch seine hervorragende Arbeit, Pünktlichkeit, Fleißigkeit auf verschiedenen Baustellen hat er sich so verdient gemacht, daß wir ihn seit einiger Zeit als Cheffahrer einsetzen.
Ihm obliegt die Wartung und Pflege sowie die Fahrerei mit unserem Mercedes 280 SE.
Wir sind mir Herrn Si[redacted] sehr zufrieden.
Wir beabsichtigen, ihn zu einem späteren Zeitpunkt als Führungskraft einzusetzen.

V.I.M. [redacted]
INDUSTRIEMONTAGEN KG
[redacted]
4200 Oberhausen 11
Tel. 0208/[redacted] 0206/03/[redacted]
Telex [redacted]

Betrieb: [redacted]

Bankverbindungen:
BfG Dinslaken (BLZ 352 110 12) Kto.-Nr. [redacted]
Postscheckamt Essen (BLZ 360 100 43) Kto.-Nr. [redacted]

Rechtsform:
Kommanditgesellschaft
eingetragen beim
Amtsgericht Oberhausen HRA 1220

Persönlich haftender Gesellschafter und Geschäftsführer:
[redacted]

Zwischenzeugnis für Ali von Adler nach seiner Beförderung

Die Betriebsversammlung

»Betriebsversammlung« nennt Adler eine von ihm angeordnete Zusammenkunft seiner »Leute« in einem kleinen Saal der Kneipe »Sportlereck« in der Skagerrakstraße, zu Fuß zehn Minuten entfernt vom Stellplatz der Firma J. P. Remmert.
Während ich ihn dahin chauffiere, unterhält er sich über Autotelefon mit einem seiner Vertrauten. Es ist die Rede davon, daß er dafür sorgen werde, daß »Ruhe an der Front« ist, daß »Linie in den Laden« kommt und daß es ihm lieber ist, eine Stammtruppe eine Zeitlang legal laufen zu lassen, als nachher »total in der Scheiße zu stecken«.
Die Ansprache an seine Truppe ist auf 16 Uhr angesetzt. Erscheinen ist Pflicht, abkommandiert und unbezahlte Freizeit.
Ich (Ali) habe ihm seinen Aktenkoffer zu tragen. »Du weichst mir jetzt nicht mehr von der Seite«, sagt er zu mir und: »Wenn mir irgend jemand zu nahe tritt, greifst du ein und machst kurzen Prozeß.« – »Is' klar«, beruhige ich ihn und habe ein mulmiges Gefühl im Magen, daß ich meinen früheren Kollegen und Freunden vom Arbeitsplatz nun als Aufsteiger und Adler-Gorilla erscheinen muß. Falls sich wirklich jemand vergessen sollte und es wagt, ihm eine zu verpassen, wüßte ich jedenfalls, wem ich zu helfen hätte, auch wenn diese Rolle damit vorzeitig beendet wäre. Irgendwo hört die Selbstverleugnung mal auf.
Die Kollegen sitzen bereits um einen großen Tisch herum. Neue Gesichter darunter. Adler läßt sich am Kopfende der Tafel nieder und bedeutet mir, mich noch neben ihn an die Tischecke zu quetschen. Einigen Kollegen zwinkere ich zu. Ob sie mich verstehen. bezweifle ich. »Ruhe endlich!« beendet Adler ihre Gespräche, um für die meisten völlig unverständlich hinzuzufügen: »Wir sind hier schließlich in keiner

Judenschule.« Augenblicklich ist Stille im Raum. Alle blicken gespannt auf Adler, was er ihnen zu offenbaren hat.
Ganz ungewohnt klingt seine Anrede: »So, liebe Mitarbeiter ...« Kemal stößt mich unter dem Tisch mit dem Fuß an, er kann ein Lachen nicht unterdrücken.
»Ich habe euch alle hierhin bestellt, weil wir unsere Truppe endlich mal auf Vordermann bringen müssen. Es ist behauptet worden, daß hier bei uns schwarz gearbeitet wird, und auch der gute Name Remmert ist in diesem Zusammenhang sogar im Rundfunk genannt worden. So was ist natürlich stark geschäftsschädigend, und ich warne jeden, so was zu behaupten. Wie es jetzt so aussieht, wollen wir also eine Stammbelegschaft mit festen Arbeitsverträgen ausstatten. Wir möchten von dem Instrument, das die Bundesregierung uns dankenswerterweise an die Hand gegeben hat, Gebrauch machen, um befristete Arbeitsverträge zunächst einmal für ein halbes Jahr mit zuverlässigen Leuten zu machen. Um die Leute auch zu testen und zu sehen: wer ist gut für uns, wer ist weniger gut. Man kann ja jedem nur vor den Kopf gucken. Wenn wir dann ein vernünftiges Team sind, können wir über das eine und andere noch mal reden. Es gibt bei Thyssen etliche Firmen, die das längst nicht so legal handhaben wie wir jetzt.«
Er erklärt, daß ihm von Thyssen zur Zeit »dreitausend Stunden monatlich sicher« sind und Sondereinsätze extra und, so hofft er, »das jahrein, jahraus! – Vorausgesetzt, daß die Konjunktur so gut weiterläuft wie jetzt und die (Thyssen) nicht von heute auf morgen sagen: So, jetzt ist Schluß.«
Er läßt Ali die Kellnerin holen und erklärt großspurig: »So, für jeden *ein* Getränk jetzt, Limo, Cola oder Bier, diese Runde geht auf mich dann.« Dann klärt er die skeptisch bis ängstlich dasitzenden »lieben Mitarbeiter« auf: »Alles mal herhören! Jetzt sag ich euch, wie die Tarife sind.« Er spricht über seine von ihm willkürlich festgelegten Hungerlöhne als von »Tariflöhnen«, als sei hier etwas offiziell und verbindlich mit der Gewerkschaft ausgehandelt worden. »Die Tariflöhne sind die,

also – Leute, um das ganz klipp und klar zu sagen, von achtzehn bis einundzwanzig Jahre 8,50 Mark. Leute, die Junggesellen sind und über einundzwanzig Jahre, 9 Mark. Leute, die verheiratet sind, 10 Mark.« (Die wenigsten von uns sind verheiratet.) »Ich hab' das deshalb ein bißchen gestaffelt«, rechtfertigt er sich, »weil ein verheirateter Mann, das ist natürlich klar, etwas mehr Auslagen hat. Dieser Tariflohn ist meinetwegen, wenn ihr so wollt, nach sozialen Gesichtspunkten gestaffelt.« Adler schaut streng in die Runde. »Wenn es einen gibt, der nicht damit einverstanden ist, soll er aufstehen und rausgehen!«

Keiner rührt sich. Keiner wagt, seine Meinung zu sagen. Für die meisten geht es nicht nur um ihren Lebensunterhalt, es geht ums Überleben. Jeder weiß, für jeden stehen Dutzende andere auf der Straße, die ohne wenn und aber an ihre Stelle treten würden.

»Sind die 8,50 Mark Lohn netto?« wagt Nedim zu fragen.

Adler (knapp): »Wir zahlen nur Bruttolöhne.«

Nedim: »Aber dann bleibt nur zwischen 5 und 6 Mark netto.«

Adler: »Ich hab' jetzt die genaue Tabelle für Ledige nicht im Kopf. Kann schon sein. Aber ein für allemal: bei uns gibt's nur noch brutto. Wir zahlen nicht nur nach Leistung, sondern genauso nach sozialer Lage. Es ist nur ein gewisser Kuchen zu verteilen, und dann muß man eben die sozialen Aspekte sehen.«

Allein der Thyssen-Kuchen macht 52 DM pro Kopf und Stunde aus, das erzählen die Kollegen. Darin sollen Staub-, Schmutz-, Hitze- und sonstige Gesundheitsschädigungszulagen enthalten sein, von Überstundenzuschlägen ganz zu schweigen. Für Thyssen ist dieses Kopfgeld für Leute von Adler immer noch billiger als eigene Stammarbeiter. Bezahlter Urlaub, Weihnachtsgeld, Lohnfortzahlung im Krankheitsfall, alle sonstigen sozialen Leistungen sowie Kündigungsschutz entfallen. Die 52 DM teilt sich Adler mit Remmert. Remmert kassiert 27 DM, Adler 25 DM. Unterstellt man zu seinen Gunsten, daß er dies-

mal – völlig ungewohnt – die Sozialleistungen nicht in die eigene Tasche steckt und im Schnitt 9 DM weitergibt, bleiben für ihn 16 DM pro Stunde, mal dreitausend im Monat macht allein von Thyssen 48 000 DM für Adler.
»So, dann schreiben wir mal die einzelnen Kameraden auf!« Als er die bedrückten und verzweifelten Gesichter seiner »Desperados« sieht, kommt er mit einem der Trostworte aus seinem Standardrepertoire: »Gut, ich weiß, das ist im Moment nicht allzuviel. Aber ich bin gerne bereit, wie gesagt – wir kennen uns ja noch nicht so lange –, wenn wir uns in einem halben Jahr näher kennenlernen, dann laß' ich auch über Lohnerhöhungen mit mir reden, und wir können bestimmt das eine oder andere noch machen.« Jeder, der ihn etwas kennt, weiß, daß es sich um leere Versprechungen handelt.
»So, und noch was«, Adler hebt ruhegebietend die Hand, »es wird in Zukunft keine Ausfälle mehr geben. Wir machen jetzt klar Schiff und stellen auch keine zusätzlichen Leute mehr ein. Wer jetzt in Zukunft noch fehlt, von dem müssen wir uns dann leider trennen. Für den kommt ein anderer 'rein. Das ist also ganz klipp und klar. Da laß' ich keinen Hühnerstall draus machen!«
Mit scharfem Blick zum dreiundzwanzigjährigen Mustafa: »Das gilt auch für dich. Das letzte Mal, daß du vorgestern einfach gefehlt hast.« Der entschuldigt sich, daß er seine Frau ins Krankenhaus bringen mußte, weil ein Sohn zur Welt kam. Anstatt ihm zu gratulieren, tut Adler so, als überhöre er das, und wiederholt: »Das war aber auch das allerletzte Mal.« Obwohl bisher kein Krankengeld gezahlt wurde und wir häufig zur Arbeit erschienen, nur um wieder nach Hause geschickt zu werden, verfügt er über unsere Zeit und unser Leben wie über Leibeigene. Den Deutschen Walter Recht fährt er ebenso ungehalten an: »Deine ewige Fehlerei hört jetzt ebenso ein für allemal auf. Sonst ...«
Walter (kleinlaut): »Herr Adler, wir hatten da von Samstag auf Sonntag zwanzig Stunden gemacht. Um viertel vor drei bin ich

erst nach Hause gekommen, und um halb vier mußte ich den Notarztwagen für meine Frau anrufen, die im Krankenhaus sofort operiert werden mußte. Ich hatte aber dem Herrn Flachmann auch sofort Bescheid gesagt.« Adler überhört's und stellt klar: »Wenn ihr nicht spurt, mach' ich das wie früher wieder. Wenn da eine Krankmeldung kam, bin ich zu dem nach Haus' und hab' Fieber gefühlt. Und hat er kein Fieber, dann flog der auf der Stelle rrraus!« Dann macht er wieder ganz auf Sozialpartnerschaft: »Wenn wir uns dann erst ein bißchen aneinander gewöhnt haben, dann wissen wir, was wir voneinander zu halten haben, und wenn wir uns dann im Dezember wieder zusammensetzen – wenn wir dann noch zusammen sind – bei einer kleinen Weihnachtsfeier oder so was, dann können wir vielleicht auch feste Verträge machen, dann müßte das so laufen. Alles klar! Ihr seid jetzt eine Truppe, und ich will ab sofort keine Schreiereien nach Geld mehr hören. Und morgen und Samstag dürft ihr Überstunden machen, da dürft ihr voll durcharbeiten!«
»So, das wär's dann«, verabschiedet er seine Leute: »Morgen früh pünktlich da sein. Sauber gewaschen, sauberen Hals und auch untenrum frisch, haha ...« Und er ruft Mustafa hinterher: »Der Mustafa, hat der sein eigenes Bier schon bezahlt? Damit ich nicht noch am Ende auf eurer Zeche sitzen bleibe.«
»So, das wäre geschafft«, sagt er zu Wormland, seinem Schwager in spe, Vorarbeiter und Vertrauten. Er läßt mich seinen Aktenkoffer in den Wagen tragen und klärt Wormland auf: »Der Ali ist jetzt mein Leibwächter. Kannst du den Jungs ruhig sagen. Er kann Karate und hat eine Pistole.« (Ich hatte ihm lediglich ein Sprungmesser gezeigt. G. W.) »Der Ali saß die ganze Zeit hinter mir und hat mich nicht aus den Augen gelassen. Da kamen zwei und wollten sofort Geld. Ich dachte schon, es geht mir an den Kragen.«
Wormland (leicht belustigt): »Wie ich gehört hab', willst du jetzt alle anmelden?« Adler (zwinkernd): »So genau brauchen wir das auch wieder nicht zu nehmen. Hauptsache, es ist erst mal Ruhe im Laden.« Adler drückt sich plötzlich ganz in die

Ecke am Tresen, als ein jüngeres Ehepaar das Lokal betritt. Der Mann wirft einen wütenden Blick auf Adler, die blonde hübsche Frau an seiner Seite schaut betont in eine andere Richtung. »Paß' auf, du mußt mich jetzt vielleicht verteidigen«, sagt Adler zu Ali und angeberisch zu Wormland hin: »Du weißt, ich bin hier doch als großer Stecher bekannt.« Jedoch, seine Sorge ist unbegründet, es kommt nicht zum Streit.

Später erzählt er einem Geschäftsfreund im Lokal über seine »Betriebsversammlung«: »Also, die habe ich im Stundenlohn ganz schön 'runtergehandelt, daß sie jetzt ganz heiß auf Überstunden und Doppelschichten sind. Damit sie nicht zuviel zusammen quatschen, hab' ich sie anschließend schnell wieder einzeln nach Hause geschickt, hab' gesagt, jetzt gehst du dahin und du dorthin. Man muß mit den Leuten verdammt aufpassen.«

Am anderen Ende der Theke hat sich ein neuer deutscher Kollege postiert. Er trinkt ein Bier nach dem andern und sucht ganz offensichtlich Kontakt zu Adler, indem er ein paarmal sein Glas hebt und zu ihm 'rüberprostet, der dies jedoch allem Anschein nach als störend empfindet und ihn bewußt übersieht. Nachdem sich Walter, der neue Kollege, Mitte zwanzig, sehr blaß und dünn, mit etwa zehn Bier Mut angetrunken hat, geht er auf Adler zu und fleht ihn förmlich an, mit eindringlicher, viel zu lauter Stimme: »Herr Adler, geben Sie mir doch 'ne Chance, bitte, geben Sie mir eine Chance. Ich hab' mal bei 'ner Firma als Maschinenschlosser 'ne Lehre angefangen, da wurde ich krank, und kurz vor der Prüfung hab' ich hingeschmissen, ich sag' das offen und ehrlich, damals war ich auch noch nicht verheiratet, jetzt hab' ich zwei Kinder, die müssen ernährt werden. Bei meiner zweiten Firma bin ich immer meinem Geld nachgelaufen.« Und während er seinen früheren Chef nachmacht, schreit er: »›Du kannst nicht arbeiten‹, schrie der mich an, ›du willst nur an mein Geld 'ran.‹ Und meine nächste Firma, eine Schiffsbaufirma, machte pleite, als ich angelernt war. Ich hab' immer, wenn's drauf ankam, versagt, aber ich kann was. Ich hab' die ganzen Schweißerscheine, ich kann sogar Zinkstaub schweißen, ich kann genau nach Zeichnungen arbeiten. Bitte, geben Sie mir eine Chance und geben Sie mir eine andere, qualifizierte Arbeit. Ich kann doch von den sechs bis sieben Mark meine Familie nicht ernähren und die Miete nicht bezahlen.«

Adler ist es ganz offensichtlich lästig, hier in seiner Freizeit – und bei fünfzehn Bier angelangt – angequatscht zu werden. Er wimmelt ihn ab: »Sind Sie morgen erst mal pünktlich zur Arbeit« und vorwurfsvoll: »Warum waren Sie überhaupt heute nicht da?«

Walter (erregt, stotternd): »Aber vorhin habe ich Ihnen doch gesagt, meine Frau ist mit dem Notarzt ins Krankenhaus gekommen, die ist doch operiert worden.«

Adler (abwinkend): »Sind Sie jetzt erst mal regelmäßig pünktlich zur Arbeit, dann können wir später noch mal drüber reden.«

Walter: »Ja, Sie können sich auf mich verlassen, ich stehe jeden Morgen um drei Uhr auf, ich fahre mit dem Fahrrad, da kann überhaupt nichts passieren, ich bin immer da, ich fahre dreißig, vierzig Kilometer jeden Tag. Das ist bei mir überhaupt kein Vertun.« Und immer wieder, wie eine Schallplatte, bei der die Nadel an der gleichen Stelle hängenbleibt: »Bitte, geben Sie mir eine Chance!«

Adler, dem er immer lästiger wird, dreht ihm mit den Worten den Rücken: »Der, der immer pünktlich ist und gearbeitet hat, kriegt auch sein Geld, da geht also kein Weg dran vorbei«, und wendet sich Wormland zu.

Später auf der Toilette spricht mich Walter an: »Du, dein Chef, der läßt mich nicht hängen, der ist doch gar nicht so, wie du mir am ersten Tag gesagt hast.«

Ich (Ali) lasse ihm für heute die Illusion und schweige. Dann sagt er noch: »Hast du das gesehen, wie der vielleicht geguckt hat, als er sah, daß ich den gleichen Anzug wie er an hab'.«

Auch hier bringt Ali es nicht übers Herz, seinen Kollegen aufzuklären. Beide tragen zwar einen blauen Nadelstreifenanzug. Adler einen äußerst teuren maßgeschneiderten und Walter einen billigen aus dem Kaufhaus von der Stange. Nach dem achtzehnten Bier merkt Walter, der sich zur Wahrnehmung seiner letzten Chance extra ein weißes Hemd und eine Krawatte wie zu einer offiziellen Bewerbung angezogen hat, daß er für Adler kein Gesprächspartner ist, verläßt das Lokal und fährt schwankend auf seinem Fahrrad die fünfzehn Kilometer nach Hause.

Adler ist unterdessen bei Bier Nr. zwanzig angelangt und in einen heftigen Streit mit Wormland geraten. Vor seinem zwanzigsten Bier brachte er noch markige und klare Sätze hervor und entwarf Unternehmensstrategien wie: »Wir müssen das jetzt ins richtige Gleis bringen.« – »Meine Führungskräfte behandle ich wie meine Edelsteine.« – »Macht ihr mal ein Konzept, wie wir die Kosten minimieren können.«

Jetzt attackiert Adler Wormland immer heftiger, der gewagt hatte, Adler zu widersprechen: »So kannst du mit den Leuten nicht umgehen. Wenn der H.«, er nennt den Namen eines ehemaligen deutschen Kollegen, »gegen dich prozessiert, hat er doch recht. Das würd' ich doch auch längst, wenn ich nicht mit dir verwandt wär'.« Darauf Adler (erregt): »Du bist ein Verräter. Du stehst auf seiten dieser Tagelöhner, dieser Tagediebe, dieser Strauchdiebe. Du gehörst selbst zu diesem Pack, zu diesem Gesocks!« Wormland ist die Ruhe selbst. Ich (Ali) mochte ihn auf der Arbeit nie besonders, aber hier zeigt er plötzlich so etwas wie Charakter. Jedenfalls läßt er Adler seine Verachtung spüren und hält stand.

Er dreht ihm so halb die kalte Schulter zu, siezt Adler mehrfach, um auf Distanz zu gehen, und erwidert: »Ich stehe nicht auf deren Seite, aber wenn jemand sein Recht verlangt ...«

Adler kann nicht ertragen, daß es jemand wagt, ihm zu widersprechen: »Du bist für mich gestorben, du bist entlassen. Du kannst dich morgen in Hannover melden, auf Montage.« – Wormland: »Mach' ich nicht. Ich werde weiter auf Thyssen bleiben. Auf mich können Sie doch gar nicht verzichten. Ich lasse mich nicht abwimmeln.« Er spielt wohl darauf an, daß er einiges von Adlers Illegalitäten und Schweinereien weiß, und tatsächlich, obwohl Adler noch mehrfach und zornesrot die Entlassung oder Strafversetzung zur Arbeitsstelle Ruhrkohle[1] nach Hannover verkündet, bleibt Wormland ganz cool und arbeitet in der folgenden Zeit auch weiter bei Thyssen als Kolonnenschieber.

Fast bei Bier Nr. fünfundzwanzig angelangt, kriegt Adler seinen »Sentimentalen« und stiert mit glasigen Augen in Puntilamanier auf Ali: »Der Ali, der hält zu mir. Der würde mich mit seinem Leben verteidigen.« Und mit großartiger pathetischer Geste: »Den hol' ich noch mal 'raus aus seinem Elend. Aus seinem Drecksloch in der Dieselstraße. Den kleide ich neu ein, daß er auch richtig in meinen Mercedes paßt.«

Er ist selbst gerührt über soviel Edelmut auf einmal bei sich und sinniert: »Wenn ich nur wüßte, wie man den Ali intellektuell einschätzen kann.« Er wirft mir (Ali) einen aufmunternden Blick zu. Ich tue so, als wüßte ich nicht, wovon die Rede ist. »Weißt du, was ich meine? Weißt du, was das ist: intellektuell?«

»Ja«, sag' ich (Ali), »wenn man alles versteh tut un blick durch.«

»Na, auf welchem Niveau du bist. Weißt du, was ich meine: Niveau?«

»Ja«, antworte ich (Ali), »wenn man tut dazugehör zu die fein Leut! Kommt drauf an, wo man reingestellt wird. Die meiste könne viel mehr, als man sie läßt mache.«

Wormland geht in Konkurrenz (zu Adler): »Du merkst doch, der schnallt's nicht, drückt sich schlecht aus und spricht auch so langsam.«

Adler versucht, uns gegeneinander auszuspielen: »Das sind

1 Adler hat über die Ruhrkohle-Wärme GmbH Essen einen Auftrag in der Freiherr-von-Fritsch-Kaserne in Hannover laufen.

doch Nachwirkungen der Medikamente, die man an ihm erprobt hat. Der ist gar nicht so dumm und versteht mehr, als du meinst.«
»Ich sag' nich immer alles, was denk«, unterstütz ich (Ali) Adler, »aber oft viel mehr mitkrieg, als ich sag'.«
Einen Moment lang schaut mich Adler mit wässrigen Augen prüfend und durchdringend an, so als suche er in Alis Worten eine tiefere Bedeutung. Aber es scheint ihn zu beruhigen, als ich (Ali) fortfahre: »Ich weiß nich, ob ich immer richtig alles versteh, kann ja nich alles wisse, aber mich 'mal frag und selbe sehe!«
Adler überlegt kurz, um Ali einem selbstgemachten IQ-Test zu unterziehen: »Wer ist der Koloß von Rhodos?« ist seine erste Frage. Um ihn meinerseits zu testen, gebe ich ihm eine bewußt falsche Antwort und tu so, als verwechselte ich den Sonnengott, eins der sieben Weltwunder, mit Atlas, dem Himmelsträger: »Der muß die ganze Welt auf sein Schulter schleppe«, antworte ich, »trägt ganz schwer und steht da krumm und kann's kaum schaffe.«
»Gut. Richtig. Ausgezeichnet«, lobt Adler mich und scheint es selbst nicht so genau zu wissen. – Seine zweite Frage: »Wie ist der Name unseres Bundeskanzlers?« wird von Ali richtig beantwortet. Ebenso »Wie hieß der frühere?« Auch auf die nach dem Namen des sowjetischen Parteisekretärs weiß Ali die richtige Antwort. Sogar – zum Erstaunen Adlers – der Name des französischen Staatspräsidenten kommt wie aus der Pistole geschossen. »Allerhand«, stellt Adler bewundernd fest. Er sieht in seinen Sklavenarbeitern Halbwilde, Affen- und Untermenschen und fühlt sich ihnen geistig und kulturell um Welten überlegen.
Ein paar Thekenplätze weiter regt sich ein etwa fünfzigjähriger Finanzbeamter über Adlers Ausfragerei auf. »Was sollen denn die albernen Fragen!« – Adler reagiert ausgesprochen ärgerlich: »Das ist hier 'ne Geschäftsbesprechung. Ich verbitte mir diese Anspielungen.«
Und weiter geht die Prüfung: »Wer ist der Ministerpräsident von Nordrhein-Westfalen?« Ich sag's ihm.

»Richtig!« Und der Umweltminister?« Da bringt er mich in Verlegenheit. Ich kenne Klaus Matthiesen von einigen gemeinsamen Veranstaltungen in Schleswig-Holstein und schätze ihn als einen der progressiveren SPD-Politiker. Vielleicht ist es eine Fangfrage, und er wird mißtrauisch, wenn ich so einen erklärten Linken namentlich kenne. »Hier weiß nich«, sage ich vorsichtshalber, und Adler winkt ab und sagt: »Den brauchst du auch nicht zu kennen, den kannst du vergessen, das ist so'n Weltverbesserer, der uns nur Scherereien macht. – Sein Vorgänger allerdings, der Bäumer, das ist ein langjähriger guter alter Freund von mir. Der hat den richtigen Biß und unternehmerischen Weitblick. Der war auch auf meinem letzten Geburtstag. Auf den kann man sich verlassen!« (Gut zu wissen, wer Adlers politische »Paten« im Hintergrund sind. Als langjähriger Vorsitzender der SPD Niederrhein war Bäumer dafür bekannt, gegen fortschrittliche Funktionäre seiner Partei zu intrigieren. Ihm war zum Beispiel in Zusammenspiel mit dem früheren Bundeskanzler Helmut Schmidt der Parteiausschluß von Karl-Heinz Hansen zu verdanken.)
Adler ist keineswegs eine besonders seltene und schillernde Sumpfblüte in unserer gesellschaftlichen Landschaft. Er ist voll integriert, anerkannt und angesehen. Und die ihn näher kennen, wissen, wie er sein Geld verdient. Man sieht über die allzu krassen »Unappetitlichkeiten« generös hinweg. Ab einer bestimmten Größenordnung gilt in diesen Kreisen der Satz: »Über Geld spricht man nicht, man hat's halt.« – Woher man's hat, auf wessen Kosten, mit welchen Verbrechen verbunden, ich bin fast sicher, daß der Herr Bäumer mit seinem Freund Adler darüber nicht gesprochen hat.
Man weiß es, behält's für sich und pflegt gemeinsam die angenehmen Seiten des Lebens, in Clubs, auf seiner Yacht. Vielleicht auch mal während gemeinsamer Ferien in Hawai, einem Lieblingsferiendomizil Adlers. Im Ruhrpott ist die SPD-Mitgliedschaft geschäfts- und karrierefördernd. Ich bin sicher, in Bayern lebend, wäre Adler CSU-Parteigänger.

In einem anderen Zusammenhang rühmte sich Adler, allein in den letzten fünf Jahren 200000 DM an Bestechungsgeldern aufgewandt zu haben, um an bestimmte Aufträge 'ranzukommen. Aber meist braucht's diese direkten Schmiergelder gar nicht. Es genügt oft, den gleichen Stallgeruch zu haben, um sich die Pöstchen und Aufträge untereinander zuzuschieben. Das ist mit ein Grund, warum Adler auch Mitglied im besonders feinen Düsseldorfer Golfclub ist. Sein Bürge in diesem Zusammenhang: »Mein langjähriger Freund, der Regierungsvizepräsident von Düsseldorf, Alfred Gärtner«.
»Wenn du dich bewährst«, sagt Adler zu Ali, »mach ich dich zur Führungskraft.«
Als Ali ihn verständnislos anblickt, verdeutlicht er: »Du mußt alles tun und befolgen, was ich dir sage, und noch etwas mehr.«
Ali begreift immer noch nicht: »Du mußt deine türkischen Kollegen in den Griff kriegen. Du hast doch einen guten Draht zu denen. Du mußt sie kontrollieren und mir alles mitteilen, wenn einer gegen mich stänkert und die große Klappe riskiert. Dann fliegt der früh genug raus. Bevor eine faule Kartoffel die andere anstecken kann. Die Jungs sind von Natur aus ja eher gutmütig, man darf sie nur nicht aus den Augen lassen, sonst machen sie einen Aufstand, ehe man sich's versieht. Wenn ich nur wüßte, ob du dieser Aufgabe gewachsen bist.«
Mir wird ganz flau. Soweit will ich die Rolle auf keinen Fall spielen. Es wird langsam Zeit, daß ich den Absprung finde. Ich bin in einer ganz verfluchten Situation den Kollegen und Freunden gegenüber. Da nützt auch das Zwinkern nichts mehr. Ich fühle mich plöztlich wie ein Mischling in Südafrika, der bisher auf seiten der Schwarzen stand, vielleicht mitgekämpft hat und jetzt plötzlich von den Weißen – gerade weil er das Vertrauen der Schwarzen hat – herausgeholt wird, um zum Verräter abgerichtet zu werden. Eine Aufpasser- und halbe Spitzelfunktion. Das ist der Part, den mir Adler zugedacht hat. Und gleichzeitig den seines dressierten Affen, seines Body Guard.
»Wenn's sein muß, mußt du auch schon mal hart durchgreifen,

dann bleibst du auch mit deinem Karate im Training«, versucht er weiter zu ködern. »Wenn das läuft, stelle ich dir auch eine kleine Wohnung ganz in meiner Nähe, und später kriegst du ein Auto von mir gestellt. Du mußt nur immer in meiner Nähe sein und jederzeit abrufbereit. Die Dieselstraße ist keine Adresse für dich. Da gehst du vor die Hunde.« Er spürt meine Abneidung und bohrt nach: »Du wirst ja nicht gleich auf deine Landsleute losgelassen. Mit denen hab ich im Moment weniger Ärger als mit einigen Deutschen, die die Sau rauslassen. Da haben doch zwei jetzt tatsächlich gewagt, mich beim Gericht anzuzeigen, um an mein Geld zu kommen. Ich schick dich dahin, und du wirst die *behandeln*. Hast du kapiert? Diese Mistschweine wagen es, mich vor Gericht zu verleumden. Du wirst dahingehen und die *behandeln*, bis die ihre Anzeige zurückziehen.«
Er nennt mir Name und Adresse der beiden deutschen Kollegen, die seit einiger Zeit nicht mehr bei uns sind. Ich versuche ihm klarzumachen, daß wir im Karate-Verein unterschreiben mußten, unseren Sport nur in Notwehr-Situationen anzuwenden. »Genau, ich befinde mich ja in totaler Notwehr. Die bedrohen mich, und du hast mich zu schützen.«
Als ich (Ali) immer noch meine Skepsis zeige, lenkt er ein: »Laß im Moment mal die Finger davon. Wir leben schließlich in einem Rechtsstaat. Ich habe sehr gute Rechtsanwälte, und da wollen wir erst einmal die Gerichte sprechen lassen. Sollte ich allerdings nicht zu meinem Recht kommen, dann bleibt mir keine andere Wahl. Dann mußt du hin und die *behandeln*. Ich steh' voll auf dem Boden des Gesetzes.«

Jürgen K. (26) ist einer der beiden, die es zu »behandeln« gilt, falls Adler nicht zu dem kommt, was er sein Recht nennt. Ich (Ali) kontaktiere ihn einige Zeit später, warne ihn vorsorglich und erfahre, daß es ihm als Deutschen kaum besser ergangen ist als meinen ausländischen Kollegen. Jürgen war über ein Jahr arbeitslos, hatte seine frühere Stelle wegen Bandscheibenbeschwerden verloren und sich bei den größeren Firmen am

Ort, auch bei Thyssen, vergeblich beworben. Auf eine Annonce hin stellt er sich bei Adler vor.

»Im ersten Moment hat er ja eigentlich keinen schlechten Eindruck gemacht, hat weiter keine Fragen gestellt und machte einem große Versprechungen. Hat nur mal gefragt: ›Gewerkschaftlich organisiert? Nein? Gut. Dann geht das klar,‹ sagte er und ›Woll'n mal sehen, wie die Arbeit anläuft‹, oder ›Da werden wir uns auf jeden Fall einig‹ und ›Da gibt's gar kein Vertun, wer gut arbeitet, muß auch gut bezahlt werden.‹

Was ich denn für eine Lohnvorstellung hätte? Die lag bei mir bei 13 Mark 50 brutto. Da sagte er mir, das wäre ihm zu viel, das wäre ja ein Lohn für einen Facharbeiter! Und da ich ja aus einem anderen Beruf käme, könnte er mir das nicht bezahlen. ›Sind Sie mit 9 Mark netto einverstanden?‹ hat er mich gefragt. Hab ich kurz überschlagen: 9 Mark netto sind auch fast 13 Mark 50 brutto. Hab ich gesagt: ok. ›Dann können Sie am 24. 1. bei mir anfangen!‹ Ich wollte unbedingt mit Papieren, wegen Rentenversicherung und so. Er verlangte jedoch: ›Das lohnt sich für die kurze Zeit bis 1. 2. gar nicht, Sie anzumelden.‹ Da mußte ich schon sieben Tage im Januar ohne Steuerkarte arbeiten: praktisch schwarz.«

Daß er auch danach nicht angemeldet wird, erfährt er einen Monat später, als er für seine kranke Tochter einen Behandlungsschein bei der AOK anfordert. Da erst kommt Adler nicht dran vorbei, ihn am gleichen Tag noch, am 25. 2., bei der AOK anzumelden. Aufgrund einer Klausel, daß Unternehmen noch bis zu einem Monat rückwirkend anmelden dürfen, können es sich Branchengeier wie Adler und Konsorten leisten, erst dann, wenn etwas passiert ist – Unfall oder Erkrankung – »nachzumelden«, und dabei so zu tun, als sei der Mitarbeiter soeben erst oder vor wenigen Tagen neu eingestellt worden.

»Was für ein schräger Adler das ist, hab ich erst nach und nach zu spüren bekommen«, berichtet Jürgen. »Ich bin nicht der Faulste. Habe rangeklotzt wie so'n Doll'n. Was kriegst du am Ende dafür? 5,91 DM die Stunde, keine Überstunden-, keine

Nachtschicht- und keine Feiertagszuschläge. Blanker Hohn. Und dann stimmte die Abrechnung noch nicht mal ...
›Ja, normalerweise ist dein Geld am 15. da‹, hat er gesagt, ›richte dir ein Konto ein, Barzahlung gibt es bei mir nicht.‹ Ich zur Bank, Konto eingerichtet. Am 15. kein Geld da, am 16. kein Geld da. Ich den Adler angerufen: Wo bleibt denn das Geld? Ja, sagt er, das ist schon weg, das müßte schon da sein. Heute oder morgen wär das Geld da. Ich wieder hin, nächsten Tag nochmal. Dann war das schon so weit, daß kein Geld mehr war zum Tanken. Meine Verlobte hat mich ja immer zur Arbeit gefahren. Gabs auch nie einen Pfennig für die Anfahrt. Jedenfalls: Wie kommste jetzt zur Arbeit? Und dann hat meine Verlobte bei ihm angerufen, so um den 20. herum: ›Herr Adler, da ist noch kein Geld auf dem Konto!‹ Da lacht der sie am Telefon aus: ›Auf der Bank kann ja auch gar nichts ankommen!‹ ›Wie?‹ sagt sie, ›kann nichts ankommen auf der Bank?‹ ›Ja,‹ sagt er, ›das Geld hat doch ein Arbeitskollege von Ihrem Mann!‹ ›Wieso?‹ fragt meine Verlobte. ›Dem hab ich das gegeben, aber den können Sie heute nicht erreichen – der macht heute länger!‹
Da bin ich erstmal über die Hütte gelaufen wie so'n Bekloppter, den Walter suchen mit der Lohntüte. Das ist der zukünftige Schwager von dem Adler, der lief da mit meinem Geld spazieren! Finde den, kommt der gerade umgezogen raus – stimmte gar nicht, daß der länger machen sollte, der hatte Punkt 14 Uhr Feierabend. Ich sag, Walter, haste meine Lohntüte? Ja, sagt er und gibt mir eine Quittung: ›Unterschreib mal!‹ ›Nee‹, sag ich, ›lieber erstmal die Tüte nachzählen.‹ Da waren da 610 Mark drin für Februar. Da hat der 79 Stunden bezahlt, aber nur mit 9 Mark brutto! Und gearbeitet hatte ich 126 Stunden! Da fehlten über vierzig Stunden! Da bin ich auf die Barrikaden gegangen und habe gesagt: ›So geht's nicht!‹ ›Im nächsten Monat kriegst du den Rest‹, hat er mich vertröstet, ›und auch mehr Lohn.‹
Und im nächsten Monat dasselbe Spiel.
Die können mit uns machen, was sie wollen. Ich wurde erpreßt:

entweder machst du Doppelschicht, oder du brauchst morgen nicht mehr zu kommen. Oder ich kam zur Hütte, sagt der Vorarbeiter: ›Hat der Boß dich nicht angerufen? Du brauchst heute gar nicht zu kommen.‹ Da konnte ich wieder nach Hause fahren.
Andersrum: ich komm von einer Doppelschicht auf ATH um 23 Uhr nach Hause, liegt da schon eine Fahrkarte für mich von Adler, ich muß sofort nach Hamburg hoch, nachts um halb 1 ging der Zug. Morgens gegen 7 Uhr in Hamburg angekommen – kein Liegewagen und im überfüllten Zug konnte ich nicht schlafen –, acht Stunden hintereinander bei BAT (Zigarettenfabrik) gearbeitet und wieder nach Duisburg geschickt. Da bin ich dann mal so eben 26 Stunden auf den Beinen gewesen, ohne eine Stunde Schlaf.«
Jürgen legt mir die entsprechenden Stundenzettel vor, von den jeweiligen Vorarbeitern oder Meistern abgezeichnet. Im März ständig Schichten von 16 Stunden, 17 1/2 Stunden, 14 Stunden, 20 1/2 Stunden, »das alles hintereinander weg«.
Manchmal werden auch großzügig ein paar Stunden Schlafpause dazwischen gewährt. So am 12. 3.: von 6 Uhr morgens bis 22 Uhr durchgearbeitet (16 Stunden), kurz nach Hause und 1 1/2 Stunden geschlafen. 0.30 Uhr nachts Beginn der neuen Schicht, bis zum nächsten Tag 21 Uhr durchmalocht (20 1/2 Stunden).
Zwei Tage später wieder Doppelschicht von 16 Uhr bis zum nächsten Tag 14 Uhr durch (22 Stunden). Am 18. 3. Schichtbeginn 6 Uhr früh bis 14 Uhr (normal acht Stunden), bis man zu Hause ist: 15.30 Uhr. Schlaf bis 20 Uhr (4,5 Stunden). Kurz was gegessen. Neue Schicht, Beginn: 21.30 Uhr durch bis 7 Uhr früh (9,5 Stunden), Schlaf von 8.30 Uhr bis 14 Uhr (5,5 Stunden). Und wieder Arbeit von 16 Uhr bis nächsten Tag 14 Uhr an einem Streifen (22 Stunden).
»Wir haben immer die Faust in der Tasche gemacht«, sagt Jürgen, »aber: ich hatte ja Arbeit, hab ich gedacht: Ganz ohne Arbeit wär's noch schlechter. Und wenn der Vorarbeiter einen

brauchte, hat er gefragt, hör mal, machste länger? Hab ich am Anfang klipp und klar gesagt: wenn ihr was für Samstag/Sontag habt, sagt Bescheid, ich verdien so wenig, ich muß die Schichten haben, sonst komm ich nicht auf mein Geld. Die meisten anderen, die Türken – waren ja fast nur Türken da bei Adler – die waren noch ein bißchen schlechter dran. Da hieß es einfach: du machst länger! Machste nicht, brauchste morgen nicht mehr zu kommen. Was heißt morgen? Kannste gleich gehen!«
Seinen Chef bekam Jürgen nur ganz selten zu sehen. »Der macht sich rar und läßt sich grundsätzlich verleugnen, weil er ja alle ständig über's Ohr haut. Ich hab ihn bei der Einstellung einmal gesehen, einmal auf Baustelle und einmal auf'm Gerichtstermin. Nur wenn er was von einem wollte, dann ruft er selbst bei einem an und verdonnert einen: ›Heute abend mußt du arbeiten. Wieder mal Sonderschicht.‹ Er sagt nie ›kannst du‹, immer ›mußt du‹. Sagst du dann ›nein‹, dann weißt du, was es für dich bedeutet: Schluß aus raus. Es war eine Arbeit für Strafgefangene, die ihre Eltern oder Kinder abgemurkst haben«, empfindet Jürgen:
»Im Wärmeaustauscher haben wir dringehangen. Da mußten die Spiralen gereinigt werden. Knüppelheiß und knüppelstaubig. Giftige Alkalistäube. Wir haben mit drei Mann die ganzen Tage durchgeknallt. Die Kollegen von Thyssen haben gefragt: ›Wie ist das? Werdet ihr denn nie abgelöst?‹
Es waren so dreißig, vierzig Grad. Und wenn man zu nah an die Spiralen kommt, entsprechend wärmer. Die Spiralen gereinigt, alles per Hand, mit Stangen wird das rausgekloppt. Da saßen Schlackereste fest, was normalerweise durch den Kamin rausgeht, was sich verflüssigt hatte.
Das Zeug saß da bombenfest, jetzt. War direkt unter dem Tiefofen. Wenn du da 16 Stunden drin warst, bei der Bullenhitze, weißte, was du getan hast! Da waren wir drei Mann, die eine Schicht. Die beiden anderen waren zweimal auf Sanitätsstation, ich einmal, weil wir die Augen so dick rot hatten, wegen dem ganzen Staub da drin, keine Masken, nur dünne

durchlässige Atemschutzmasken, aber keine Vollmasken. Dann: kein vernünftiger Abzug da drin, bleibt die Luft und der ganze Dreck drin stehen, und notgedrungen kannst du ja nicht alle zwei Minuten rausrennen. Und vor allen Dingen: mittags, vierzehn Uhr, sollte das unbedingt fertig sein, dann wurde das Ding mit Gas gefüllt. Dann haben wir da rumgefuhrwerkt. Einmal innerhalb von zwei Tagen 36 Stunden lang. Und dann immer abwechselnd: einen Tag da unten in der Bullenhitze, dann nächsten Tag, mitten im Winter, wieder auf freien Flächen gestanden, einmal bei 20 Grad Kälte. Da haben wir Eispickel losgeknallt. Ging mir total auf die Bandscheibe, auch wegen dem Temperaturunterschied da immer. Manche Tage bin ich wegen meinem Rückenleiden nur noch auf den Knien rumgekrochen, aber ich brauchte ja das Geld. Dann auch im Winter: auf so einer Arbeitsbühne, die war voll mit Kohleschlamm, da mußten wir die Bänder reinigen, wo der Koks drüber läuft. Ich konnte mich da kaum noch bewegen. Da hat sich ein türkischer Kollege was gebrochen, den Arm, weil da ja alles gefroren war, ist ausgerutscht. Nach sechs Wochen ist der voll wieder eingesetzt worden. Hat keiner Rücksicht auf die Verletzung genommen.
Ich hab den größten Fehler gemacht, daß ich vom Bergbau weggegangen bin. Ich war früher auf einer Zeche. Hab ich mein Geld schneller und leichter verdient. Zeche ist dagegen geschenkt! Unter Tage, an einer Schwemmwalze, das ist dagegen ein Bombenjob! Ab und zu mußt du da richtig zulangen, klar, wenn da Murks kommt – aber bei Thyssen war ja nur Murks, war ja nur mit der Hand. Da mußten wir schwerste Eisenbarren rausschleppen, mit zwei Mann, weil wir billiger waren als die Kräne.«
Durch die Hinhaltetaktik Adlers erhielt Jürgen für neun Wochen Fronarbeit 861 DM ausbezahlt. Er konnte seine Familie (zwei kleine Kinder) nicht mehr ernähren. Seine Mutter ging seinetwegen putzen, »sonst hätten wir echt hungern müssen. Ich mußte Schulden machen. Hier Schulden, da Schulden, jetzt noch Schulden.«

Jürgen war gezwungen, sich an das Sozialamt zu wenden: »Da hab ich erstmal monatlich 500 Mark gekriegt, aber die darf ich auch wieder zurückzahlen. Die sagen: schließlich haben Sie doch gearbeitet! Frag ich mich, wovon zurückzahlen?«
Bereits im Februar glaubt Jürgen das menschenunwürdige Spiel durchschaut zu haben. Er erklärt Adler seine Absicht, zu kündigen. Doch der macht neue Versprechungen:
»Ich sag', wenn das so weitergeht hier, dann hau ich in 'n Sack. Da sagt er: ›Komm, weißte was, dann kriegste eben 12 Mark netto.‹ Ich sag, das ich doch 'n Wort, dann laß uns das doch nächsten Montag holen. Sagt er, ja sicher, auf die Hand. Rest kriegste nachgezahlt. Nie gesehen das Geld.«
Am 20. März schmeißt Jürgen hin.
»Da hab' ich gekündigt, telefonisch, und dann noch anderntags schriftlich, mit dem Vermerk, daß, falls mein Lohn nicht kommen würde, ich dann Klage beim Arbeitsgericht erheben würde. Keine Reaktion darauf. Hab ich nochmal versucht, ihn anzurufen, war der Anrufbeantworter, hab ich da noch meinen Text draufgesprochen, keine Reaktion. Paar Tage später nochmal angerufen bei ihm, er hat nur gefragt, wer ist da, ich sag, Jürgen K.. Sagt er: ›Unterhalten Sie sich mit meinem Anwalt‹. Da bin ich vor Gericht gegangen. Arbeitsgericht. Der erste Termin – das war fürchterlich. Erstmal: der Adler war sich zu fein, da überhaupt zu erscheinen. Und dann hab ich mich gefühlt wie ein Angeklagter. Zweieinhalb Minuten hat der Termin gedauert. Dann war ich wieder draußen. Da hieß es nur: Sie haben die falsche Firma verklagt! Ich sag: wieso? Eine ›Adler-Heisterkamp KG‹ gäbe es nicht, es gäbe nur eine ›Adler KG‹ in Oberhausen. Moment, sag ich, das kann nicht sein, ich hab hier die Lohnabrechnung von der Firma ›Adler-Heisterkamp KG‹. Aber was sollte ich da machen, wenn du rechtlich nicht so bewandert bist, ohne Anwalt auch, bist du aufgeschmissen. So 'n Kerl braucht doch nur eine gesunde Pleite zu machen, schon ist er erstmal aus dem Schneider. Da hab ich sofort einen Anwalt genommen, aber der kostet ja auch wieder

was. Ich krieg wahrscheinlich noch nicht mal Prozeßkostenhilfe, weil ich ja gearbeitet hab. Da können jetzt noch gut tausend Mark Anwaltskosten auf mich zukommen. Von dem Vergleich, den wir letztlich geschlossen haben, bleiben dann vielleicht auch nur noch ein paar Hunderter. So ein skrupelloser Geschäftsmann wie der Adler macht da immer einen besseren Schnitt, auch vor Gericht.

Jetzt, zum letzten Termin, kommt er und wollte mich da fertigmachen, ich wär 'n Lüger und Betrüger und die Stundenzettel wär 'n gefälscht. Die Stundenzettel habe ich alle von meinem Vorarbeiter unterschreiben lassen, und zwar in doppelter Ausführung, einen für die Firma Remmert und einen für mich. Dabei kam raus, daß ich im März – im Februar war ich ja noch nicht so schlau – im März 129 Stunden gearbeitet habe – war ja nur bis zum 20. März, darunter auch 36 Stunden hintereinander auf den Beinen.

Auf meiner Steuerkarte, die er vor Gericht vorlegen mußte, waren sage und schreibe nur 434 Mark brutto eingetragen. Kein Firmenstempel. Alles andere hatte er unterschlagen. Der hat sich aufgeführt vor Gericht, als sei er der oberste Richter. Er ist dann ermahnt worden vom Richter, da hat er 'ne Richterbeleidigung losgelassen gegenüber den Laienrichtern: als Arbeitgeber könnte man ja von vorneherein hinschreiben, man erkennt sich für schuldig, weil man ja sowieso kein Recht kriegt. Oder wie er zu mir sagte: ›Betrüger ... Urkundenfälscher‹.

Mein Anwalt riet mir zu einem Vergleich, weil sonst das Verfahren noch Monate, vielleicht Jahre weitergegangen wäre. Und ich brauche das Geld. Anstatt ausstehender 2735 DM auf der Basis von 9,50 DM Stundenlohn brutto – denn das andere war ja von ihm nicht schriftlich, nur mündlich abgegeben – ließ ich mich auf 1750 Mark Nachzahlung ein.

Und dann mußte ich die Steuerkarte nach dem Gerichtstermin nochmal zu Adler hinschicken. Die ist bis jetzt nicht zurück, auch wieder fast ein Monat. Und auch noch kein Pfennig von

der Abfindung. Der muß jetzt die Sozialabgaben und Rentenbeiträge nachentrichten und läßt sich Zeit damit. Da läuft noch nicht mal ein Strafverfahren. Das Arbeitsgericht behandelt ihn wie einen Ehrenmann, der nur ein bißchen unordentlich ist. Und unsereins ist der Dumme!
Die können sich doch heute alles erlauben, die Unternehmer. Gerade auch die kleinen Subunternehmer, es gibt zu viele Arbeitslose, das ist es. Und zuwenig, die das Maul aufmachen, sich dagegen wehren, gegen solche Praktiken!«
Eine neue Arbeit konnte Jürgen nicht annehmen, weil ihn Adlers – übliches Geschäftsgebahren bei ihm – seine Steuerkarte nicht zurückgab:
»Den ganzen April ohne Steuerkarte, ohne Versicherungsnachweis, und dann den halben Mai noch. Ich hab auch mit der Firma Remmert gesprochen wegen Einstellung. Haben die gesagt, gut, du kannst bei uns anfangen, mußt aber die Papiere beibringen, dann ist das in Ordnung. Ja, Papiere habe ich ja nicht gehabt, die hatte ja Adler. Dann hab ich mir 'ne Ersatzsteuerkarte geholt, komm' mit der Ersatzsteuerkarte nach der Firma Remmert, da sagt der, nee, das geht nicht, du hast ja für uns gearbeitet, also mußt du auch die Originalsteuerkarte haben. Ich glaube, das ist nur Vorwand, die stecken doch mit Adler unter einer Decke.
Das ist für den Herrn Adler nach meiner Meinung alles viel zu billig abgegangen. Die nächsten Doofen fallen bestimmt schon wieder drauf rein, da steht schon wiederin der Zeitung: ›Adler, Industriemontagen sucht ...‹. Ich weiß bloß nicht, wie der das macht, daß der die Leute bei der Arbeit hält, – das versteh ich nicht! Der hat offen zugegeben beim Arbeitsgericht: ›Ich hab keinen Mann beschäftigt, der mehr als 9 Mark brutto verdient‹«
Einen kleinen Trost gibt's für Jürgen:
»Es gibt Ausländer, die sind noch schlechter dran. So hatte er Pakistani für 6 Mark brutto bei sich arbeiten. Die hatten keine Aufenthaltsgenehmigung.«

Die Praktiken Adlers und die extreme Gefährdung bei der Arbeit belegen auch die folgenden Berichte türkischer Kollegen: *Hüseyin Atsis* (56), der schon in der Türkei die letzte Dreckarbeit machen mußte, hat bei Adler das Gefühl: »In Sibirien muß es besser sein als bei dieser Arbeit«. »Gefährlichere Arbeitsplätze« hat er vorher »nie gesehen«:

»In dem neu errichteten Ofen in Hamborn mußten wir zum Beispiel von der siebten Etage diese Rohre runterschleppen. Ich erinnere mich, wie wir zu zweit so ein Rohr runterschleppten. Wir mußten unterwegs höllisch genau aufpassen, weil wir wußten, das könnte unseren Tod bedeuten.

An einem Kran, etwa 70 Meter hoch, mußten wir da klettern und dort Staub zusammenkehren und dann die 50 kg-Säcke mit dem Staub nach unten schleppen. Das war sehr gefährlich und sehr schmutzig. Dann hab' ich den Meister gefragt, warum ich immer diese Arbeit machen muß. Da sagt er: ›Ja, du bist zumindest versichert, du hast ja deine Papiere, die andren haben keine Versicherung. Wenn was passiert, dann kann man noch etwas für dich tun.‹ Die sagten mir dann, der Adler hat nur wenige Arbeiter, die legal arbeiten, nur ein paar, die ordentlich versichert sind.«

Auch Hüseyin Atsis mußte seinem Lohn nachlaufen. Als er ihn schließlich auf sein ständiges Drängen hin in zögernden Teilzahlungen erhielt, lag der Gesamtbetrag weit unter dem, was er auf Grund des vereinbarten Stundenlohns und der ständigen Überstunden erwarten konnte. Statt der vereinbarten 10 DM Stundenlohn waren nur 9 DM berechnet und zusätzlich undurchsichtige Abgaben abgezogen. Für 184 Arbeitsstunden erhielt Hüseyin lediglich 724 DM und 28 Pfennig: »Als ich das Geld bekam, hab' ich mir gesagt, also mit diesen Leuten kannst du dich nicht anlegen. Und womöglich schaden sie dir auch so, daß sie dich dann ausweisen. Dann hab' ich gesagt, am besten versuche ich jetzt, meine Papiere von ihm zu bekommen, und geb' mich mit dem Geld zufrieden. Aber er hat mir gesagt: Ich geb' dir deine Papiere nicht raus. Er sagte zu mir: Du mußt mir zunächst einmal unterschreiben, daß du sämtliche Forderungen erhalten hast. Nur dann werde ich dir deine Papiere aushändigen.«

Sait Tümen (25) und Osman Tokar (22) haben ähnliche Erfahrungen gemacht. Sait Tümen: »Ich hatte schon drei Monate bei Adler gearbeitet, und er hat mir in der ganzen Zeit nie eine richtige Abrechnung gemacht, nur immer da mal 100 DM, da mal 200. Aber ich hab' fast jeden Tag gearbeitet. Ich hab' mir von Freunden immer Geld geliehen, um leben zu können und gesagt, kriegt ihr sofort wieder, sobald ich mein Geld von Adler kriege. Weil der gesagt hatte, daß ich es ganz sicher in den nächsten Tagen bekomme. Als ich meinen Freunden meine Schulden nicht zurückzahlen konnte, haben die gedacht, ich betrüge sie, und haben nicht mehr mit mir gesprochen. So verlor ich meine Freunde. – Ich hab' dann versucht, woanders Arbeit zu bekommen. Aber die verlangten meine Papiere, sonst keine Arbeit. Bin ich zu Adler hin und hab' ihm gesagt, ich hab' neue Arbeit, aber nur wenn Papiere, und wollte mein restliches Geld haben.« Da hat Adler gesagt: »Du kriegst nur deine Papiere, wenn du unterschreibst, daß du kein Geld mehr von mir kriegst.« Ich hab' nachgedacht. Wenn ich in den nächsten Tagen die Papiere nicht vorgelegt, hätte ich die neue Arbeit nicht bekommen. Was sollt ich denn machen! Und mein neuer Chef ist mit Adler gut Freund. Da hab' ich ihm unterschrieben, daß ich kein Geld mehr kriegen soll. Der Zettel war schon mit Schreibmaschine vorgeschrieben. Da hatte er ganz viele von. Darauf steht: »*Bestätigung*.
Hiermit bestätige ich, daß ich aus meiner von vorneherein zeitlich befristeten Tätigkeit bei der Fa. Adler-Industriemontagen KG keinerlei Ansprüche mehr habe.«
Und Osman Tokar: »Adler hat jede Woche immer ein paar Stunden abgezogen, und daraufhin sind wir zu ihm hingegangen. Da hat er gesagt: den Rest gibt's bei den nächsten Rechnungen, aber da war das auch nicht. Sind wir wieder hingegangen, hat er gesagt: das nächste Mal, das nächste Mal, immer hat er uns so weggejagt. Als ich wieder zu ihm hingegangen bin, hat er mir gesagt: wenn du mit den 9 Mark und 40 % Abzügen runter nicht arbeiten willst, dann brauch' ich nur eine Anzeige in der WAZ aufgeben und dann stehen am nächsten Tag 1000 Leute vor der Tür. Seid froh, ihr seid doch Ausländer, wenn ihr Arbeit habt, hat der zu uns gesagt.«

Auch er berichtet über krankmachende Arbeitsbedingungen: »Wir mußten an einer Anlage arbeiten, da konnte man fast nichts sehen vor lauter Staub, und wir haben nicht mehr richtig Luft gekriegt, das war fürchterlich. Nach ein paar Tagen hatte ich schreckliche Schmerzen, so ein Stechen im Herzen und in der Lunge. Da kam ein Kollege von Thyssen und hat gesagt, der Eisenstaub, der wäre sehr gefährlich, da könnte ich mir den Tod holen. Ich sollte mir mal schnell eine Staubmaske geben lassen vom Chef. Da bin ich zum Meister von Thyssen, aber der hat mir keine Maske gegeben. Das wäre doch halb so schlimm, ich sollte mich nicht so anstellen, sondern schnell weiterarbeiten. Hat richtig Druck auf uns gemacht: wenn wir in zwanzig Stunden nicht fertig würden, müßten wir immer noch dableiben und weitermachen. Wir durften da nicht raus.

Nach Feierabend bin ich sofort zum Arzt gegangen, ich hatte schrecklichen Husten, und der Arzt hat mich untersucht und hat mich gleich gefragt, wo ich denn arbeite? Ich hab' gesagt: bei Thyssen, bei einer Unternehmerfirma, und darauf hat er gefragt, wo mein Arbeitsplatz ist, ob da Gas wäre oder Eisenstaub oder was anderes Gefährliches für die Lunge. Daraufhin hab' ich ihm gesagt, daß da Eisenstaub ist. Da hat er gesagt, daß ich nicht der einzige von Thyssen bin, der mit solchen Problemen zu ihm kommt. Wenn ich wirklich gesund werden will, soll ich mir eine andere Arbeit suchen und verschrieb Medikamente.«

Die Strahlung

Eigentlich steht für mich (Ali) noch ein Arbeitseinsatz im Kernkraftwerk Würgassen an, dem ältesten AKW – Inbetriebnahme 1971 –, das besonders stark reparaturanfällig ist. Für die jährlich stattfindende Revision werden noch zuverlässige Leute gesucht. Ausländer, Türken vor allem, werden bevorzugt eingestellt. Ich nehme an, weil sie so mobil sind.
Über die Spätfolgen häufiger geringerer Strahlendosen liegen in der Bundesrepublik keine exakten wissenschaftlichen Erkenntnisse vor. Die meisten Ausländer, die in den AKW's als Reparatur- oder Reinigungskolonnen in den heißen, besonders strahlungsintensiven Bereich geschickt werden, tauchen Jahre oder Jahrzehnte später in den Statistiken nicht auf, wenn sie an Hoden-, Prostata- oder Schilddrüsenkrebs erkrankt oder gestorben sein sollten. Dann leben sie in anderen Städten oder zurückgekehrt fern in ihren Heimatregionen, und keiner fragt mehr danach, ob sie vor langer, langer Zeit auch mal eine verhältnismäßig leichte und saubere Arbeit für ein paar Tage, Wochen oder Monate in einem deutschen Kernkraftwerk gemacht haben. Die Betreiber der AKW's sind aus eben diesen Gründen daran interessiert, mit einem verhältnismäßig kleinen Stamm fest angestellter, eigener Leute auszukommen. Für die relativ gefährlichen Arbeiten heuern sie über Subunternehmer immer wieder kurzfristig neue Leute an, die dann oft in wenigen Stunden oder Tagen, manchmal sogar nur Sekunden die Jahreshöchstdosis an Strahlen von 5000 Millirem weghaben. Ich habe türkische Arbeiter befragt, die sich für 10 DM Stundenlohn verdingt haben.
Wenn wieder mal ein Dampfrohr undicht ist und »zugeschossen« werden muß, bevorzugt die Reaktorleitung die türkischen Kollegen. Für einen »Pauschalwochenlohn« von 400 DM, so

erzählen sie, müssen sie dann solange am strahlenden Unfallort arbeiten, bis sie ihre Jahresration von 5000 Millirem »drin«haben. Das dauert, je nach der Strahlungsintensität, zwischen einer halben und zwei Minuten. Ist das Rohr dann immer noch undicht, werden die nächsten Türken in die Strahlen geschickt. »Verheizen« nennt man diese Praxis im Kernkraftjargon. Regulär sind sie damit für den Rest des Jahres »gesperrt«. »Aber es gibt Wege«, erklärt mir einer, »trotzdem woanders weiterzuarbeiten.« Wie, das will er nicht verraten. »Du kriegst sonst ja nirgends eine andere Arbeit.«
Um diese unter Umständen lebensbedrohenden Arbeitsbedingungen selber von innen erleben und beweiskräftig belegen zu können, habe ich (Ali) mich in Würgassen beworben. Das Problem ist, daß eine Sicherheitsüberprüfung vorausgeht. Ich habe Namen und Adresse meines Doppelgängers angegeben, sowie sämtliche Wohnorte der letzten zehn Jahre, auf daß das Landesamt für Verfassungsschutz seine Schnüffel-Durchcheckaktion beginnen kann. Die Erfassungscomputer strengen ihr »Elefantengedächtnis« an: Teilnahme an Demonstrationen? Sonstige Aktivitäten? Auch das BKA wird eingeschaltet. Normalerweise dauert eine solche Überprüfung sechs Wochen, in komplizierten Ausnahmefällen bis zu drei Monaten. Bei mir – das heißt bei meinem Doppelgänger – scheinen genauere Recherchen stattzufinden, jedenfalls nach zwei Monaten ist noch immer kein Ergebnis, weder positiv noch negativ, eingegangen. Vielleicht liegt's auch an der Ferienzeit. Auf jeden Fall kommt mir die Verzögerung gelegen, um ausnahmsweise das Thema anders als geplant anzugehen. (Ein befreundeter Arzt, Röntgenologe und Strahlenexperte, den ich in meinen Plan eingeweiht hatte, mich als »Türke« den Strahlen im AKW auszusetzen, hatte mich zudem eindringlich davor gewarnt. Mein Gesundheitszustand – die durch den Thyssenstaub entstandene chronische Bronchitis und die allgemeine Schwächung auch als Folge des Medikamentenversuchs – war bereits recht angeschlagen. Den Körper jetzt noch zusätzlich der Strahlen-

belastung auszusetzen, hieße nach seiner Ansicht, daß eine bleibende Strahlenschädigung als möglich bis wahrscheinlich angenommen werden müsse.)
Obwohl ich mich nicht gerade in einem Zustand übersprühender Lebensfreude befinde, im Gegenteil – ich fühle mich so ziemlich am Ende, da ich mit der Rolle doch zunehmend identisch geworden bin, und die beinahe aussichtslose Situation meiner Kollegen und Freunde mich selber mehr und mehr niederdrückt –, habe ich doch Angst vor einem viel zu langsamen, von Strahlenkrebs zerfressenen Dahinsiechen und einem womöglich über Jahre andauernden Todeskampf. »Das kann dir den Rest geben«, hatte mich mein Freund, der Röntgenologe, gewarnt. So gebe ich zu, daß ich in diesem Fall feige bin und mich auf Grund von Privilegien da raushalte. Hunderte und Tausende ausländischer Arbeiter, denen sich diese Arbeitsmöglichkeit bietet, müssen notgedrungen ihre Gesundheit, unter Umständen sogar ihr Leben aufs Spiel setzen, auch wenn sie sich körperlich in noch schlechterer Verfassung befinden. Das Verlockende ist ja gerade, daß die Arbeit meist nicht mit körperlichen Anstrengungen verbunden ist, so daß es sich auch Kranke, Ältere und total Erschöpfte ohne weiteres zutrauen.
Dazu kommt, daß die meisten Ausländer über die besondere Gefährlichkeit dieser Arbeit überhaupt nicht aufgeklärt werden. Auch als ich (Ali) mich dort bewarb und mich ausdrücklich erkundigte: »Is Arbeit auch nich gefährlich?«, wurde ich vom Personalchef beruhigt: »Nicht anders als sonst in der Industrie auch!«
Wie die Arbeit in Würgassen wirklich aussieht, belegen einige Zeugenaussagen.
Frank M., Vorarbeiter in Würgassen:
»Einerseits, das ist ein Job, wo man schnell und zügig Geld verdienen kann. Ich als Vorarbeiter hatte auf meiner letzten Abrechnung 2500 Mark netto. Auf der anderen Seite würde ich da nie länger als fünf Jahre arbeiten. Wenn ich meinen Job auch verlieren würde. Nach fünf Jahren melde ich mich lieber ar-

beitslos. Die Strahlenbelastung ist viel zu hoch da, das Werk ist viel zu alt. Dann ist das ein Siedewasserreaktor, da hat man eine noch höhere Strahlung als bei den Druckwasserreaktoren. Da ist meiner Ansicht nach schon jede Kaffeetasse verseucht. Wenn man da überhaupt nur reingeht, hat man schon 10 Millirem auf dem Dosimeter, noch bevor man überhaupt angefangen hat zu arbeiten.«
Das Dosimeter ist ein Meßgerät, das jeder im »heißen Bereich« bei sich tragen muß. Es zeigt die Strahlung an, die am Arbeitsplatz im Laufe eines Tages entsteht. Aus Angst, nicht genügend Stunden aufschreiben zu können, wird es allerdings häufig manipuliert.
Ein ehemaliger Arbeiter aus Würgassen sagt: »Ist ja Selbstkontrolle. Du legst das Dosimeter einfach weg, in den Spind zum Beispiel, merkt doch keiner. Da kümmert sich keiner drum. Solange ich hier gearbeitet habe in Würgassen, hat mich keiner danach gefragt. Wo nichts ist, kann auch nichts aufgezeichnet werden mit dem Ding ... Ich weiß von der Subfirma Reinhold & Mahler, da war ein Ding gelaufen: Die hatten einen ganzen Haufen Jugoslawen arbeiten lassen, ungefähr sechzehn Mann. Die waren alle illegal da, ohne Papiere. Die nehmen's oft mit den Sicherheitsbestimmungen gar nicht so genau. Als das aufflog, mußten die weg. Wurden ganz diskret weggeschafft. In Grohnde zum Beispiel, von den ganzen Schweissern, die da rumlaufen, sind vielleicht, wenn's hochkommt, zwanzig Prozent Deutsche. Sonst alles Ausländer.«
Und weiter Frank M.:
»Unsere Sub-Firma hat ungefähr 2500 Leute. Davon sind mindestens 1500 Ausländer. Die machen halt ihren Job da, und wenn die Revision beendet ist, dann werden sie wieder entlassen. Die meisten sind immer nur ein paar Wochen da. Die Leute, die werden am meisten verheizt. Die kommen da rein und kriegen eben soundsoviel Strahlung ab. In der Firma, wo ich arbeite, da sind Baustellenleiter, da sind Vorarbeiter, und die sind normalerweise länger da. Alle anderen sind nur kurz

da. Wenn die einen befristeten Arbeitsvertrag haben, meinetwegen für eine Revision, und innerhalb von zwei Wochen die Vierteljahresdosis voll haben, sagt der Strahlenschutz im Werk, ihr kommt nicht mehr rein, dann werden die entlassen. Wir haben auch viele Türken, die aus der Türkei nur für kurze Zeit extra hierhergeflogen werden und dann solange schweissen müssen, bis sie die Dosis voll haben. Wenn Schweisser gebraucht werden, und die müssen im Strahlenbereich arbeiten, wo meinetwegen eine Stundendosis von 1000 Millirem ist, dann arbeiten die zwei Stunden und werden dann ausgewechselt und nach Hause geschickt. Dann kommen die nächsten, die arbeiten auch wieder zwei Stunden, dann haben die auch wieder 2000 drauf, dann müssen die auch nach Hause. Da wird immer ausgewechselt, solange, bis das fertig ist.
Normalerweise ist das so: Wenn die ausländischen Arbeiter kommen, dann wissen die gar nicht, warum sie nach zwei Tagen oder nach zwei Stunden schon wieder aufhören müssen. Da wird denen nur gesagt: Sie sind gesperrt. Dann müssen die weg und fahren nach Hause.«
Über die Arbeit von Reinigern am Reaktorbecken weiß Frank M. folgendes zu berichten:
»Wenn das Werk abschaltet, dann werden im Schnitt dreißig Prozent der Brennstäbe ausgewechselt. Die kommen dann ins Ablagerungsbecken. Da bleiben die über ein Jahr, damit sich die Strahlung abbaut. Wenn die Stäbe ausgewechselt werden, ist Wasser drin, und dann sind immer Leute von uns da, die müssen auch den Boden um das Becken herum sauber halten, damit die Kontamination (äußere Verstrahlung, G. W.), nicht durchs ganze Werk getragen wird. Dann arbeitet einer direkt am Becken, und einer hält ihn fest, also gesichert mit einem Seil. Denn wenn einer in das Wasser fällt, muß er innerhalb von 10 Sekunden wieder rausgezogen werden, weil man in dem Wasser nicht schwimmen kann.«
Und der jugoslawische Arbeiter Dragan V.:
»Die haben mir bei meiner Einstellung über Strahlengefahr

nichts erzählt. Die haben mir nur gesagt: meine Vierteljahresdosis ist 2500 Millirem, Jahresdosis 5000. Mehr haben sie nicht gesagt. Wie gefährlich das ist, ob das gefährlich ist, davon hat keiner was gesagt.«

Am 20. August 1982 wurden vierzehn Arbeiter von Fremdfirmen beim Auswechseln eines sogenannten »Sandfilters« in der Abgasanlage so stark verstrahlt, daß sie in die zuständige Strahlenklinik in Düsseldorf gebracht werden mußten. Die Werksleitung ordnete striktes Stillschweigen über den Vorfall an.

Das Protokoll eines Arbeiters, der diesen Unfall in Würgassen miterlebt hat:

»Ich habe immer Angst, wenn ich da drinnen arbeite. Besonders seit dem Unfall. Da haben sie erst eine *Zeitsperrung* gemacht. Dann haben die Leute noch eine halbe Stunde drin arbeiten müssen. Und dann auf einmal: Vollsperrung. Unsere Schleifer, die waren unten sieben Meter tief. Die anderen haben alle im Treppenhaus gesessen. Davon ging ein Raum ab – da ist das ganze Zeug runtergekommen. In dem Raum hatten die ihre Werkzeugkiste stehen und Kabel liefen da raus, deshalb war die Tür natürlich offen. Die haben das alle gar nicht gemerkt, bis dann die Vollsperrung kam. Am Ausgang wollten die durch die Automaten durch, durch die Monitore (die die Strahlenbelastung messen, G. W.). Aber da kam raus, daß sie ganz verseucht waren.

Dann ging das los: Die mußten duschen und nochmal duschen, aber da war nichts zu machen. Wir anderen waren schon draußen, und die waren immer noch am Duschen. Die haben bis nachmittags um drei geduscht und sich die Haut fast runtergeschrubbt. Von halb zwölf an. Und dann kamen sie um drei wieder raus. Wir sind kurz vor drei wieder rein. Konnten wieder arbeiten. Bloß Maschinenhaus und Gleiseinfahrt waren noch gesperrt. Am nächsten Tag, Samstag, haben wir auch wieder gearbeitet, es fehlten ja die Stunden. Da sind auch wieder alle Mann angerückt, rein und wieder duschen bis mittags. Von morgens sieben bis um zwölf. Aber ging nichts runter. Und montags dann ab nach Düsseldorf, Strahlenklinik. Aber die haben nur Messungen gemacht da, sonst nichts. Und dann waren fast alle gesperrt für den Rest des Jahres. Durften nicht mehr rein ins Werk.«

Der deutsche Arbeiter Horst T. hatte ebenfalls einen Unfall: »In der Kondensationskammer hab ich mir eines Tages den Schutzanzug, den Overall, aufgerissen. Als ich nach der Schicht an die Monitore ging, leuchtete der ganze Kasten auf, von oben bis unten. Ich dachte, das gibt's doch nicht! Dann habe ich geduscht. Fast zwei Stunden. Immer wieder: Dusche, Monitor, Dusche, Monitor. Nachher hab ich mir die Haare schon nicht mehr geföhnt. Das setzt sich in die Poren rein, und dann kannst du stundenlang schrubben. Die sagten mir, ich hätte um die 2800 Millirem abbekommen, alles in allem. Aber wie soll ich wissen, ob es nicht ein Vielfaches davon war? Da haben die mich einfach entlassen. Angeblich Arbeitsmangel. Außerdem sei ich für diese Tätigkeit nicht geeignet. Da wollte ich meinen Strahlenpaß haben, in den ja alles eingetragen werden muß, was du da abkriegst. Dann bekam ich den in die Hand, nach langem Hin und Her – aber da war gar nichts eingetragen. Da hieß es, ich soll ihn nach Kassel schicken, zum Sub. Das hab ich getan. Und nach vierzehn Tagen haben die mich angerufen, ob ich nicht wieder anfangen wollte. Jetzt habe ich wieder einen neuen Strahlenpaß bekommen. Ich hab mal reingeguckt, ich mußte den ja unterschreiben, da stand nichts drin, gar nichts. So, als ob ich da noch nie gearbeitet hätte ...«

Einsicht in die Strahlenpässe, die gesetzlich vorgeschrieben sind und als Nachweis über Verseuchungen dienen, haben die wenigsten Beschäftigten. Die Pässe bleiben im Büro der jeweiligen Subfirma, gehen schon mal verloren oder zeigen geschönte Werte, wenn die Behörden zur Prüfung kommen. Die Subchefs übernehmen ihre eigene Art von Verantwortung für ihre Leute.

Die Atomindustrie verharmlost die Gefahr durch den ständigen Kontakt mit kleinen und größeren Mengen Radioaktivität, wo immer sie Gelegenheit hat. Wer zum Beispiel das Atomkraftwerk Würgassen betritt, um im »heißen Bereich« zu arbeiten, wird mit farbigen Videofilmen »aufgeklärt«: »Die Strahlung ist vergleichbar dem Sonnenlicht«, berichtet da ein flotter Sprecher aus der Werbefilmbranche, und über den Bildschirm flimmert ein braungebranntes Mädchen, das an irgendeinem Südseestrand liegt, unter aufgespanntem Sonnenschirm. Arbeiter berichten, wie ihnen Vorarbeiter die Angst nehmen: »Das ist dieselbe Strahlenintensität wie zwei Wochen Ferien an der Nordsee.« Der lockere Wahlspruch aus Würgassen, der in jedem »Aufklärungsfilm« ein paarmal wiederholt wird, heißt schließlich: »Jede unnötige Strahlenbelastung vermeiden und jede *unvermeidbare* Strahlenbelastung so gering wie möglich halten.«

Tatsächlich kalkuliert die Industrie von vornherein einen bestimmten Prozentsatz Toter fest ein. Auf dem Papier. Was wirklich mit den Menschen geschieht, kontrolliert niemand.

Die Bremer Strahlenforscherin Prof. Dr. Inge Schmitz-Feuerhake:

»Man weiß heute, daß jede Strahlendosis, egal wie groß oder wie klein sie ist, einen Schaden anrichten kann. Und zwar entweder einen strahlenbedingten Krebs erzeugen kann oder einen genetischen Schaden bei den Nachkommen. Und das Tückische an den strahlenbedingten Schäden ist ja, daß sie oft erst sehr, sehr viele Jahre nach der Bestrahlung auftreten, also oft erst nach zwanzig, dreißig Jahren. Die Kerntechnik in der Bundesrepublik ist ja noch gar nicht so lange in Betrieb, daß man jetzt schon die Auswirkungen studieren könnte.«

Doch wer könnte beweisen, nach so langer Zeit, daß ein tödlicher Krebs von einem solchen Job im »heißen Bereich« eines Atomkraftwerks herrührt? Vorher werden die Arbeiter der Subunternehmen gesundheitlich überprüft – nach Beendigung der Arbeit nicht. Mord auf Raten? Heimlich, ohne Zeugen, ohne Beweise, massenhaft. Jährlich arbeiten Zehntausende

Für die Sicherheit (auch die am Arbeitsplatz) von Atomkraftwerken ist in der Bundesrepublik der Technische Überwachungsverein (TÜV) zuständig. Das Institut für Unfallforschung beim TÜV Rheinland in Köln hat an den Bundesminister des Innern einen Bericht über »Menschliche Faktoren im Kernkraftwerk« weitergeleitet, der bisher nie veröffentlicht wurde. Darin untersuchen TÜV-Leute die »Probleme«, die sich durch den Einsatz von sogenanntem »Fremdpersonal« in den Atomkraftwerken ergeben – Probleme allerdings, die für die Industrie entstehen, nicht solche, die für die Menschen bestehen:
»Probleme ergeben sich in erster Linie in der Zusammenarbeit mit unqualifiziertem Hilfspersonal von Dienstleistungsunternehmen, das zur Schonung des Eigenpersonals insbesondere für strahlenintensive Arbeiten eingesetzt wird. Dieses Personal ist nach Aussage des Betreiberpersonals häufig schlecht motiviert und arbeitsunwillig ...«
Kein Wunder, wer geht schon fröhlich ins AKW? An anderer Stelle heißt es allerdings: »... der Verzicht auf Fremdleistungen ist im Hinblick auf eine planmäßige Erledigung der anstehenden Arbeitsaufgaben nicht denkbar.« Häufig entstünde »Personalmangel aufgrund der Strahlenbelastung und der damit verbundenen eingeschränkten Einsatzfähigkeit eigenen Personals.« Zudem: »Die zulässigen Strahlendosen werden oft innerhalb sehr kurzer Zeit (weniger Minuten) aufgenommen.« Weiter heißt es: »Eine Aufgabe für das eigene Personal ist es, speziell bei strahlenexponierten Arbeiten, bei denen es auf Schnelligkeit und Exaktheit ankommt, Fremdpersonal entsprechend einzuweisen ... Eine genaue Einweisung ist oft nicht möglich (bei hoher Strahlung) oder der Aufwand ist unangemessen und der Zweck des Fremdpersonaleinsatzes würde verfehlt.« Trokken stellt das TÜV-Institut fest: »Die Mehrzahl des eingesetzten Fremdpersonals ist im allgemeinen unerfahren gegenüber dieser Gefährdung ... Die mangelnde Anlagen- und Systemkenntnis schlägt hier zusätzlich negativ zu Buche, zumal eine genaue ... Aufsicht dort nicht möglich ist, wo Fremdpersonal gerade zur Schonung (Begrenzung der Strahlendosen) des

Eigenpersonals eingesetzt wird ... Unvorsichtiges Verhalten des mit strahlenintensiven Aufgaben betrauten Fremdpersonals kann begünstigt werden durch ein Gefühl der Hilflosigkeit gegenüber einer weitgehend unbekannten Gefahr.«

von Reinigern und Schweissern in deutschen Atomkraftwerken (in einem Jahr wurden allein in Würgassen bis zu fünftausend Menschen in die gefährliche Zone geschickt). Etwa die Hälfte davon Ausländer, die häufig in ihre Heimatländer zurückkehren, bevor die Folgen sichtbar, spürbar werden.

Nur Insider und Wissenschaftler sind in der Lage, Meldungen wie die aus der *Frankfurter Allgemeinen* vom 29. Juli 1982 auf Anhieb zu dechiffrieren. Unter der Überschrift »Allein zum Austausch der Rohre tausend Mann« berichtet das Blatt über Reparaturarbeiten in Würgassen und erwähnt in der Geheimsprache der Atomindustrie, daß dabei mit »1000 men-rem« zu rechnen sei. »1000 men-rem«? Das klingt wie ein Geheimcode aus der Agentenszene oder vielleicht noch wie eine Sendefrequenz auf dem Kurzwellenempfänger. Die Konzerne allerdings wissen sehr genau, was es bedeutet. Mit dieser mysteriösen Maßeinheit läßt sich für Fachleute schnell umrechnen, wieviel Krebsfälle zu erwarten sind. Der ehemalige Leiter des Strahlenschutzes im amerikanischen Atomforschungszentrum Oak Ridge, Carl Z. Morgan (der von Wissenschaftlern gern als der »Vater der Strahlenschutzforschung« bezeichnet wird), sagt, daß »1000 men-rem« etwa 6–8 Krebstote bedeutet. Rein statistisch gesehen. Der schleichende Strahlentod könnte ebenso einen Mann, der von Adler geheuert ist, treffen wie einen von den anderen größeren Menschenhändlerringen, die Atomkraftwerke mit menschlichem »Strahlenfutter« versorgen. »Celten« in Holzminden etwa oder »Kupfer« in Landshut oder »Jaffke« in Bremen. Oder ...

Krebsrate in AKW höher

Arbeiter in britischen Atomkraftwerken und anderen Nuklearbetrieben haben gegenüber dem Durchschnittbürger ein höheres Risiko, an Prostatakrebs zu erkranken. Nach einer jetzt in London veröffentlichten Studie des britischen medizinischen Forschungsrates lag bei einer Gruppe von 1000 Arbeitern, die relativ hohen Strahlungen ausgesetzt war, die Zahl der an Prostatakrebs Gestorbenen achtmal höher als im nationalen Durchschnitt.

Die Wissenschaftler, die über ihre Ergebnisse in der Fachzeitschrift »British Medical Journal« berichteten, befaßten sich mit 3373 Todesfällen unter den 40000 Männern und Frauen, die zwischen 1946 und 1979 bei der Atomenergie-Behörde Großbritanniens beschäftigt waren.

Nach Angaben der Studie war auch die Zahl der Todesfälle, die *durch Leukämie, Schilddrüsen- und Hodenkrebs* verursacht wurden, überdurchschnittlich hoch. Die Mediziner fanden zudem bei Frauen, die über lange Zeit einer schwachen Bestrahlung ausgesetzt waren, eine größere Zahl von tödlichen Erkranken an Eierstock- und Blasenkrebs.

Meldung aus der *Frankfurter Rundschau* vom 21. August 1985

Auch die wissen nicht, wie gefährlich diese Arbeit ist? Ein intensiver Test beweist, daß Adler es nicht einmal dann wissen will, wenn es ihm ganz deutlich gesagt wird.

Der Auftrag

oder hopp und ex

– eine Inszenierung der Wirklichkeit –

> *»Mit entsprechendem Profit wird Kapital kühn. 10 Prozent sicher, und man kann es überall anwenden; 20 Prozent, es wird lebhaft; 50 Prozent, positiv waghalsig; für 100 Prozent stampft es alle menschlichen Gesetze unter seinen Fuß, 300 Prozent und es existiert kein Verbrechen, das es nicht riskiert, selbst auf Gefahr des Galgens. Wenn Tumult und Streit Profit bringen, wird es sie beide encouragieren (anheizen, G. W.). Beweis: Schmuggel und Sklavenhandel.«*
> *Karl Marx, Das Kapital*, Bd. 1, Kapitel: »Die ursprüngliche Akkumulation«, MEW Bd. 13, S. 788, Fußnote 250.
> Marx zitiert hier einen englischen Gewerkschaftsfunktionär namens Thomas Joseph Dunning, *Trade Unions and Strikes*, London 1860.

Wie es der Zufall so will: Adler hat seine Leute also auch im AKW Würgassen drin. Nicht viele, wie es so seine Art ist. Lieber unauffällig und dezentralisiert. Mal hier dreißig und dort zehn und da einen. Sollte er in Hamburg wider Erwarten hochgehen, dann läuft's im Ruhrgebiet bei Thyssen, Steag, MAN auf jeden Fall immer noch weiter. Und auch bei der Ruhrkohle in Süddeutschland. Wie war noch seine Devise: »Viel Kleinvieh gibt auch Mist.« – Und: »Gesetze sind dazu da, umgangen zu werden.« Der Menschenhandel Adler mit dem AKW Würgassen ist in etwa so beängstigend wie die Vorstellung einer Geschäftsbeziehung zwischen »Mr. Hyde« und »Dr. Mabuse«. Die kriminelle Energie eines Adler, in Anspruch genommen von den »technischen Sachzwängen« einer Kernkraftindustrie. Die Handelsware: Türken zum Verheizen.

Ich will einmal durchspielen, wie es im schlimmsten Fall sein könnte, und entwerfe ein Szenarium. Freunde und Kollegen sind zum Mitspielen bereit: Der Kölner Schauspieler Heinrich Pachl übernimmt den Part des AKW-Sicherheitsbeauftragten

Schmidt und mein Kollege Uwe Herzog die seines fachkundigen Assistenten Hansen.

Der *Geheim-Auftrag*:
Das AKW Würgassen kann aufgrund einer technischen Panne nicht ans Stromnetz angeschlossen werden. Millionenverluste. Gesucht werden türkische Arbeiter, die in den total strahlenverseuchten Bereich hineinklettern, um den Schaden zu beheben. Es ist damit zu rechnen, daß sie Strahlendosen in einer Höhe und Konzentration abbekommen, die schwerste gesundheitliche Schädigungen, wahrscheinlich als Spätfolge Krebs, hervorrufen werden. Bedingung: Die Türken dürfen von der Gefährlichkeit des Auftrags nichts erfahren und sollen nach Erledigung der Arbeit möglichst schnell in ihre Heimat zurückgeschickt werden. Adler, so erklärt »Schmidt«, sei in der Branche als besonders zuverlässig für derartige Aufträge bekannt. Erste Kontaktaufnahme übers Auto-Telefon. Ich (Ali) chauffiere Adler soeben von der Ruhrkohle/Wärmetechnik, Essen, nach Oberhausen zurück, als der Anruf eingeht:
Pachl/Schmidt: »Ja, guten Tag. Mein Name ist Schmidt, Leitung Strahlenschutz AKW Würgassen. Herr Adler, folgendes Problem. Ich sag Ihnen direkt, worum es sich handelt. Wir haben da einen Störfall, eine Panne, die wir technisch alleine nicht beheben können. Und da habe ich gedacht, daß Sie der richtige Partner für uns wären, um das zu regeln. Es geht um einen etwas intensiveren und ziemlich kurzfristigen Personaleinsatz. Die Frage ist folgende, weil die Sache sehr dringlich ist, ob wir uns jetzt – ich bin gerade hier in der Gegend im Ruhrgebiet – treffen könnten? Sagen wir in einer Stunde? Ich mache Ihnen folgenden Vorschlag, wenn Ihnen das möglich wäre: Autobahnraststätte Lichtendorf. Zwischen dem Westhofener Kreuz und dem Kreuz Unna. Sagen wir um halb zwei?«
Adler holt die Spezialkarte Ruhrgebiet aus dem Seitenfach an der Tür und studiert sie eingehend. Dann zu mir (Ali): »Wir müssen uns beeilen. Fahr mich schnell zu Remmert nach Ober-

hausen. Ich muß um halb zwei wieder in die andere Richtung. Autobahnraststätte Lichtendorf. Da wartet ein Kunde auf mich. Neuer Auftrag.« Nach Remmert, auf der Rückfahrt, hat er's sehr eilig. Er treibt mich (Ali) an, Geschwindigkeitsbegrenzungen zu ignorieren: »Gib Gas, ich kann es mir nicht erlauben, zu spät zu kommen.« Als eine Frau am Steuer eines Wagens nach dem Überholen nicht sofort die Fahrspur wechselt, gerät er geradezu außer sich: »Diese dumme Sau, dieses Arschloch, jag sie, daß sie rüberfährt, wir kommen noch zu spät.« Jetzt, wo er mit der Zeit in Verzug ist, spricht er plötzlich gegen seine Gewohnheit von »wir«. Mit fünfminütiger Verspätung erreichen wir die Raststätte. Er schnappt sich sein Aktenköfferchen, und schnellen Schrittes eilt er dem neuen Auftrag zu, nicht ohne mir (Ali) vorher noch eine Arbeit aufgetragen zu haben: »Nimm Bürste und Staubtuch aus dem Handschuhfach und mach innen alles tipp topp. Auch den Aschenbecher. Ich will kein Stäubchen sehen, wenn ich zurückkomme.« – »Alles klar«, sag ich kurz und prägnant. Das ist die Antwort, die ihm immer – wie ich herausgefunden habe – am besten gefällt.
Der Wagen meiner Freunde steht schon da, wie ich erleichtert feststelle. Während ich seinen Wagen wienere, zieht er drinnen in der Raststätte seinen neuen Auftrag an Land.
Es ist Mittwoch, 7. 8., 13.30 Uhr, als sich die beiden AKW-Sonderbeauftragten mit Adler zu einem ersten Gespräch gegenübersitzen:

Pachl/Schmidt: »Wir stehen unter einem ungeheuren Zeitdruck. Und zwar müssen wir die ganze Angelegenheit bis Freitag durchziehen ...«

»Ich bin also ein mittlerer Unternehmer. Wir machen alles mit. Unsere Kunden sind zum Beispiel die Großindustrie, die Ruhrkohle und die Steag und so weiter und so fort. Wir haben schon häufig für Sie (AKW Würgassen, G. W.) gearbeitet.«

Pachl/Schmidt: »Wir haben mal zwei Möglichkeiten durchgespielt. Wir wollen in diesem Fall acht zuverlässige Arbeitskräfte, die brauchen in diesem Bereich bisher noch nicht gearbeitet zu haben ...«

Adler: »Ist klar.«

Pachl/Schmidt: »Die sollen also da reingeschickt werden. Das ist das erste. Es kann sein, daß die Sache sehr schnell behoben werden kann, es kann aber auch sein, daß es länger dauert.«

Nach diesen einleitenden Worten, die den »heißen« Auftrag nur anspielungsreich umkreisen, ist Adler sofort im Bilde. Rasch betont er, daß er »morgen acht oder zehn zuverlässige Leute rüberschicken« kann und stellt dann die gezielte Frage, die den Profi in diesem Geschäft verrät: »Können wir aber irgend etwas machen, was die Strahlenpässe angeht?« Pachl/Schmidt ist vorbereitet und verlangt die erste Illegalität: »Selbstverständlich ohne Strahlenpässe«, aus Zeitgründen, die Störung müßte bis spätestens Freitag 18.00 Uhr behoben sein. Und Adler zögert nicht: »Ja, ohne Strahlenpässe? ... Sie brauchen morgen acht Mann ohne Strahlenpässe. Alles klar! Ich mache meinen Job damit. Sie machen Ihren Job damit. Vollkommen top-secret undsoweiterundsofort.«

So kann also Pachl/Schmidt mit weiteren Forderungen fortfahren. Man verständigt sich schnell, daß nur Leute in Frage kommen, die »nicht aus diesem Gebiet kommen«, also »ausländische Arbeitskräfte«, die »sofort wieder abgezogen werden« können. Und Pachl/Schmidt führt auch gleich den Hauptgrund für das schnelle Verschwinden der Arbeiter ein: »Es kann natürlich sein, daß irgendwas passiert ...« und beschwichtigt zugleich: »Das sind aber nie monokausale Ursachen, wenn irgendwas auftritt, will mal sagen, bei Krebs ist das nie nur eine Ursache ... Bei Krebs kann das 'ne Latenzzeit von zwanzig Jahren haben.« Adler (erleichtert): »Ja, eben.« Pachl/Schmidt (beruhigend): »Man kann's also nie direkt beweisen.«

Aber dann legt Herzog/Hansen Zeichnungen vor, die Adler keinen Zweifel mehr über das Todeskommando lassen:

Herzog/Hansen »Schauen Sie. Das hier sind die Rohre. Die haben 67cm Durchmesser. Da müssen die Leute rein ...«

Adler: »Wo ist hier ... der Kern?«

Herzog/Hansen: »Ja, das ist der Sicherheitsdruckbehälter. Zwischen dem Sicherheitsdruckbehälter und dem Maschinenhaus laufen die Rohre lang, durch die der radioaktive Dampf auf die Turbine strömt. Und mitten in diesem Rohr hier ist unsere ›Maus‹ steckengeblieben.«

Adler: »Hmh, hmh.«

Herzog/Hansen: »Vielleicht kennen Sie das Gerät, das ist ein kleines Lasergerät, das inwendig die Rohre auf Schadstellen abtastet. Und diese Maus hängt fest, die kriegen wir nicht raus, das ist das Problem. Da müßten also die Leute rein, das ist körperlich nicht anstrengend, aber die Leute müssen soweit gesund sein.«

Adler: »Sind die. Ja ja. Klar.«

Herzog/Hansen: »... die müssen da rein. Die Sache ist nur: Wir können jetzt aus technischen Gründen nicht sagen, wie hoch die Strahlung in dem Bereich ist. Die könnte verdammt hoch sein.«

Adler: »Passen Sie auf: Sollen wir Plaketten mitschicken oder sowas?«

Herzog/Hansen: »Die Dosimeter stellen wir. Das ist kein Problem. Wir geben Sicherheitsanzug, alles. Nur ist die Frage, wie weit sich da Strahlung festgesetzt hat. Das können wir eigentlich erst richtig beurteilen, wenn die wieder 'rauskommen.«

Adler (spricht wie ein Zuhälter über seine Arbeiter): »Also, ich habe Leute, zum Beispiel bei Thyssen laufen, da werden morgen acht von abgezogen, die besten such ich mir 'raus. Mit unserem Transporter sind wir morgen früh hier. Das sind also ..., Ausländer. Ein Deutscher dabei, im Prinzip sind das nur Ausländer. Die blicken da nicht durch. Und dann, Schnauze halten, und nach einer Woche sind die wieder hier an Bord.

Haben Sie denn 'ne Möglichkeit, also, ich hab' Interesse, als Geschäftsmann, an einem längerfristigen Einsatz von weiteren Leuten. Das wäre für mich das Optimale. Reinigungsarbeiten, sowas, alles, auf Dauer ...«

Pachl/Schmidt: »Ich mach' Ihnen folgenden Vorschlag: Wir wickeln erstmal diese Sache hier ab. Ich bin der Meinung, wenn das zu unser beider, aller Zufriedenheit abläuft, dann treten wir gerne nochmal mit Ihnen in Verbindung. Die andere Sache wäre, falls nun, sagen wir mal, ein bestimmtes Warnsignal kommt ...«

Adler: »Ja ...?«

Pachl/Schmidt: »... haben Sie dann Arbeitskräfte ...«

Adler: »Natürlich, Repertoire hab ich. Können sofort ausgetauscht werden.«

Pachl/Schmidt: »... die dann aus irgendwelchen Gründen auch wieder die Heimreise antreten müssen, in absehbarer Zeit.«

Herzog/Hansen: »Wir müssen uns auf alles gefaßt machen. Das Risiko ist groß. Die Rückkehrbereitschaft in die Türkei könnte man vielleicht auch mit 'ner Auslösung etwas attraktiver machen.«

Adler: »Ja, wenn man denen nen vernünftigen Preis gibt ...«

Pachl/Schmidt (kann sich, was Bezahlung angeht, großzügig zeigen): »Mal abchecken, also, es wird sich so um die 120000, 150000 Mark handeln ...«

Adler: »Sie haben mir jetzt die Probleme gesagt. Ich bin Unternehmer, ich mach also alles mit. Ich will 'ne Mark verdienen, die Leute sollen 'ne müde Mark verdienen. So. Jetzt such ich mir die Leute aus, ich kenn Ihre Problematik. So. Wer steht zur Verfügung? Wer steht beim Konsulat auf der Abschußliste? Das weiß ich ja. Wer hat Schwierigkeiten bei der Ausländerbehörde? Weiß ich auch. So, die nehmen wir dann, ne.«

Damit ist für Adler das »Geschäft« klar. Er fragt nochmal nach den Namen der beiden »Sicherheitsbeauftragten«: »... der Herr Schmidt und der Herr ...?« – »Hansen«, stellt sich Herzog/Hansen noch einmal vor, und Adler glaubt sich zu erinnern: »Also, Sie kenn ich auch irgendwie dem Namen nach ... ja ja, aus Würgassen ...« Das lukrative Unternehmen stärkt sein Vertrauen. Und er versichert die beiden »Partner« auch noch einmal seiner eigenen Vertrauenswürdigkeit, um dann gleich die Sache auf den Punkt zu bringen – das Geld:

Adler: »Also, ich hab meine Leute so im Griff. Wenn wir bei n'em Kunden sind: die solln arbeiten, Augen zu, arbeiten. Nicht rechts gucken, nicht links gucken. Wer da quatscht, fliegt sowieso raus.

Das gibt's auch woanders, bei Thyssen kommt das schon mal vor, daß wir da auch (so 'ne) Sachen machen müssen, da kommt doch nichts raus, das bleibt dicht.

Also: Einsatz, das wär' morgen 8.8.85. So, dann lassen Sie uns eben kurz nochmal festhalten: Was wollen Sie dafür ausgeben?«

Pachl/Schmidt: »Unser Etat dafür liegt bei etwa so 120–150000 Mark. Das Risiko bei Ihnen, also wenn sich dann später die Folgen 'rausstellen, dann müssen Sie Sorge tragen, daß die weit genug weg sind.«

Adler: »Aber jetzt 'ne Frage nochmal, damit ich genau weiß: Wenn die rauskommen, die kommen also geschädigt 'raus ... nicht wahr?«

Pachl/Schmidt: »Ich denke, wir verstehen uns. Dafür bezahlen wir ja auch. Das ist halt 'ne Kontamination, von der wir sagen würden, das müßte man normalerweise anschließend behandeln. Nur ist's eben so, das können wir uns überhaupt nicht leisten, dann wird rumgefragt, oder wenn jemand länger hier ist, dann erzählt der, irgendwas spricht sich rum. Also, das müssen wir mit allen Mitteln verhindern.«

Herzog/Hansen: »Die müssen sofort wieder weg! Müssen sofort wieder weg!«

Adler: »Alles klar ... Ganz ehrlich also, ich hab jetzt Kameraden da, die krieg ich zusammen. Die schicken Sie dann in die gefährliche Zone, ne? Ne, das ist kein Problem.«

Soweit alles klar: »Kameraden« in die »gefährliche Zone« zu schicken, ist für Adler »kein Problem«. Bleiben nur noch Detailfragen zu klären.
Der Transport wird geregelt. Pachl/Schmidt wird einen Kleinbus vom AKW stellen, um die Truppe am nächsten Tag in Duisburg abholen zu lassen. Adler erklärt noch, daß seine Stammleute zur Zeit in Würgassen im Hotel »Zur Kurve« untergebracht sind und daß er bereit ist, selbst mitzukommen, um am besten gleich abzukassieren.
Gemeinsam verlassen sie die Raststätte. Am zufriedenen Gesicht Adlers glaube ich (Ali) erkennen zu können, daß er sich auf den Menschen-Deal eingelassen hat. Ich reiße ihm die Wagentür auf, wie er es verlangt, und wortlos betätigt er die automatische Schaltung, bis sich der weichgepolsterte Sitz in die für ihn angenehmste und entspannenste Lage verstellt hat.
»Nach Oberhausen zurück«, sagt er nur und schweigt sich aus. Er denkt nach. Eine Zeitlang vermute ich schon, daß ich ihm unter Umständen Unrecht getan habe. Daß er vor diesem so direkt verbrecherischen Auftrag doch zurückschreckt und ablehnt. So skrupellos ist er nicht. Kein Mensch kann durchgehend so abgebrüht sein. Er setzt keine Menschenleben aufs Spiel. Obwohl seine Leute bei Thyssen etwas langsamer und indirekter auch verheizt werden und der konzentrierte Schwermetallstaub mit der Zeit bei etlichen Kollegen wie eine Zeitbombe ebenfalls Krebs entstehen lassen wird, könnte er dort noch eher verdrängen. Hier ist die Situation noch um ein Vielfaches eindeutiger. Den Staub bei Thyssen wird jeder gewahr, auch wenn sich viele nicht über die Folgeschäden im klaren sind, die krankheit- und unter Umständen todbringende Strahlung im AKW kann keiner der Todeskandidaten ahnen. Vielleicht ringt er jetzt mit sich, überlege ich und hoffe bereits – er wird ablehnen.
Seine Überlegungen gehen jedoch in eine andere Richtung, wie ich bald merke. Er kritzelt Zahlen in sein kleines Notizbuch und scheint etwas auszurechnen. Plötzlich bricht er sein

Schweigen und sagt: »Kannst du bis morgen ganz schnell sieben bis acht deiner Landsleute besorgen, die sich was verdienen wollen? Für eine gute Arbeit, muß aber hundertprozentig sein!«

Ich tue so, als überlege ich. Adler: »Wenn du's so schnell nicht schaffst, dann frag ich den K., der hat immer welche an der Hand.« K., einen türkischen Kollegen, hat er in eine Art Kalfaktorrolle gehievt, und wenn Adler um neue Leute verlegen ist, schleppt K. sie an.

»Ich kann auch«, sage ich (Ali) nur, »und was solln Leut' könne?«

»Die brauchen nichts besonderes zu können«, sagt Adler, »ich lege nur Wert darauf, es sollen die Ärmsten der Armen sein. Sag ihnen, ich war auch mal arm ...«

Ich sehe ihn erstaunt an: »Sie ware arm? Wann ware Sie denn arm?«

»Jaaa, nach dem Kriege waren wir ja alle arm. Das können welche sein, die Angst haben müssen, ausgewiesen zu werden.« Er bemerkt meine Verblüffung und liefert schnell ein Motiv: »Ich will ihnen helfen, weil, denen geht es doch hier so schlecht, verstehst du. Ich war immer schon sozial eingestellt, ich bin von Haus aus nämlich Sozialdemokrat.«

»Was is'n das?« frag ich.

»Das ist die Partei, die für die Arbeiter da ist«, belehrt er mich, »da bin ich Mitglied.«

»Was für Arbeit?« will ich wissen und »Was Geld?«

»Die verdienen gutes Geld«, sagt er, »für zwei Tage 500 Mark. Und die Arbeit ... sind leichte Reinigungsarbeiten, ganz sauber, wo sie sich nicht mal die Hände schmutzig zu machen brauchen ...«

»Wo ist?« will ich (Ali) wissen.

Er sagt nichts Genaues, lügt vielmehr auch hier: »Es ist im Umkreis von hundert Kilometern.« (In Wirklichkeit liegt *Würgassen* ca. 300 km entfernt, G. W.).

»Es können ruhig welche dabei sein, die sich verstecken müs-

sen, weil sie keine Aufenthaltsgenehmigung haben«, fährt er fort, »sie sollen dann aber bald, wenn der Auftrag erledigt ist, besser in die Türkei zurückkehren. Wenn du mir die Leute bringst, kriegst du auch 500 Mark.«
»Ja, könne es auch Leut ausse Asylheim sein?«
»Ja, nichts mit Behörden!« wehrt er ab. »Du mußt wissen: das ist black, das Geld ...«
»Was is bläck?« frage ich.
»Schwarz, ohne Steuern. Das gebe ich denen so bar auf die Hand. Da braucht keiner Papiere und sowas zu zeigen. Das geht alles so unter dem Tisch, daß ist denen doch lieber so. Dann haben sie Geld für die Türkei und können was damit anfangen. Sie sollen sich auch was zum Übernachten mitnehmen. Unterwäsche und so. Sonst kriegen die alles gestellt. Wo findest du die denn?«
»Ach, da gib welch, die wohne versteckt inne Keller.«
»Oh, das ist gut«, sagt er, »wenn die im Keller wohnen, dann haben die auch sonst keine Kontakte. Wie viele sind das denn?«
»Ach, so fünf ...«
»Ja«, sagt er, »dann guck nochmal so woanders rum, und vielleicht kriegst du doch deine acht zusammen. Ruf mich zu jeder Zeit an! Du kannst mich auch im Tennisclub anrufen. Am besten, du bringst die nicht mit zu mir nach Hause ins Büro, sondern in deine Wohnung, in die Dieselstraße, dann komm ich dann dahin, und dann werden die abgeholt. Nur eins ist wichtig: daß die mir dann auch verschwinden! Das will ich schriftlich haben, das müssen die einem auch vorzeigen, daß die hier raus müssen. Nicht, die müssen doch raus? Die werden doch alle gesucht von der Ausländerpolizei?«
»Ja«, sage ich, »manche so, manche so.«
»Also, das muß klar sein, daß die alle hier raus müssen! Nicht, daß ich erlebe, daß die sich hier Wochen später noch rumtreiben. Das ist Bedingung, das ist Voraussetzung für diesen Auftrag ...«

Ich frage nochmal genauer nach der Arbeit, um die es gehen soll. Doch da sagt er nur: »Das verstehst du nicht, das wird denen schon klargemacht. Das ist überhaupt kein Problem. Wichtig ist, daß man diesen Menschen doch helfen muß, die haben doch hier genug gelitten ...«
Er redet wie ein Pfarrer, plötzlich liegt so etwas Salbungsvolles in seiner Stimme. Doch dann ist er gleich wieder der Alte: »Nur: ich muß mich drauf verlassen können!«
»Alles klar«, sage ich.
Am Abend soll ich ihn anrufen, um Vollzugsmeldung zu erstatten. Abends 21 Uhr. Ich erreiche ihn telefonisch im Restaurant seiner Tennishalle. Er hat von seinem Auftraggeber Schmidt mitgeteilt bekommen, daß sechs Mann reichen. (Mehr konnte ich in der Kürze der Zeit nicht zur Teilnahme bewegen.)
Adler hat allem Anschein nach Probleme, frei zu reden. Vor Geschäftsfreunden und seinen Angestellten, die ihn kennen und durchschauen, kann er sich unmöglich als Wohltäter von Türken bekennen oder seine im Ruhrgebiet geschäftsförderliche Parteimitgliedschaft als »Partei für die Arbeiter« darstellen. Mit schallendem Gelächter würde das quittiert.
»Wie soll ich das die Kolleg sage, daß sie auch glaub'?«, bring ich ihn weiter in Verlegenheit. »Ja, ich kann das im Moment nicht sagen«, druckst er herum. »Ruf mich in einer Stunde zu Hause an.«
Am Telefon zu Hause bekommt seine Stimme wieder einen leicht pastoralen Klang. Als ich (Ali) wieder insistiere und frage: »Und was soll ich sage, was, warum Sie so gut zu de Leut?«, findet er tatsächlich noch eine Steigerung seiner Wohltätigkeit. Er spricht nicht mehr von den »Ärmsten der Armen«, sondern von den »Ärmsten der Ärmsten« – »und denen will ich noch ein paar Mark geben«. Als ich jedoch einhake und versuche, ihm das Elend einiger türkischer Arbeiter eindringlicher vor Augen zu führen, kann er kaum mehr verbergen, wie ihn das kalt läßt. Nur um mich bei dem Geschäft bei der Stange zu

halten, ringt er sich ein bemühtes »Darüber können wir uns dann unterhalten« ab und ist sogar auf meinen Vorschlag hin bereit, für die »Ärmsten der Ärmsten« eine Arbeitserlaubnis und Wohnung zu besorgen – wohl wissend, daß er den »Sicherheitsbeauftragten« versprochen hat, die ausländischen Arbeiter so schnell wie möglich verschwinden zu lassen.

Am nächsten Morgen. 9.30 Uhr.

AKW-Beauftragter Schmidt erkundigt sich bei Adler telefonisch, ob alles – wie besprochen – läuft.

Adler: »Ich hab' also soweit die Truppe zusammen, die steht. Jetzt sagen Sie nur mal ganz ehrlich, mit wem hab' ich's zu tun? Herr Schmidt vom Kernkraftwerk Würgassen sind Sie nicht. Das weiß ich also, Herr Schmidt; lassen Sie die Katze aus dem Sack. Wer sind Sie? Damit ich weiß, mit wem ich's zu tun habe. Und dann machen wir auch das Geschäft.«

Wir hatten damit gerechnet, daß Adler in Würgassen rückfragen könnte und dann herausbekäme, daß der echte Sicherheitsbeauftragte das Werk gar nicht verlassen hatte. Pachl/Schmidt hatte vorgebaut und Adler erklärt: »Versuchen Sie nicht, mich in meinem Büro zu erreichen. Die Sache läuft so geheim, daß ich mich Ihnen gegenüber dann verleugnen lassen und Ihnen leider sagen müßte: ›Ich kenne Sie nicht, wir sind uns nie begegnet, und so einen Auftrag gibt es nicht.‹ Wir sind ein hochempfindlicher Sicherheitsbereich, und der Feind hört überall mit, selbst im eigenen Haus.« Allem Anschein nach hat's Adler nicht durch eigenen Anruf herausbekommen, sondern über dritte. Aber auch für diesen Fall hatten wir uns eine Version zurechtgelegt.

Pachl/Schmidt: »Also beruhigen Sie sich mal. Das ist eine Sache, die äußerst diskret zu laufen hat. Das ist für den Schmidt ein paar Nummern zu groß. Das ist ein direkter Vorstandsbeschluß.«

Adler: »Richtig. Hab' ich Verständnis für.«

Pachl/Schmidt: »Und zur Diskretion gehört natürlich 'ne bestimmte Vertrauensbasis ...«

Adler: »Richtig, hab' ich auch.«

Pachl/Schmidt: »Wenn die nicht gegeben ist, meine ich, sollten wir die ganze Sache nochmal überdenken. Wir sind in einer Situation, die für uns ...«

Adler: »Ja ...«

Pachl/Schmidt: (mit gehobener Stimme, stark pathetisch) »Gerade weil wir für die deutsche Energieversorgung zuständig sind und uns gar keine andere Möglichkeit bleibt...«

Adler: »Ja ...«

Pachl/Schmidt: »Ich hab's Ihnen ja gestern gesagt, wenn Sie anrufen, das läuft ja auch dort im innersten Sicherheitskreis, verstehen Sie?

Adler (fällt ins Wort)*:* »Richtig!«

Aber noch plagen Adler Zweifel, die allerdings mehr und mehr durch das autoritätsbewußte Verhalten Pachl/Schmidts zerstreut werden:

Adler: »Herr Schmidt, von wem krieg ich die Bestellung? Die schriftliche Bestellung?«

Pachl/Schmidt: »Da gibt's auch gar keine schriftliche Bestellung, verstehen Sie?«

Adler: »Ja.«

Pachl/Schmidt: »Passen Sie auf. Erstens, wir ham ja jetzt anstelle von acht nur sechs Arbeitskräfte. Das wären von der Summe 130000 nur noch 95000. Da sag ich ...«

Adler: »Mh ...«

Pachl/Schmidt: »... lassen wir drei gerade sein, sagen wir 110 ...«

Adler: »Mh ...«

Pachl/Schmidt: »... dadrin wären allerdings die Rückkehrprämie beziehungsweise der Rückkehranreiz.«

Adler: »Ja klar.«

Pachl/Schmidt: »Den ham wir ungefähr kalkuliert, pro Person um die 5000 Mark. Wir müssen davon ausgehen, daß das klappt und daß Sie das Geld auch an die Leute auszahlen, Herr Adler!«

Adler: »Aber selbstverständlich!«

Pachl/Schmidt: »Dann als Zweites müssen wir die Gewähr haben, daß es wirklich robuste Naturen sind.«

Adler: »Das sind die, ja.«

Pachl/Schmidt: »Also, wir haben ja kein Interesse, daß beim ersten Anflug von ein paar Milli-Rem die Leute umgepustet werden.«

Adler: »Nee nee, die können schon was vertragen und machen nicht so schnell schlapp.«

Pachl/Schmidt: »Und wenn Sie irgendwie 'ne Art von Kolonnenschieber brauchen, daß das auch ein Ausländer ist.«

Adler (fällt ins Wort)*:* »Klar. Aber, Herr Schmidt, jetzt nochmal etwas. Das ist also im Auftrag des Kernkraftwerkes *Würgassen*?«

Pachl/Schmidt: »Ja.«

Adler: »Ne? Is das klar so?«

Pachl/Schmidt: »Das ist klar so. Das ham Sie völlig richtig verstanden. Wo sind Ihre Bedenken? Schauen Sie, Sie bitten mich, die Katze aus dem Sack zu lassen. Ich bin Ihnen hier sehr weit entgegengekommen.«

Adler: »Ja sicher.«

Pachl/Schmidt: »Ich weiß zum Beispiel nicht, wie weit Sie beispielsweise auch erzählen oder so. Umgekehrt möcht ich jetzt mal bitten, wenn Sie irgendwelche Bedenken haben, dann sagen Sie mir, woher die Bedenken kommen, dann können wir darüber reden. Aber dann müssen Sie ...«

Adler (fällt ins Wort)*:* »Ja, ich hab Verständnis dafür, daß das unter äußerster Diskretion laufen muß undsoweiterundsofort, und daß man auch schon mal irgendwie inkognito das machen muß, da hab ich Verständnis für. Nur, wenn einer zu mir kommt und sagt, hier, ich bin ... und stellt sich vor: mein Name ist Schmidt, Kernkraftwerk Würgassen, und ich weiß, das ist nicht so ... wissen Sie, dann hab ich, wie gesagt, Bedenken: Auf was laß ich mich da ein? Laß ich mich tatsächlich mit der Energie AG ein oder mit wem laß ich mich ein? Wissen 'se, ich möchte nicht irgendwie grobfahrlässig oder grobstraffällig handeln, ne.« (Adler hüstelt): »Ja ich, Herr Schmidt, wenn ich so sagen darf, ich weiß es nicht, ich möchte wissen, ist mein Partner wirklich die Energie AG?«

Pachl/Schmidt: »... also ich überhör das mal mit der groben Fahrlässigkeit ...«

Adler: »... Ja.«

Pachl/Schmidt: »... möglichen Straffälligkeit. Wenn von Ihrer Seite da irgendwas ist, müßten Sie mir das natürlich sagen.«

Adler: »Nee, von meiner Seite ...«

Pachl/Schmidt (fällt ins Wort)*:* »Was da in Frage kommen könnte.«

Adler: »Von meiner Seite überhaupt nicht, Sie kriegen von mir die Leute.«

Ein Treffen wird ausgemacht. Adler schlägt den Busbahnhof vor dem Hauptbahnhof vor.

Pachl/Schmidt: »14 Uhr. Dann regeln wir das auch mit den finanziellen wie mit den Übergabemodalitäten. O. k., Herr Adler, machen wir's so?«

Adler (satt)*:* »Ja natürlich.«

Der Verdacht ist soweit ausgeräumt. Die Profitgier macht ihn unvorsichtig.

Donnerstag, 8. 8., 12 Uhr

Adler hat sich von einem türkischen Aushilfschauffeur in seinem 280-SE-Mercedes nach Duisburg-Bruckhausen fahren lassen, um sein Todeskommando in Empfang zu nehmen.

Er läßt nicht direkt in der Dieselstraße parken, sondern in der Hauptverkehrsstraße, der Kaiser-Wilhelm-Straße um die Ecke, visavis der Thyssen-Kokerei. Sein Luxusgefährt in diesem Elendsviertel erregt Aufsehen. Hinter den Gardinen lugen ängstlich türkische Frauen heraus, befürchten unter Umständen, daß wieder mal ein Hausabriß geplant wird oder Ruinen-Häuser aus hygienischen Gründen zwangsgeräumt und an-

schließend zugemauert werden könnten. Türkische Kinder stehen in respektvollem Abstand um den Adler-Mercedes herum und begutachten ihn. Adler weiß sich nicht recht zu verhalten. Er raucht eine Zigarette nach der anderen und schaut sich ständig um. Die Rußwolken schleudern fast pausenlos aus den Thyssen-Schornsteinen, und ein leichter Wind drückt den Dreck direkt in das einen Steinwurf von der Hütte errichtete Wohnviertel. Man riecht den Dreck nicht nur, man schmeckt ihn, beißt auf Rußkörner, und manchmal brennen die Augen. Bei bestimmten Schwefelkombinationen – je nach Wetterlage und Tageszeit – würgt es einen in der Kehle. Es gibt überdurchschnittlich viele Asthmatiker und Bronchitiskranke in diesem Viertel. Die Kinder sind auffallend blaß. Ein kleiner schmächtiger Junge fällt mir auf – etwa fünf bis sechs Jahre –, dessen Gesicht ausgesprochen ernst wirkt, müde, abgekämpft und alt wie bei einem Erwachsenen.
Obwohl in der Duisburger Innenstadt die Sonne schien, ist hier ein graues, trübes Licht; die Sonne ist hinter den Fabrikwolken allenfalls zu ahnen, sie dringt nicht durch. Ich beobachte Adler von der anderen Straßenseite aus schon die ganze Zeit und spüre, wie unwohl er sich hier fühlt. Dieselstraße und Umgebung ist für ihn der Abschaum, die Vorhölle. Die eigentliche Hölle liegt für ihn innerhalb der vom Thyssen-Werkschutz bewachten Zäune und Mauern. Dort ist die Luft noch unerträglicher, und zusätzlich donnert der Arbeitslärm.
Zu uns in die Produktion hat sich Adler noch nie verirrt, das würde seine zarte Seele zu sehr belasten, und er bekäme am Ende noch Alpträume.
In seinem maßgeschneiderten Anzug wirkt Adler in dieser Umgebung total deplaziert und obszön fast und unwirklich wie die Saubermänner auf den Wahlplakaten, die man in diesem Viertel lange hängen läßt, da es sich hier nicht lohnt, für Konsumartikel groß zu werben, ausgenommen für Bier- und Zigarettenmarken.
Unser »letztes Aufgebot« besteht aus sechs türkischen Freun-

den, die ich eingeweiht habe, worum's geht. Zu meiner Verwunderung sind sie über Art, Zweck und Ziel des Auftrags und Adlers unverfrorene Gewissenlosigkeit weniger erstaunt als ich. Sie leben in dieser Realität bereits lange und haben einiges erlebt. Auch ihnen sage ich nicht, daß ich Deutscher bin, um keinen so großen Abstand zwischen uns entstehen zu lassen. Das könnte wiederum Adler spüren und ihn mißtrauisch machen.

Über eine Parallelstraße schleuse ich unsere Gruppe, ohne daß Adler uns sieht, in meine Wohnung in der Dieselstraße. Dann hole ich Adler ab. Ihm wäre lieber, wenn die »Leute«, so nennt er sie, zu ihm auf die Straße runterkämen, aber ich sage: »Nix gut, zu gefährlich, weil welche kei Papier.« Damit fädele ich den beabsichtigten Schluß der Geschichte bereits ein, aber hiervon erst später.

»Wenn's unbedingt sein muß«, sagt Adler und macht sich auf den Weg in die Dieselstraße 10. Im Treppenhaus riecht's stark nach Pisse. Die Klos liegen alle außerhalb der Wohnung im Treppenhaus. Ein Abflußrohr ist verstopft. Hastig stapft Adler mit mir die Treppe herauf, und im ersten Zwischengeschoß schließ ich die Tür auf und präsentiere ihm meine türkischen Freunde als einsatzbereit.

»Tag«, sagt er kurz, als er 'reinkommt, überfliegt die Gruppe und zählt sie ab: »Zwei, vier, sechs. Alles klar. So, paßt auf. Also – versteht ihr überhaupt alle deutsch.«

»Ja, die meiste könne«, lüge ich. (Damit erreiche ich, daß er sich die Mühe macht, eine kleine Ansprache zu halten, auf daß er um so durchschaubarer wird.)

»Wir sind ein Montageunternehmen in Oberhausen«, stellt er sich vor, »und haben den Auftrag, im Kernkraftwerk Würgassen Reparaturarbeiten durchzuführen. Das dauert zwei Tage, und wir brauchen fünf oder sechs Leute. Wir werden dafür gut bezahlt, und ihr sollt auch gut bezahlt werden. Also – wenn noch Fragen sind, fragt ruhig. Ich beantworte sofort alle Fragen.«

Er wirkt offen und sympathisch, und wer noch nie näher mit ihm zu tun hatte, kann erst mal von ihm eingenommen sein. Um ihn noch mehr kommen zu lassen, habe ich mit den türkischen Freunden vereinbart, daß sie auf türkisch Fragen stellen. Ich (Ali) – so gut wie ohne Türkisch-Kenntnisse – übersetze dann jeweils »frei«, das heißt, ich stelle an Adler die Fragen, die mir in dem Moment wichtig erscheinen. Es ist ihm bisher auch nie aufgefallen, daß ich (Ali) mich mit den türkischen Kollegen nie auf türkisch unterhalte und daß mein Deutsch so gar nicht das gewachsene Fremdsprachendeutsch eines Ausländers ist. Daß ich zum Teil ausgefallenere Begriffe verwende, einfach nur eine Endung weglasse, statt Prellung »Prell ...« sage oder »Begeg ...« anstatt Begegnung. Durch komplizierte Redewendungen gelingt es mir manchmal, ihm auch differenziertere Aussagen zu entlocken. Ihm fällt nichts auf, da »seine Ausländer« für ihn nichts weiter als Arbeitstiere sind. Solange sie für ihn geduldig malochen und funktionieren, ist er der letzte, der Ressentiments gegen Ausländer hätte. Im Gegenteil, er ist einer der wenigen, der sie wirklich zu schätzen weiß. Nur wenn sie es wagen, sich aufzulehnen, ihren längst überfälligen Lohn fordern, sind sie für ihn »Gesocks, Pack, Strauch- und Tagediebe«.
»Der türkische Kolleg' will wisse«, frag ich ihn, »wie wir dahin komm?«
Adler verkauft uns die Reise wie ein Werbeveranstalter eine kostenlose Kaffee- und Kuchenbusfahrt zu Ausflugszielen. »Alles ist frei«, sagt er, »um drei Uhr werdet ihr mit einem Bus abgeholt vom Duisburger Hauptbahnhof und mit einem Bus zwei Tage später auch wieder zurückgebracht. Die Unterkunft ist frei, Verpflegung ist frei, alles ist frei.« (Wieder fällt mir sein Lieblingskitschschlager ein mit dem Refrain: ›... *fern von zuhaus und vogelfrei, hundert Mann, und ich bin dabei.*‹)
»Hier de Kolleg is skeptisch«, geh' ich Adler an, »vielleicht ihm sag', warum 500 Mark – so viel Geld für so wenig Arbeit?«
Da holt Vogel aus: »Ja, paß auf. Das ist folgendes. Ihr kennt Deutschland. Haben wir so verschiedene Kraftwerke. Ist auch

ein Kernkraftwerk, wo wir jetzt arbeiten. Das liefert zur Zeit keinen Strom, sondern wird generalüberholt. Und dabei hat man festgestellt, da sind *irgendwelche* Dinge, die müssen repariert werden. Das muß also ganz ganz kurzfristig gemacht werden, weil die nächste Woche wieder Strom liefern müssen. Und es ist auch so, zum Beispiel, es darf nicht an die Zeitung heraus, daß das Kernkraftwerk so'n kleinen Defekt hat, nämlich sonst kommen sofort die GRÜNEN undsoweiterundsofort. Und dann legen die Kernkraftwerk still im Grunde genommen, ne.« Und mit unverhohlener Abscheu in der Stimme: »Dat sind so politische Gruppierungen in Deutschland ... Die Arbeiten, die müssen jetzt gemacht werden, damit das Kraftwerk nächste Woche wieder Strom liefern kann. Dafür bezahlen die auch *gutes Geld*, und ihr sollt eben *auch gutes Geld* dafür haben.«
»Herr Adler«, bohr ich (Ali) weiter nach, »der eine sag: von Deutsche immer betroge worde.«
Adler schluckt; um Zeit zu gewinnen, stellt er sich erstmal dumm: »Wie bitte?«
»Der hat sag, von Deutsche immer betroge worde.«
»Aber sind Sie betrogen worden von mir?« kontert Adler.
Es ist leider nicht der richtige Zeitpunkt, ihm seine Betrügereien vorzurechnen, daß er mir fast noch 2000 Mark schuldet, bei einigen Arbeiten einen um den Lohn prellte, teilweise die Lohnsteuer und Sozialabgaben in die eigene Tasche steckte ›undsoweiterundsofort‹!
»Daß Sie ihne vielleich noch mal selbs sag', was Sie de Türk geb«, überspiel ich die Peinlichkeit der Situation. Ein Stichwort, so echt nach seinem Geschmack. Adler setzt sich in Positur, läßt sich von seinem neuen Chauffeur Feuer reichen und kann sich so richtig als Wohltäter der Erniedrigten und Beleidigten, von ihm und seinesgleichen Ausgebeuteten, darstellen: Der Arbeit»geber« Adler kommt zur Selbstdarstellung, der es sich nimmt, egal wo er's sich auch immer nehmen kann, und vielen seiner Leute die Gesundheit und Existenzgrundlage dazu.
»Seitdem ich selbständig bin, arbeite ich mit türkischen Mitar-

beitern zusammen. Und bisher haben mich die türkischen Mitarbeiter noch nie hängen lassen undsoweiterundsofort. Ich bin da immer gut mit zurandegekommen, im Gegensatz zu deutschen Mitarbeitern, und ich meine auch, ich will das auch weiter fortsetzen, daß ich mit türkischen Mitarbeitern weiterhin zusammenarbeite und ihnen Arbeit gebe.«
Er nennt's »zusammenarbeiten«, indem er kassiert und andere bis zum Umfallen und Verrecken für sich schuften läßt. Auch der Begriff »Mitarbeiter« ist so positiv »sozialpartnerschaftlich« besetzt, er soll wie Balsam klingen in den Ohren der Geschundenen und Ausgepreßten.
»Da sin welch, die soll ausgeweis werde in Türkei«, stoß ich ihn aufs Thema.
»Ja, das braucht nicht unbedingt«, sagt er großzügig. »Wir nehmen deshalb nämlich keine Deutschen dafür, das will ich euch ganz ehrlich sagen, weil die zu viel erzählen. Die gehen dahin und erzählen undsoweiterundsofort. Und das ist bei euch, das kenn ich bei den türkischen Mitarbeitern, die halten den Mund. Versteht ihr das? Darum nehm ich keine Deutschen. Die Deutschen kann man doch vergessen.«
»Der Ayth«, ich zeige auf einen der türkischen Kollegen, »wohnt in de Keller ...«
Adler unterbricht mit einer Handbewegung: »Na ja. Gut. O. k. Macht nix. Ich weiß von nix.«
»Man kann doch mal helfe vielleich«, hak ich nach.
Und wieder pflegt er sein Image, wie die meisten Unternehmer der Nachkriegszeit: »Helfen, natürlich. Da bin ich gerne zu bereit gegenüber den Ärmsten. Ich bin selber von Haus aus Sozialdemokrat, das heißt SPD-Mitglied. Also ich bin für Arbeiter da. Wir wollen also zum Beispiel den Leuten helfen, die soll'n mal ein paar Mark verdienen jetzt und wenn sie dann in die Türkei zurück müssen, habt ihr 500 Mark oder irgend etwas und ... habt ihr noch ein paar Mark verdient, ne.«
Ich (Ali) zeige auf den türkischen Kollegen Sinan: »Er frag, ob nich gefährlich is die Arbeit.«

Wieder so ein Stichwort für Adler, seine Rede würde jedem Pressesprecher eines AKW alle Ehre machen: »Nein, das ist nicht gefährlich. Es ist ein großes Kernkraftwerk, und die Schutzvorrichtungen sind so extrem, wie's in Deutschland ist. Die deutschen Kernkraftwerke sind ja die sichersten Kernkraftwerke, die's überhaupt gibt. Da arbeiten ja Tausende von Leuten auf dem Gelände. Von Gefährlichkeit ist da überhaupt nix.«
Ich (Ali): »Is noch nie was passiert?«
Adler: »Da ist in Deutschland noch nie was am Kernkraftwerk passiert.«
Das mag sogar stimmen, was das Kernkraftwerk betrifft, obwohl ganz in der Nähe des AKW Würgassen ein Düsenjäger abstürzte. Wäre er auf das Werk gestürzt, hätte es wahrscheinlich eine Katastrophe unvorstellbaren Ausmaßes gegeben. Allerdings Menschen sind bei Unfällen in AKW's häufiger zu Schaden gekommen, und auch offiziell hat die bundesdeutsche Kernkraftindustrie bisher fünf Todesfälle zugegeben.
Für Adler ist die Arbeit jedenfalls »nicht gefährlich«. Auch schwer ist sie nicht, wie er versichert. Und als ich (Ali) wissen will: »Müsse se hoch klettern?« weicht er aus: »Ne, das ist also, ja, das ist also im Kraftwerk, weiß ich nicht, aber sind ja alles die Etagen, nicht wahr.«
Ich (Ali): »Er will noch wisse, was genau mache?«
Adler: »Das sind Reparaturarbeiten, Schlosserarbeiten, leichte Schlosserarbeiten, leichte Reparaturarbeiten. Die müssen allerdings gemacht werden. Darum fünf oder sechs Mann. Wir haben uns das ausgerechnet, das geht also nicht anders. Wir müssen fünf oder sechs Mann dabei haben, um das in zwei Tagen fertigzustellen. Da werden die Leute reingeschickt. Die Schutzvorkehrungen sind da. Also, in erster Linie gilt bei denen, das werdet ihr auch merken, der Mensch!«
Es muß ihm selbst so ungeheuerlich in den Ohren klingen, daß er's noch weiter ausführt und seine Verarsche und Menschenverheizung noch mehr kaschiert:

»Also, daß dem Menschen nichts passiert, der da arbeitet, klar! Die Schutzvorkehrungen sind also so extrem. Ein Kernkraftwerk, auch wenn es stillgelegt ist, strahlt natürlich etwas. Aber man wird euch sagen, wie weit man gehen darf, und da wird man sofort zurückgezogen. Daß also die Gesundheit des Menschen nicht gefährdet ist. Das werdet ihr auch selber merken. Ich meine, sonst, könnt ihr auch sagen, sonst legen wir die Arbeit nieder oder so was. Das werdet ihr selber merken. Nur, es ist so, wir legen also Wert darauf: Wir machen die Arbeit, wir bezahlen für die Arbeit, und dann wird vergessen. Es wird nicht darüber gesprochen, daß zum Beispiel ein Defekt war. Also, darauf legt das Kernkraftwerk großen Wert. Klar, da gilt: Schluß – Aus! Bis zum nächsten Mal. Kommt schon mal öfters vor, daß wir derartige Aufträge haben. Wir müssen ganz diskret sein und ganz den Mund halten und arbeiten. Schluß – Aus. Und dafür gibt's Geld! So, alles klar so. Wir fahren also heute mittag los, spätestens Samstagnachmittag ist der Job erledigt, werdet ihr in Duisburg am Hauptbahnhof wieder abgesetzt, geht nach Hause hin, und der Fall ist geritzt. Kriegt euer Geld, und wir reden nicht mehr darüber. Is das vernünftig?«
Betretenes Schweigen meiner türkischen Freunde. Irgendwo hört die Lust am Spielen auf.
Wie alle geschickten Betrüger ab einer bestimmten Gehaltsstufe beteuert Adler seine Seriosität zum wiederholten Mal: »Alle meine Leute, die ich beschäftigt habe, kriegen ihr Geld. Das ist also keine Frage, wenn wir das ausmachen. 250 Mark kommen morgen schon rüber, 250 Mark wenn Arbeit zu Ende, sofort Bar-Kasse. Der Ali, mein Fahrer, fährt mit, um euch zu betreuen. Haltet euch an den, der verbürgt sich auch, daß ihr euer Geld kriegt.«
Und nochmals betont er die Perfektion und Fürsorge der deutschen Atomindustrie: »Arbeitskleidung wird von dort gestellt. Arbeitsschuhe werden gestellt. Helme werden gestellt. Alles wird gestellt. Und wie gesagt nochmals: Nicht drüber reden. Vor allen Dingen nicht mit Zeitungsfritzen, sonst ...!«

Mit großer Geste zieht er einen Fünfzigmarkschein aus der Brieftasche und überreicht ihn mir (Ali) mit den Worten: »So, ich geb dir jetzt die fünfzig Mark mit, damit die Jungs noch was essen können. Die müssen ja wat im Magen haben, ein Häppken, damit sie uns nicht gleich zusammenklappen, wenn sie mit der Arbeit anfangen. Ist das klar?« Und beim Hinausgehen (väterlich, gönnerhaft): »So, dann macht's gut, Jungs. Bis drei Uhr. Kann ich mich drauf verlassen! Alles klar?«
Fünfzig Mark geteilt durch sieben. Macht für jeden eine Henkersmahlzeit im Wert von 7,14 DM.
Mir fällt wieder seine Lieblingsschnulze auf seiner ständig einliegenden Kassette im Autoradio ein. Vom »Befehl und vom Weg, den keiner will . . .«, ist da die Rede und: »Tagein, tagaus, wer weiß wohin. Verbranntes Land und was ist der Sinn?« Und immer wieder der Refrain: Vielleicht ist es auch nur wegen dieser namentlichen Anspielung sein Lieblingslied, und er hört über das Pathos hinweg und nimmt's rein zynisch: ». . . vogelfrei und ich bin dabei.«
14 Uhr, Treffen Adler mit Sonderbeauftragten Brandt und dessen Assistent Simon im Bahnhofsrestaurant Duisburg.
Es werden noch mal alle Einzelheiten im Klartext und unmißverständlich besprochen, damit sich Adler später nicht auf Verständigungsschwierigkeiten oder Inkompetenz herausreden kann.
Herzog/Hansen: »Herr Adler, wir haben heute morgen neue Meßwerte gekriegt. Sie übertreffen noch unsere schlimmsten Befürchtungen. Das wird 'ne schwierige, ganz heikle Aktion. Da ist die Strahlung im Rohr, wo die rein müssen . . .« (schaut absichernd zu den Nebentischen, flüstert): »die Strahlung ist vergleichbar mit der dreißigfachen Jahreshöchstdosis, die Ihre Leute dann auf einen Knall abbekommen. Das kann böse ausgehen.«
Adler: Und was passiert denn zum Beispiel, wenn das nicht gemacht wird?«
Herzog/Hansen: »Dann können wir nicht ans Netz gehen. Un-

Adlers AKW-Truppe

möglich! Das zerreißt uns dann die Rohre. Millionen und Milliarden Mark Produktionsausfall.«

Adler: »Ja, da hilft ja nix. Da müssen die rein und das regeln.«

Und zur eigenen Beruhigung: »Ich weiß ja offiziell von nichts. Sie fordern Leute von mir ab, ich liefere, und die kommen dann in den Bus rein. Und Sie befördern die nach Würgassen hin. Dann ist für mich der Fall im Grunde genommen gegessen. Schluß – Aus. Strafbar mach ich mich ja nicht. Ich kann Ihnen versichern, daß die Leute nicht allzuviel Fragen stellen, die wissen ja nicht mal, wo Würgassen ist ...«

Das einzige, was ihn interessiert, ist »money«, »black«, »cash« und »steuerfrei«.

Adler: »Was mich interessiert, wie krieg ich mein Geld? Läuft das bei der Energie AG durch die Bücher?«

Pachl/Schmidt: »Das läuft nicht direkt über die offiziellen Schienen, sonst würden wir auch nicht in dieser diskreten Weise ...«

Adler: »So'n Deal zu machen, das führt natürlich auch zu einigen Gedankengängen bei mir. Ich helf Ihnen dabei, das Ding, sagen wir mal, aus der Scheiße zu ziehen. Da könnten Sie mir auch entgegenkommen, die gesamte Summe ›black‹.«

Pachl/Schmidt: »Das ist 'ne Sonderklasse. Das taucht überhaupt nicht auf.«

Adler (gierig): »Hör'n Sie, wie zahlen Sie denn den Rest? Scheck oder bar?«

Pachl/Schmidt (bleibt hart): »Erste Hälfte cash. Zweite Hälfte Verrechnungsscheck.«

Adler: »Und der Scheck wäre von Energie AG?«

Pachl/Schmidt: »Das läuft nicht so direkt. Der Scheck ist von einer neutralen Quelle.«

Adler: »Nicht, daß da nachher das Finanzamt von Wind bekommt!«

Herzog/Hansen: Hatten Sie denn schon mal Schwierigkeiten mit Behörden?«

Adler: Nö, wissen Sie, wenn Sie da Ihren Verpflichtungen nachkommen. Ich krieg auch immer meine Unbedenklichkeitsbescheinigungen von der AOK und vom Finanzamt, und das Arbeitsamt weist mir offiziell sogar Leute zu. (Lacht) Die woll'n ja nur Mäuse sehen. Wenn sie einigermaßen pünktlich zahlen, dann lassen die sie auch in Ruhe.«

Herzog/Hansen: »Wie regeln Sie das, wenn Leute von Ihnen einen Arbeitsunfall hatten? Können Sie damit umgehen? Verstehen Sie, wir wollen nicht, daß die nachher dann zum Arzt gehen und so.«

Adler: Das wird geregelt. Mein Kunde wird damit nicht belästigt. Das taucht in der Unfallstatistik gar nicht auf. Wir hatten da jetzt so'n Arbeitsunfall bei der Ruhrchemie. Da hatte der Kunde gar nichts mit zu tun. Was kann den im Extremfall passieren? Daß die sofort umfallen?«

Herzog/Hansen: »Dann wird's schwierig, wenn da einer drin umkippt. Der ist ja dann ungefähr zehn Meter da drin.«

Adler (unbekümmert): »Kann man den nicht mit einem Seil oder so wieder rausziehen?«

Herzog/Hansen. »Müßten wir versuchen, aber ist verdammt schwierig. Das Rohr hat eine starke Krümmung. Wir müssen sehen, daß wir da nicht so Brecher nehmen, die so'n Riesenkreuz haben.«

Adler (beruhigt ihn): »Ne, haben die alle nicht. Das sind doch arme Schweine, die nicht mal satt zu essen haben. Die haben doch nichts auf den Rippen.«

Herzog/Hansen: »Wir hoffen, daß sie uns nicht gleich umkippen. Rein strahlentechnisch sind unsere Erfahrungswerte so: Falls es zu starken Kontaminationen kommt oder Inkooperationen, dann werden die Leute in vier Wochen frühestens – aber dann müssen sie weg sein! – akute Strahlenschäden haben. Das ist dann Haarausfall, Impotenz, Erbrechen, Durchfall, totale Schlappheit undsoweiter. Was Langzeitschäden angeht: darüber haben wir sowieso keine Kontrolle, und wenn ein Krebs Jahre später ausbricht, dann ist dieser Einsatz längst vergessen.«

Adler: »Ich meine, ich werde da nicht kopfscheu bei. Ich werd' da doch nicht kopfscheu bei. Ich geh da ganz cool ran. Job ist Job, und ich habe Verständnis dafür, daß in Kernkraftwerken einiges läuft, was nicht unbedingt an die Öffentlichkeit darf, klar. Das ist mein Job, und jeder andere macht seinen Job.«

Herzog/Hansen: »Na, unter uns gesagt: Würgassen ist ein Schrotthaufen.«

Adler: »Ja, ich weiß, wegen des Alters schon. – Sind Sie eigentlich der Herr Simon, mit dem ich's vor Jahren mal zu tun hatte?«

Herzog/Hansen (orakelhaft): »Also, glauben Sie nicht, daß ich der bin, den Sie vor sich haben!«

Ich (Ali) trete an ihren Tisch.

Adler: »Ah, da ist er. Das ist der Herr Ali, der die Truppe zusammenhält, betreut und auf alles aufpaßt.«

Zu mir: »Ist das klar? Was die Herren sagen, ist die Anweisung.«
Und. »Sind die Jungs o. k.?«

Ich (Ali): »Die frage immer, die wolle alles wisse, die Kollege sind wie die Kinder manchmal. Immer frag, immer frag. Da sind welche, die meine, sie müsse wie mit de Drache kämpfe ... so gefährlich wär.«

Alder: »Ach was, Kernkraftwerke sind sicher, die sichersten der Welt. Hab ich ja denen heute morgen auch schon gesagt. Schutzvorrichtungen, alles ist ja da.«

»Alles klar«, sage ich. Adler schickt mich zur »Truppe«, die schon die ganze Zeit auf dem Bahnhofsvorplatz wartet.
Als ich raus bin, sagt Adler zu den AKW-Beauftragten: »Der weiß natürlich nicht, worum es geht. Der ist deren Vertrauensperson. Wenn der sagt, das läuft, dann läuft das. Der paßt auf, daß das kein Hühnerhaufen wird, daß die auch richtig arbeiten. Die sind ja wie die Kinder. Wenn die fragen, wollen sie auch 'ne ruhige Antworten haben.«
Herzog/Hansen will wissen, ob »Ali« auch »ein zuverlässiger Mann« sei, und gibt Adler Gelegenheit, sich wieder mal als Wohltäter aufzuspielen und das Blaue von Duisburgs Himmel herunterzulügen:
»Die arme Sau, wissen Sie, den hab' ich, na, vor anderthalb Jahren geholt. Wissen Sie, was der gemacht hat, um seinen Lebensunterhalt zu verdienen?«

Pachl/Schmidt: »Ne.«

Adler: »Als menschliches Versuchskaninchen für irgendsolche Ärzte. Haben die dem Spritzen gegeben.«

Herzog/Hansen: »In der Türkei?«

Adler: »Hier! In Deutschland. Daß es so was gibt, also das kann ich überhaupt nicht begreifen. Daß sie's mit Tieren machen, ist schon schlimm genug.«

Herzog/Hansen: »Das hat der gemacht?«

Adler: »Hat er gemacht! Kam der zu uns, torkelte so durch die Gegend, das fiel mir so auf. Da bin ich mal der Sache nachgegangen und hab' den gefragt, was ist denn los? Da sagt der: Ich hab' wieder Spritze gekriegt von Doktor, da krieg ich achthundert Mark pro Woche dafür! Ich sag: Jetzt hört's aber auf! Das ist 'ne Sauerei! Jung, jetzt ist Schluß! Das ist so'n guter Kerl.«

Herzog/Hansen will wissen: »Wie haben Sie denn die Leute jetzt genau eingewiesen?«

Adler erstattet korrekt Vollzugsmeldung: »Daß sie ins Kernkraftwerk gehen, daß sie dringende Arbeiten machen müssen, die so wichtig sind, daß das Kernkraftwerk wieder ans Netz gehen kann, daß das ruhig über die Bühne gehen soll, daß da nicht irgendwie Presse undsoweiterundsofort, daß da kein Aufhebens von gemacht werden soll. Ich hab' gesagt: die Vorkehrungen sind da, deutsche Kernkraftwerke sind die sichersten Kernkraftwerke, die es überhaupt gibt. Ist klar! Ihr kriegt ja Schutzanzüge, ihr kriegt alles, ihr werdet gesichert sein.«

Pachl/Schmidt: »Bedingung ist: innerhalb der nächsten vierzehn Tage haben die zu verschwinden ...«

Adler: »Innerhalb der nächsten vierzehn Tage sind die weg.«

Pachl/Schmidt: »Vom Winde verweht!«

Adler: »Das läuft! Vor allen Dingen, ich hab' keine große Verwaltung oder so was, bei mir weiß keiner, wenn was läuft. Ich bin der einzige, der was weiß, und das ist auch richtig so! Wenn ich da erst noch zehn Mann unterrichten müßte – das könnt' ich vergessen. Also, Sie können sich auf mich verlassen. Wir machen alles mit!«

»Wir machen alles mit«, ist der Leitsatz der Adlers und der meisten anderen Partner und Menschenzulieferer der Konzerne in Industrie und Bauwirtschaft.

»Wir machen alles«[1], ist die Parole des Kapitalismus, wobei

1 »Wir machen alles«, lautete der Werbespruch des Krupp-Konzerns. Nach dem Motto: »Mein Ziel ist, dem Staat viele treue Untertanen zu erziehen und

hinzuzufügen wäre: »Alles, was Profit bringt.« Und wenn bisher, von Versuchen im Dritten Reich abgesehen (Restverwertung ermordeter KZ-Häftlinge, Wert: 11,50 DM an Fetten und Knochen für Leim pro Leichnam), keine Menschen zu Seife geschmolzen werden, geschieht das nicht aus Gründen der Humanität, sondern es ist nur so, daß es sich nicht lohnt, aus Leuten Seife zu machen.

Adler verläßt zusammen mit Schmidt und Simon die Bahnhofsgaststätte, um die »Truppe« in den zu erwartenden Bus zu verladen.

Das Problem bestand darin, daß wir den Test nicht so weit treiben konnten, einen Bus zu organisieren und in Würgassen vorzufahren. Am nächsten Tag würde Adler dort, wie angekündigt, erscheinen, um die Hälfte seines »Lohns« gleich »cash«/»black« zu kassieren. Eine Zeitlang erwäge ich, ihn schockartig und sinnlich erfahr- und erfaßbar mit dem zu konfrontieren, was er annimmt, angerichtet zu haben. Auch Eichmann hat die Leichenberge ja nie zu Gesicht bekommen, er hat »nur« die Transporte der noch Lebenden in die Massenvernichtungslager zu organisieren gehabt. Ich hatte vor, einige der »strahlengeschädigten« türkischen Freunde abends in einem Zimmerchen des Hotels »Zur Kurve« in Würgassen Adler zu präsentieren. Vom Maskenbildner präpariert: sich ablösende »Hautfetzen«

der Fabrik Arbeiter eigener Façon.« Und die Untertanen funktionierten dann so gut, daß sie sich 1914 in einen Krieg hetzen und von britischen Granaten zerfetzen ließen, auf denen die Buchstaben KPZ (Krupp-Patent-Zeitzünder) eingeprägt waren. So konnte sich Krupp an dem Krieg doppelt bereichern. An gefallenen englischen und toten deutschen Soldaten. Für jeden gefallenen deutschen Soldaten kassierte Krupp 60 Mark an Lizenzgebühren vom britischen Waffenkonzern Vickers. Als Deutschland den Krieg verloren hatte, war Krupp 400 Millionen Goldmark reicher, um dann vor 1933 rechtzeitig 4738440 Mark in den neuen Kriegsvorbereiter Hitler zu investieren. Wo es Profite herauszuschlagen galt, da schlug sie Krupp heraus, im kleinen wie im großen, aus gefallenen Soldaten und aus gerade noch so eben am Leben erhaltenen zigtausend Zwangsarbeitern, die zum Teil auf Werksgelände in Hundehütten – schlimmer als Sklaven – untergebracht waren. »Slaven sind Sklaven« stand auf Schildern an den Außenmauern der Krupp-Werkstätten.

im Gesicht, büschelweise ausfallende Haare und total apathisch im Bett und auf dem Fußboden liegend.
Es ist auch so deutlich genug. Was fehlt, ist lediglich ein Schluß, der Adler nicht mißtrauisch macht, daß hier etwas inszeniert wurde, und ihn am Ende zur Flucht ins Ausland veranlaßt – unter Verwischung von Spuren und Vernichtung belastender Dokumente.
Das beste ist, es löst sich wie ein Spuk vor seinen Augen wieder auf. Wie der Flaschenteufel, der, entfesselt, sich wieder klein macht, in die Flasche zurückkehrt und – Korken drauf!
Als Adler, Simon, Schmidt und ich (Ali) auf ihre »Truppe« zugehen, auf daß sie verladen und verheizt werde, schieben sich plötzlich mit gezückten Ausweisen »Polizeibeamte in Zivil« dazwischen. Ausweiskontrolle. Zwei der Türken suchen fluchtartig das Weite, die anderen werden erst einmal »abgeführt«. Es ist alles stark verlangsamt wie in einer ersten improvisierten Theaterprobe. Auf Adler muß es zeitlupenhaft überdeutlich wie in einem Alptraum wirken.

Es gab noch eine beinahe folgenschwere Panne. Einen der beiden Freunde, die ursprünglich die Zivilstreife spielen sollten (vorsorglich mit Handschellen und Spielzeugrevolvern ausgestattet), ein Oberstudiendirektor und ein protestantischer Pfarrer, verwechselt Adler mit dem versteckt operierenden Fotografen Günter Zint, geht auf ihn zu und begrüßt ihn. Pachl/ Brandt reagiert sofort und macht das beste daraus. Er stellt vor: »Das sind unsere Sicherheitskräfte vom AKW, für diesen Sondereinsatz abkommandiert, die sichern vorsichtshalber den Platz ab.« Adler lobt: »Wirklich gut organisiert.« Nur, wie jetzt zum Ende kommen? Ich bespreche mit den türkischen Freunden, ob sie sich echte Polizisten als Greiftruppe leisten können. Einige haben die Papiere nicht dabei, aber das würde alles nur um so realitätsnäher machen, wenn sie erst einmal auf die Wache abgeführt würden.
Einer von uns ruft die Polizei an, unter genauer Ortsbeschrei-

bung, wo Menschenhandel mit illegal eingereisten Türken stattfindet. Bereits fünf Minuten später fahren zwei Zivilstreifen mit sechs Beamten vor, springen aus ihren Fahrzeugen und gehen auf die Gruppe der türkichen Freunde zu. Dann sehen sie den Fotografen Günter Zint, der fünfzehn Meter weiter postiert ist und mit Tele voll auf sie drauf hält. Sie beziehen's folgerichtig auf sich und vermuten – wie ich später von der Duisburger Kripo inoffiziell erfahre –, eine Zeitschrift wolle ihnen eine Falle stellen, um zu belegen, wie leichtfertig und mit welchen Methoden Ausländer auf bloße Denunziation hin verhaftet werden können. – Sie gehen zu ihren Fahrzeugen zurück und machen sich aus dem Staub.
Jetzt sind wir so schlau wie vorher. Die Zeit eilt.
Adler wird unruhig, da der »AKW-Bus« immer noch nicht vorfährt. Gesine, die Freundin von Sinan aus unserer Truppe, hat die rettende Idee. Aus einer Studentenkneipe in Bahnhofsnähe holt sie zwei Gäste, die in der Schnelle natürlich nicht in Einzelheiten eingeweiht werden können. Wir sagen ihnen nur, daß die simulierte Verhaftungsaktion dazu dient, einen großen Fisch aus der Menschenhändlerzunft zu entlarven. Sie sind bereit. Der eine ist, wie sich später herausstellt, Stadtrat der Grünen.
Entsprechend antiautoritär und liebenswürdig »verhaften« sie unsere türkischen Freunde. Das Gegenteil von realistischer Brutalität. Sie nehmen unsere Freunde regelrecht in den Arm, als sie sie »abführen«. Jedoch Adler schluckt's, wie gesagt.

Ayth, der sich wehrt, wird der Arm auf den Rücken gedreht, ich (Ali) lauf hinterher, und Adler, der immer noch nicht wahrhaben will, wie da vor seinen Augen das Geschäft zerrinnt, stellt mich (Ali) – außer Atem zurück – ängstlich zur Rede: »Was geht da vor?«
»Polizei«, sag ich nur, »verhaftet, weil kein Papier.« Das war das Zauberwort. Mit leicht eingezogenem Kopf und auffallend

schnellen Schritten, nach allen Seiten witternd, macht Adler eine deutliche Fluchtbewegung in Richtung seines vor einer Bushaltestelle parkenden Mercedes, wobei er den Laufschritt gerade noch vermeidet, wohl um nicht aufzufallen und weil er's seiner Seriösität schuldig ist.
Seine Geschäftspartner läßt er einfach auf der Straße stehen. Pachl/Brandt läuft ihm noch nach und verlangt eine Erklärung: »Was ist da los, warum gehen die alle laufen? Wie kann das passieren? Sie haben doch gesagt, das ist zuverlässig.« Adler, ohne seine Flucht zu unterbrechen, kurzatmig im Weiterhasten: »Sicher, alles zuverlässig. Rufen Sie mich gleich im Auto an«, und während er in den Wagen springt, der sich gleich in Bewegung setzt, ruft ihm Pachl/Brandt noch nach: »Herr Adler, wir brauchen Sie als Partner ...«

Epilog
oder die Banalisierung des Verbrechens

Damit alles seine Ordnung hat, ruft Pachl/Schmidt gegen Abend Adler nochmals an. Adler am Telefon (leicht verlegen, versucht runterzuspielen): »Ja, Herr Schmidt, das war ja'n Ding heute mittag.«

Pachl/Schmidt (stark vorwurfsvoll): »Ja, was war denn das bei Ihnen, Herr Adler?«

Adler: »Ja, ich weiß es auch nicht. Die war'n nicht ganz sauber, die Jungs. Ich kann denen ja auch nur vor'n Kopf gucken.«

Pachl/Schmidt: »Ich weiß nicht, wie Sie sich die Lösung vorstellen?«

Adler: »Ja, passen Sie auf, ich hab' das jetzt soweit organisiert, ich liefere Ihnen neue Leute.«

Pachl/Schmidt: »Nein, so geht das überhaupt nicht mehr, Herr Adler. Sie brauchen jetzt für die Sache überhaupt nicht mehr zu organisieren, weil wir das jetzt selbst organisiert haben. Die Sache mußte doch, das hatten wir Ihnen ja gesagt, bis morgen 18 Uhr vorbei sein. Wir hatten Sie für'n Profi gehalten, Herr Adler.«

Adler (in der Defensive): »Da sind also zwei Mann drunter gewesen von den Sechsen ...«

Pachl/Schmid t (fällt ihm ins Wort): »Zwei Mann, zwei Mann, wissen Sie, was das für'n Prozentsatz ist, zwei Mann von sechs?«

Adler: »Ja.«

Pachl/Schmidt: »Können Sie sich selbst ausrechnen, Herr Adler, das ist ein Drittel, Herr Adler, ein Drittel, 33,3% sind das, versteh'n Sie?«

Adler: »Ja, wat machen wer jetzt?«

Pachl/Schmidt: »Ja, was machen wir jetzt, Herr Adler. Wir hatten die beiden Leute, die das abgesichert haben. Von uns aus lief alles am Schnürchen, wir haben den Bus gehabt – und Sie fahren weg. Sie sind noch nicht mal in der Lage, ein klärendes Gespräch zu führen. Wie's weiter geht? Wir müssen jetzt alles umorganisieren – ohne Sie. Auf Wiederhören!« (Knallt den Telefonhörer auf die Gabel.)

Eine halbe Stunde später melde ich (Ali) mich bei Adler.

Adler geht bei mir (Ali) gleich in die Offensive: »Was hast du mir denn da für Leute angeschleppt? Das war ja die reinste Unterwelt!«

Ich (Ali): Ich hab Ihne aber sagt, die zwei aus de Keller ha'm kei Papier. Die Polizei hat se mitgenomm.«

Alder (amüsiert, lacht): »Ja, das hab ich gesehen.«

Ich (Ali): »Die ander wolle Geld. Sind ja nich schuld. Habe ander Arbeit lasse und jetzt nix.«

Alder (verächtlich): »Jetzt werden die auch noch unverschämt. Sag ihnen, die Sache ist gestorben. Gibt nix.«

Ich (Ali): »Aber Sie sage doch, Sie wolle ihne helfe!«

Adler: »Ja, aber dafür müssen sie erst einmal arbeiten.«

Ich (Ali): »Polizei war in de Dieselstraß und wollt alles wisse. Ich nix da. Jetzt soll ich komme und aussage ...«

Alder (unterbricht mich): »Ja, Sie sagen natürlich nicht meinen Namen! Ich will, ich kann da nichts mit zu tun haben, klar!«

Ich (Ali) (unschuldig): »Was soll ich ihne sage?«
Adler: »Ja, Sie sagen zum Beispiel, da wär ein Herr Müller oder wer gewesen, der hätte Arbeit versprochen, und da hätten Sie die Jungs angesprochen. Da ...«
Ich (Ali): »Wenn'se wisse wolle, wie der aussah?«
Pause
Adler: »Ja, gar nichts sagen – wissen Sie nicht!«
Ich (Ali): »Nichts wisse?«
Adler: »Und Sie verstehen nichts. Sagen am besten: Sie verstehen kein Deutsch.«
Ich (Ali): »Ja. Könne wer nich noch was tun für die Kolleg?«
Adler: »Für die Jungs nicht, für Sie aber wohl. Machen wir später. Mein Auftraggeber hat vielleicht dumm aus der Wäsche geguckt. Die waren vielleicht sauer. So'ne Scheiße! – Also, wenn jemand kommt, sagste, ein Herr Müller oder was aus Duisburg ... wo der wohnt, weißte nicht, wo der sitzt, weißte auch nicht. Und du hättest das organisiert und die sollten ein bißchen arbeiten.«
Ich (Ali): »Soll ich nich sage mit Atom?«
Adler: »O nein nein nein nein nein, um Gottes willen! (und lachend): Wen haben sie denn jetzt gekriegt?«
Ich (Ali): »Zwei aus de Keller. Die müsse jetzt raus in Türkei.«
Adler (satt, fröhlich, gleichzeitig beruhigt): »Werden in die Türkei geschickt, arme Kerle! Scheiße, so was! Aber daß da am Hauptbahnhof so viele Polizisten rumlaufen, das konnte ich ja nicht ahnen!«
Ich (Ali): »Aber Sie extra haben sagt, Hauptbahnhof treffe.«
Adler (vorwurfsvoll): »Hättest du mir vorher was sagen sollen, hätten wir's eben woanders gemacht.«

Der nächste Tag, Freitag, der 9.8.

Adler läßt sich von Alis »Bruder« Abdullah, seinem neuen Chauffeur, um 10 Uhr abholen. Er fährt im weiteren Umkreis die Banken ab, registriert gutgelaunt die Kontoeingänge, holt seinen Beuteanteil bei der Firma Remmert ab und plaudert während der Fahrt mit seinem neuen Fahrer Abdullah über seine momentanen Sorgen.

Adler: »Das sind vielleicht saulange Lieferfristen, mußte ein Jahr vorher bestellen, um das neue Modell auch rechtzeitig geliefert zu bekommen.«

Wachstum um jeden Preis, heißt immer noch die Devise im Kapitalismus, wenn auch nicht mehr wild expandierend und explodierend. ›Wenn's nicht vorwärts geht, dann geht's zurück‹, ist die Urangst aller Feldherrn, Eroberer und Kapitalisten bis in unsere Zeit hinein. Adler ist der konjunkturellen Lage entsprechend bescheiden: »Ich steige vom 280 SE auf den 300er SE der neuen Serie um. Im Herbst wird das sein. Dann ist der jetzt schon anderthalb Jahre alt.« (Der jetzige hat mit allem Schnick-Schnack und Drum und Dran an die 100000 DM gekostet, der neue wird weit drüber liegen.)

Abdullah (stößt Adler aufs Thema): »Die zwei sitzen jetzt im Gefängnis.«

Adler: »Die werden wahrscheinlich abgeschoben. Tut mir richtig leid für die Jungs. Aber auf der anderen Seite will ich Ihnen mal was sagen. Wahrscheinlich ist es sogar besser für die Jungs. Was haben die denn hier in Deutschland? Können sich nicht frei bewegen, oder nicht?«

Abdullah: »Stimmt eigentlich. Also in der Türkei ist schönes Wetter ...«

Adler: »Ja, was wollen die dann hier? Hier wohnen sie im Keller. Immer Angst vor der Polizei. Haben keine Arbeit, kein Unterhalt, nix haben sie.«

Abdullah: »Arbeit auch nicht.«

Adler: »Was hält die denn noch hier?«

Abdullah: »Ali ist natürlich jetzt ein bißchen traurig.«

Adler: »Naja. Ist halt in die Hose gegangen. Wir hätten uns nicht am Bahnhof treffen sollen. Wir hätten uns woanders treffen sollen. – Verdammte Scheiße! Am Hauptbahnhof laufen ja immer die Polizisten rum.«

Abdullah: »Das ist der einzige Punkt.«

Adler: »Ja ja.«

Abdullah: »Meinen Sie, daß Sie von da noch mal dann Auftrag kriegen?«

Adler: »Von denen immer. Bin ich schon lange drin in Würgassen, geht jahrein, jahraus so weiter ...«

Abdullah: »Die bezahlen sicher auch unheimlich gut?«

Adler: »Ja, von denen kriegen wir immer Aufträge. Haben wir gar keine Probleme mit. Jetzt im Moment ist der stinksauer. Das Schlimme dabei ist ja bei meinem Kunden, das ist ja ein ganz seriöser Laden. Nur manchmal ist bei denen ein Einsatz nicht so ganz astrein. Die hatten auch Angst, weil zum Beispiel, wenn das rausgekommen wär durch die Zeitung undsoweiterundsofort, daß das Kraftwerk defekt war ...«

Abdullah: »Die hatten noch mehr Angst.«

Adler: »Die hatten noch mehr Angst.«

Beide lachen.

Adler: »Die gingen sofort flitzen da, haha. Die hatten noch mehr Schiß in der Hose. Normalerweise kommt man in Atomkraftwerk nur rein, wenn man einen gültigen Strahlenpaß hat. Das schreibt der deutsche Staat so vor. Die Direktion vom Atomkraftwerk sagt: Scheiß was drauf. Die Leute kommen so rein, ohne Strahlenpaß. Ist schon mal ein Vergehen! Da muß man aufpassen. Die verletzen Gesetze in Deutschland und drum hatten die auch Angst vor der Polizei.« (Lacht)

Abdullah: »Aber dafür zahlen die natürlich gutes Geld, nicht?«

Adler: »Dafür zahlen die gutes Geld. Daß sie verletzen Gesetze, wir gehen halb ran an die Gesetze, verstehst du? Dafür wird dann gezahlt. Das ist eine Sache dann. Wenn der deutsche Staat das wüßte, was die da machen, auch jetzt, was sie jetzt machen, dann sind die dran!
Verdammte Scheiße. Jeder Tag voll neuer Überraschungen, glauben Sie das?« (Lacht)

Abdullah: »Als die die Kollegen abgeschleppt haben, hab ich vielleicht Angst bekommen.«

Adler: »Da hatte doch einer von den Polizisten zwei Mann gleichzeitig im Arm, so, nicht, (Deutet es an.) Vielleicht wär ich da auch noch mitgenommen worden. Die hätten erst mal dumme Fragen gestellt, und das kann ich mir nicht erlauben in meiner Position. Mit Polizei undsoweiter will ich nichts zu tun haben.«

Abdullah: »Bei uns in Türkei zum Beispiel gibt es nicht solche Gesetze.«

Adler: »Ich weiß. Da ist das viel freier. Aber hier ist es doch so, für jeden Scheiß machen die hier ja ein Gesetz. Ohne daß man sich versieht, hat man schon wieder ein Gesetz verletzt. Mann, hier in Deutschland, das kann man echt vergessen. Und da sind die scharf hinter her, das wird hier so scharf geahndet. Wenn das rausgekommen wär, der Generaldirektor von dem Kraftwerk, der wär mindestens für ein Jahr ins Gefängnis gegangen. Ist schlimm. Darum muß man da auch sehen, daß man da nicht reinkommt. Daß man da sauber bleibt ...

Mir könnte sowieso nichts passieren. Wären Gesetze verletzt, wären die vom Kraftwerk das gewesen. Die hätten die Gesetze verletzt.

Die haben zu mir gesagt: Wir brauchen sechs Mann für dringende Reparaturarbeiten. Hab ich gesagt: O. k., könnt ihr haben. Was ihr mit den sechs Mann macht, das weiß ich ja nicht. Wenn ihr die so reinlaßt, ohne Paß oder irgend etwas, ist ja deren Sache, oder nicht?«

Abdullah: »Versteh ich nichts von.«

Adler: »Laß man. Sind wir wieder um eine Erfahrung reicher. Nächstes Mal treffen wir uns auf jeden Fall nicht mehr aufm Hauptbahnhof. Ja, das ist doch wohl klar – Scheiße!«

Dieser Fall wurde als Klein-GAU durchgespielt. Vielleicht laufen in der Wirklichkeit bereits ähnliche oder schlimmere Aufträge in entsprechend größeren Dimensionen ab. Wenn die vorliegende Inszenierung dazu beiträgt, die Wachsamkeit und

Kontrolle der Öffentlichkeit und einzelner Medien diesen Geheimwelten gegenüber zu verstärken und zu sensibilisieren, hat es den Aufwand gelohnt. Es ging hier nicht um Adler. Er ist in seiner kriminellen Energie und Phantasie eher mittlerer Durchschnitt. Nichts wäre falscher, als ihn zu dämonisieren. Er ist einer von zigtausenden Erfüllungsgehilfen und Nutznießern des Systems der grenzenlosen Ausbeutung und Menschenverachtung.